《德语学习》30周年精选——初学卷

钟力平 编

D1662461

外语教学与研究出版社
北京

图书在版编目(CIP)数据

《德语学习》30 周年精选. 初学卷／钟力平编 . — 北京：外语教学与研究出版社，2009.7

ISBN 978－7－5600－8798－6

Ⅰ. 德… Ⅱ. 钟… Ⅲ. 德语—文集 Ⅳ. H33－53

中国版本图书馆 CIP 数据核字 (2009) 第 119297 号

你有你"优"——点击你的外语学习方案
www.2u4u.com.cn
阅读、视听、测试、交流
购书享积分，积分换好书

出 版 人：于春迟
丛书策划：崔　岚
责任编辑：邱袁炜
责任校对：王　潇
装帧设计：袁　璐
出版发行：外语教学与研究出版社
社　　址：北京市西三环北路 19 号 (100089)
网　　址：http://www.fltrp.com
印　　刷：紫恒印装有限公司
开　　本：650×980　1/16
印　　张：17.5
版　　次：2009 年 7 月第 1 版　2009 年 7 月第 1 次印刷
书　　号：ISBN 978－7－5600－8798－6
定　　价：29.90 元

＊　　＊　　＊
如有印刷、装订质量问题出版社负责调换
制售盗版必究　举报查实奖励
版权保护办公室举报电话：(010)88817519
物料号：187980001

前　言

　　《德语学习》创刊于 1979 年，是全国唯一一本德语语言辅导杂志。创刊伊始，正值百废待兴的年代，推着平板车奔波于编辑部与印厂之间的开拓者们，为她奠定了坚实的基础，确立了求实、严谨的办刊风格。

　　30 年来，《德语学习》与一代又一代的德语学习者共同成长，凝聚了德语学科大量的作者与读者，并在他们的关心和支持下逐渐成为不可或缺的德语学习、教学与研究的平台。

　　如今，这朵"小花"（首任主编祝彦先生创刊词中语），在关心她成长的作者、读者、编辑以及各方同仁的精心培育下，结下了辛勤劳动的果实。

　　为了回顾她所走过的历程，给刊物的成长留下一些记忆，也为了表达我们的感激之情，我们选编了四卷"30 周年精选丛书"：

　　《德语学习 30 周年精选——文学卷》（Dargestellte Welt 想象的世界）、《德语学习 30 周年精选——文化卷》（Konstruierte Welt 建构的世界）、《德语学习 30 周年精选——翻译卷》（Vermittelte Welt 交流的世界）、《德语学习 30 周年精选——初学卷》（Begegnete Welt 初会的世界）。

　　我们希望用这套丛书记录下这段有曲折也有辉煌的 30 年。遗憾的是，她的精彩无法完全体现在这区区四本书里面，由于受主题所限，很多优质的文章不得不被割爱。

　　谨以此丛书向关怀《德语学习》成长的前辈、为杂志的发展付出心血的作者和编者表达最崇高的敬意，向已故的第二任主编张建琪先生表达我们的缅怀之情，向一直予以我们最大支持的读者与各方同仁致以最诚挚的谢意。

《德语学习》编辑部

《Tatsache über Deutschland》

2011.2.26.

目　录

你问我答

问： 请问 "Er lernt fleißig nicht." 这句话对不对？

答： 你问的这句话不对。因为 fleißig 是形容词。

1. nicht 遇上形容词作状语时，必须在其前。如：Sie arbeiten nicht gut.

2. nicht 遇上形容词作表语时，也应在其前。如：Das Mädchen ist nicht krank.

因此，你的那句话应改为 "Er lernt nicht fleißig."。

问： 请问，为什么 "Dass er kommt, es ist sicher." 这句话不对？

答： 这句话应改为 "Es ist sicher, dass er kommt."。

es 在主句中位于句首，作为后置主语从句的关联词。如果从句是前置句，则关联词 es 应去掉，即 "Dass er kommt, ist sicher."。但有时为了强调主语，主句中可用 das，即 "Dass er kommt, das ist sicher."

试比较：

Es ist noch möglich, den Zug zu erreichen.

= Den Zug zu erreichen, das ist noch möglich.

Es ist falsch, dass er mit dem Schwierigen beginnt.

= Dass er mit dem Schwierigen beginnt, das ist falsch.

问： 请问 "Er trat mir auf den Fuß." 和 "Er trat mich auf den Fuß." 两个句子中，一个用 mir，一个用 mich，有何区别？

答： 通常行为动词的宾语是人体一部分时，人（Person）用三格，如："Er drückt mir die Hand." 和 "Die Mutter wäscht dem Kind das Gesicht."。其中，die Hand 和 das Gesicht 为人体一部分，分别是 drücken 和 waschen 的宾语，mir 和 dem Kind 是人体那部分的所有者，应用三格表示。但是，如果表示人体部分的宾语是介词＋名词的介宾结构，那么人可用三格或四格，只是意思略有差别。

Er trat mir auf den Fuß. 表示无意识的行为（versehentlich）

Er trat mich auf den Fuß. 表示有意识的行为（absichtlich）

注意：如果句子行为是用转义，那么人只能用三格，就不存在有意或无意的概念。如：

Das Licht sticht mir in die Augen.

Die Seife biss mir ins Auge.

问： 请问不定代词 man 有无格的形式？

答： man 表示泛指人们，如：

Man sagt.

Man lacht.

它在句中只能作主语，所以只有第一格形式。如果用宾语表示泛指人们时，则用 ein-，有三格和四格，无二格。如：

Was man gern tut, das fällt einem nicht schwer.

Wenn man diese Musik einmal gehört hat, lässt sie einen nicht mehr los.

问： "Ich habe heute frei." 和 "Ich bin heute frei." 两句话有何区别？是否能互相替换？

答： 这两句话虽然只是一字之差，意义还是有细微区别。

"Ich habe heute frei." 是指我今天不上班、不上课、不工作，是休息，并不是说，我没有其他私事要做。

"Ich bin heute frei." 是指我今天既不上班、不上课、不工作，也没安排其他事要做。

举例如下：

A: Wollen wir heute Nachmittag in die Stadt fahren?

B: Nein, ich kann nicht.

A: Warum nicht? Du hast heute doch frei.

B: Heute habe ich zwar frei, aber ich bin nicht frei. Ich bin bei Müllers eingeladen.

问： 德语中副词 morgen 和名词 der Morgen 发音和拼写都一样，意思两样，一是"明天"，二是"早上"。那么"明天早上"怎么说？

答： "今天早上"是 heute Morgen；"昨天早上"是 gestern Morgen；

"每天早上"是 jeden Morgen；"从早到晚"是 vom Morgen bis zum Abend。"明天早上"绝对不能说 morgen Morgen，代之应是 morgen früh。请注意大小写！

问： "Komm her! Ich zeige dir, was ich hier gefunden habe." 和 "Komm her, und ich zeige dir, was ich hier gefunden habe!" 这两句话有什么区别？

答： 这两句话意思略有不同。第二句话的句子组合是 [命令式，+ und + 句子（现在时态或将来时态）]，这种组合中的 und 具有条件的意思，相当于：

Wenn du her kommst, dann zeige ich dir, was ich hier gefunden habe.

这两句话形式上也不同。第一句话是由两个完全独立的句子所组成。前一句为命令句，用惊叹号，后一句是叙述句，用句号。第二句话则是一个句子，惊叹号位于句尾。

问： "一直到天黑我们才离开公园。"译成："Wir verließen den Park, bis es dunkel war."，对吗？

答： 不对。bis 作连词时带起一个时间状语从句，它表示主句的动作延续到从句的动作发生时为止。举例说：

Er wartet, bis ich komme.

Es hat so lange gedauert, bis ich den Text übersetzt habe.

主句动词表示动作的延续性，但 verlassen（离开）这个动词不表示延续而表示完成或结束。难道汉语中能说"我们在离开公园，直到天黑为止。"吗？显然是不通的。因此我们在翻译中不能见了"直到"就用"bis"，而要先仔细分析一下句子的含意。

比如你的那句话就应理解成："当……时候"，可译成：

Wir verließen den Park, als es schon dunkel war.

或者：Beim Verlassen des Parks war es schon dunkel.

又比如："直到把作业做完后他才看电视。"则译成：

Er sieht fern, nachdem er die Hausaufgaben gemacht hat.

问：由姓名派生而来的形容词在什么情况下大写？在什么情况下小写？

答：由姓名派生而来的形容词如果是指本人成就或本人所属的事或物，应大写。如：

die *Einsteinsche* Relativitätstheorie

（相对论是爱因斯坦提出的，属本人成就）

die *Goetheschen* und *Schillerschen* Dramen（歌德和席勒本人写的剧本）

如果由姓名派生而来的形容词只是指某人的样子或特性，则小写。如：

Das war ja beinahe eine einsteinsche Lösung des Problems.（爱因斯坦式的解决问题方法）

Der junge Dichter versuchte seine Gedichte im schillerschen Stil zu schreiben.（席勒文体的诗）

问：在德语中分数在什么情况下大写？什么情况下小写？

答：如果这个分数在名词前面当数字用，则小写。如：

Für diesen Versuch brauchen wir neun *zehntel* Gramm Radium.

Vier *siebtel* Meter ist übrig geblieben.

Kaufe mir bitte ein *achtel* Kilo Kaffee!

如果这个分数本身作名词用，则大写。如：

Ein *Hundertstel* davon ist zu wenig, ein *Dreißigstel* dagegen ist zu viel.

Ich möchte Ihnen ein *Fünftel* des Betrages jetzt zahlen.

问："Sehr geehrter Herr und Frau Müller!" 这个称呼对吗？

答：在两个不同数或不同性的名词前不能共用一个形容词。因此上面这个称呼应改为：

Sehr geehrter Herr Müller, sehr geehrte Frau Müller!

即使有时两个名词的性和数一样，形容词也不能共用。

错误：Lieber Klaus und Peter!

正确：Lieber Klaus und lieber Peter!

只有在两个复数名词的前面才可省略一个形容词或物主代词。

如：Meine Damen und Herren!

Liebe Genossen und Freunde!

两个单数名词前面的物主代词是不能共用的。比如，在信件落款中：

错误：Mit herzlichen Grüßen

Ihre Erika Müller und Peter Müller

正确：Mit herzlichen Grüßen

Ihre Erika Müller und Ihr Peter Müller

但近来德国人以夫妇名义写信时普遍用如下的落款：

Mit herzlichen Grüßen

Ihre Erika und Peter Müller

在这样的落款中 Ihre 是复数形式，姓只能出现一次。

问："Sitzen Sie bitte hier!" 和 "Setzen Sie sich bitte hier!" 这两句话对吗？

答：都是错的。

第一句话中的 sitzen 本身词意是静止的，不能作命令式来用。如果说话的对象已经坐在那里，说话者想表达让说话的对象继续坐在那里的话，在这种情况下用 Bleiben Sie bitte hier sitzen！第二句，因为 setzen 表示一种动向，所以应讲 Setzen Sie sich bitte hierher！不讲 Setzen Sie sich dort！而讲 Setzen Sie sich dorthin！在德语中类似的表达方式有 Nehmen Sie bitte hier Platz！

问：最近我读到 "nach Deutschland gehen" 这一表达方法。德国远隔千山万水，为什么用 gehen，而不用 fahren？

答：gehen 在这里不表达步行走路，而只表示一个方位的移动，汉语确切意思就是"去"。Ich möchte nach China gehen. 这句话语言上是正确的，含义很简单，无任何色彩，只表示"我想去中国"，并没有说明如何去中国。如果要表示乘坐某种交通工具去中国，则要注意选词，请看下面一段对话：

– Wann gehen Sie nach China zurück?

– Ende des Monats (gehe ich nach China zurück).

– Ehrlich? (Fahren Sie) mit der transsibirischen Bahn?

– Nein, mit dem Flugzeug.

– Also, dann fahren Sie nicht. Sie fliegen.

从上面一段对话可以看出，fahren 一定是指乘船、乘车、乘火车等，从德国到中国有通过西伯利亚的那条铁路线；fliegen 是指搭飞机；gehen 只表示动向。

问：我听到一个简单的对话：
A: Wie bist du gekommen?
B: Bin gelaufen.
laufen 不是跑步的意思吗？难道他是跑步来的吗？

答：fahren 在这里不是跑步，而是步行的意思，这是习惯的口头表达法。Ich bin gelaufen (nicht gefahren). 我是走来的（不是坐车来的）。又如：
– Fährst du mit dem Bus? 你搭公共汽车吗？
– Ach nein, so 'ne kurze Strecke kann ich schon laufen. 噢，用不着！这么短的路我走走就行。

问：请说明一下 Einwohner，Bewohner 和 Anwohner 三个词的区别！
答：Einwohner 是指长期固定居住在某一地区的人：Stadteinwohner（城市居民），Einwohner in der Stadt München（慕尼黑市居民）。Bewohner 指某一具体地点或地方的居住者：Bewohner in dem Haus（本楼住户，住本楼的人），Bewohner im Wald（森林中的居民，也可指森林中的动物）。Anwohner 指附近的住户：Anwohner am Park（公园附近的住户），Anwohner rings um den Platz（广场周围的住户）。

问：请问 Volk 和 Bevölkerung 有何区别？
答：这两个词均可译成"人民"，但是有区别，先看下面的例句：

1. Das chinesische **Volk** hat die feste Zuversicht, die vier Modernisierungen zu verwirklichen.

2. Die **Bevölkerung** von Taiwan besitzt eine ruhmreiche Tradition.

3. Das deutsche **Volk** ist ein großes Volk.

4. Die **Bevölkerung** von Trier, der Heimatstadt von Karl Marx, begrüßt die Gäste herzlich.

当我们说某一国家的人民时，只用 das Volk，见 1，3 两句中的 das chinesische Volk，das deutsche Volk。而某一地区的人民，则用 die Bevölkerung，见 2，4 两句中的 die Bevölkerung von Taiwan, die Bevölkerung von Trier。

问：Aus Angst vor Strafe wagte er sich nicht nach Hause. 和 Er zitterte vor Angst am ganzen Körper. 这两句话说的都是原因，为什么一句用介词 aus，一句用介词 vor？

答：aus 表示主语的动作是有意的，故意的。如：Er hat das **aus** fester Überzeugung getan.（他这样干是出于坚定的信念。）他"这样干"是有意的，因为他有坚定的信念。vor 表示主语的动作是无意的，下意识的。如：Er schrie **vor** Schmerzen aus.（他疼得大叫起来。）在这一句里大叫是下意识的，并非行为的动机，是"疼"引起的反应。再比较：

Aus Freude hat er diese Tanzparty veranstaltet.

他出于高兴举办了这个舞会。

Vor Freude weinte sie. 她高兴得哭了。

问：Es wäre natürlich falsch zu denken, dass man zur Fernbedienung und Überwachung eines großen Maschinenkomplexes an jeder Maschine eine Fernsehkamera aufzustellen hat ... 请分析句子并说明第二虚拟式 wäre 的意义。

答：1. 句子分析：这是主从复合句，前一句为主句，后一句是从句。主句中 zu denken 不定式作主语，es 是语法主语，位于句首，wäre 是系词，falsch 是表语，dass 从句作 denken 的宾语。从句中的 man 是主语，hat aufzustellen 是谓语（说明：haben + zu + 不定式这一结构表示可能与必要，具有主动意义。），an jeder Maschine 是地点状语，zur Fernbedienung ... eines Maschinenkomplexes 是目的状语。

2. wäre 的意义：本句虚拟式表示非现实的假设。可理解为：Wenn man so dächte, wäre es falsch. 全句可译成："认为必须在每台机器上安装一台电视摄像机以便遥控和监视大型机组的想法自然是错误的。"

问：Wir wollen außerdem annehmen, dass der Waagebalken selbst kein Gewicht besitzt oder, **was hier auf dasselbe herauskommt**, so konstruiert ist, dass er für sich allein im Gleichgewicht wäre. 请问用黑体的那句话是不是插入句？如果是的话，为什么用 was 和尾语序？

答：was 是关系代词，作 auf dasselbe herauskommt 的主语，这是关系从句，是进而说明 der Waagebalken ist so konstruiert, dass ... 一句的。为了弄清楚关系，我们先举一个简单例子。Dadurch wird das Gefüge (hier: der Stahl) elastischer, biegsamer **und, was sehr wesentlich ist,** schneidbar.

was sehr wesentlich ist 一句话位于 und 之后，因此，它与前面不发生关系，只是说明 schneidbar。我们可这样提问：Was ist sehr wesentlich？答：Dass das Gefüge schneidbar wird, ist sehr wesentlich. 我们也可把句子改成：Dadurch wird das Gefüge elastischer, biegsamer und schneidbar, was sehr wesentlich ist. 这种用 was 连接的关系从句，在主句里没有关联词，它只是说明主句中的内容，补充主句中的思想，因此，又称接续句（weiterführender Satz），它可以改成独立句，即：das ist sehr wesentlich.（译文：因此，这一结构（指：钢）将更有弹性、更易弯曲并且可以切割，这（一点）是很重要的）。回头再看第一句，问题就容易理解了，道理是一样的。was hier auf dasselbe herauskommt 位于 oder 之后，可见，从句只与后面的内容有关。全句试译如下：此外，我们来假设，称杆自身无重量或者将称杆设计成自身平衡，这是一样的。

问：als 词组在句中算什么成分？

答：als 是连词，现在许多人也把它算作不支配格的介词，它与名词等构成的词组在句中一般为定语或同位语，也可作其他成分。如：

定语（Attribut）：

Du bist größer *als ich*.

Er arbeitet mehr *als genug*.

Sie tut nichts *als Gutes*.

同位语（Apposition）：

Er *als Arzt* wusste das genau.

Ich rate dir *als meinem besten Freund.*

宾语补足语（Objektergänzung）：一般是动词所支配的，但也是说明宾语的。

Ich betrachtete ihn *als Vorbild.*

Wir wählten sie *als Klassensprecherin.*

谓语补足语（Prädikatsergänzung）：

Er gilt *als Fachmann.* (Er ist wie ein Fachmann.)

Er fühlt sich *als Held.* (Er ist wie ein Held).

方式状语（Modalangabe）：

Ich rate es dir *als guter Freund.*

(... freundschaftlich raten)

Sie handelte *als Lehrerin.*

(... wie jede gewissenhafte Lehrerin handeln musste)

问：请问 Nur er kann das schaffen. 一句中 nur 是什么成分？

答：nur 在句子里作等级定语（Rangattribut），它是定语的一种特殊类型，由连词、副词来表达，如 allein, auch, eben, gerade, schon, selbst 等。它在句中表示说话者对某一内容的主观态度，应注意语序与语调，如：

Gerade er hat das gesagt. (Rangattribut)

Gerade hat er das gesagt. (Zeitangabe)

问：为什么能说 Ich habe viel (wenig) Zeit，而不能说 Ich habe viel (wenig) Freunde 呢？请解释一下。

答：viel 和 wenig 是不定代词，用法较复杂，就您提出的两句话来分析，可作如下说明：

1. 如果 viel 和 wenig 与复数名词连用时，大多情况下应有词尾变化。

Viele Freunde sind da.

Ich habe *viele* Freunde.

Er half *vielen* Freunden.

Auf Vorschlag *vieler* Freunde reiste sie nach dem Süden.

当然也不排除例外，如 Sie machte sich *viel* Gedanken darüber.

2. viel 和 wenig 与单数名词连用时，第二格有词尾变化，其他格除 vielen Dank 个别情况外，一般无词尾变化。

Dazu gehört *wenig* Mut.

Ich habe *wenig* Hoffnung.

Er hat es mit *wenig* Mühe erreicht.

第二格：Das bedarf *vieler* Arbeit.

问：请问为什么在下面的句子里 all 没有词尾变化：All der Fleiß half nichts.

答：all 与带有冠词或物主代词的单数名词连用时，在现代德语中经常无词尾变化。

Sie zeigt *all* ihr Können.

Es bedarf *all* seines Mutes.

Das hat er mit *all* seiner Mühe getan.

如果 all 与带冠词和物主代词的阴性名词和复数名词第一格和第四格连用时，其词尾既可变也可不变，但二格和三格一般无词尾变化。如：

All/Alle diese Leute wollen in die Stadt.

All/Alle meine Arbeit war vergebens.

Wir werden bei *all* meinen Freunden eingeladen.

Mit *all* meiner Geduld erwarte ich eine zustimmende Antwort.

问：德语中表示相互关系的代词 sich（uns, euch）和 einander 是否相同，能否互换？如：Wir haben uns lange nicht gesehen. 和 Wir haben einander lange nicht gesehen. 两句有无区别？另外能不能说 Wir helfen uns einander.，如果不能，该怎么说才算对？

答：sich (uns, euch) 和 einander 在表示相互关系时是有区别的。

1. sich 用得比较普遍，einander 显得高雅，不通俗；

2. 有时 sich 的含义较广，如 Sie trösteten sich. 一句话既可理解成"他们相互安慰"也可理解成"他们（各自）自我安慰"。为了表示"彼此"、"相互"最好用 Sie trösteten einander. 或 Sie trösteten sich gegenseitig.（副词）。但是 einander 和 sich 绝对不能合用，因此

Wir helfen uns einander. 是错的。另外，einander 和 gegenseitig 也不能合用；

3. 如果与介词连用，几乎只能与 einander 合用，如：Sie standen nebeneinander. Alle Studenten diskutieren miteinander heftig über die Weltlage.

问： 每当写作文遇到直接引语时，我就不知道怎么点标点符号。有这么一句话，Hat er gesagt: „Ich komme morgen."？这句话中有冒号、引号、句号、问号四种符号，到底该如何标点？

答： 我们先看您提出的这句话。整个句子是疑问句，因此句尾用问号；Hat er gesagt 为提示句，位于句子的前面一部分，直接引语在其后，因此谓语动词后用冒号；直接引语是一个完整的独立句，又位于提示句之后，因此除用引号外，句尾应加句点；„Ich komme morgen." 全句作 sagen 的宾语。

下面再举几个例子谈谈带有直接引语的句子标点符号。

1. Er sagte: „Ich komme."

    „Ich komme", sagte er.

2. Er schrie: „Komm!"

    „Komm!", schrie er.

3. Er fragte: „Ist er gekommen?"

    „Ist er gekommen?", fragte er.

4. „Es ist möglich", dachte sie, „dass er einen Fehler gemacht hat."

5. „Tja", sagte sie zögernd. „Ganz schön, Leonid. Aber was ist, wenn die Roten wiederkommen?"

上述例子可概括如下几点：

1. 德语引号一般是前下后上，尾向外；

2. 若直接引语在提示句之后，句号、惊叹号、问号在引号内，提示句谓语动词后用冒号。若反之，惊叹号、问号仍在引号内，句号则省略，引号外点逗号，紧接着是提示句的谓语动词；

3. 若直接引语被提示句分成两截，则提示句前后均用逗号分开；若后半部分的直接引语是独立句，则提示句句尾应用句号打断，后半部的直接引语中的第一词应大写。

问：in groß... Beijing 中的形容词 groß 应如何变格？

答：在德语地名前有形容词时，均应加定冠词，定冠词后的形容词按弱变化变格。例：

Das neue China entwickelt sich zu einer Industriemacht. Die Armut **des alten China** wird allmählich beseitigt. **Im großen Beijing** leben 7 Millionen Menschen. Sie sprachen über **den märchenhafte Kilimandscharo**.

只有 ganz 和 halb 两词在地名前的变化略有不同。

1. ganz 和 halb 前无冠词时，ganz 和 halb 不变：halb Europa, in ganz Afrika

2. ganz 和 halb 前有定冠词时，仍作弱变化：das ganze Leipzig, das ganze Asien

问：语法书上说抽象名词是单数，然而在实际语言中很多抽象名词用复数，如：Kraft – Kräfte，Wille – Willen，Leid – Leiden 等，作何解释？

答：Wille 和 Willen 是两种不同形式的单数，德语中还有 Glaube(n)（信念），Gedanke(n)（思想），Frieden 或 Friede（和平），Ost（东），Osten（东方，东方集团）等。抽象名词不是绝对不用复数，在下列情况下是可以用。如：

1. 表示可数、可重复的现象和行为

   das Leid 痛苦、灾难 / die Leiden 各种疾病；die Ursache des Fehlers 错误原因 / die Ursachen des Fehlers 错误的各种原因；die Bemühung 努力 / die Bemühungen 种种努力；die Kraft 力量 / Arbeitskräfte 劳动力

   Er hat viele Dummheiten begangen. 他做了许多蠢事。

2. 由抽象概念向具体事物过渡

   die Kostbarkeit 珍贵（特征） / die Kostbarkeiten 珍宝（贵重的事物）；die Kleinigkeit 细小 / die Kleinigkeiten 琐屑之事、零碎杂物；die Seltenheit 罕有 / die Seltenheiten 珍贵书籍或邮票

   Bitte, lass diese Anzüglichkeiten！请不要指桑骂槐！（这里指讽刺挖苦的词句）

3. 某些抽象名词指人时可用复数

die Schönheit 美丽或美人（die Schönheiten）；die Kapazität 能量或有才华的人（die Kapazitäten）；das Talent 天赋，天才或指具有天赋、才干的人。

Er hat Talent für Musik. 他有音乐天赋。

Es ist nicht leicht, Talente zu entdecken. 发掘人才是不容易的。

问：Er hat ein Buch gekauft. 和 Er hat sich ein Buch gekauft. 两句话有什么区别，sich 是第几格？是不是算反身动词？

答：试比较：

　*Er hat ein Buch gekauft. 他买了一本书。

Er hat **mir**（meinem Sohn）ein Buch gekauft.

他给我（给我儿子）买了一本书。

　*Er hat sich ein Buch gekauft. 他自己买了一本书。

Er hat sich **und mir** je ein Buch gekauft.

他给自己和给我各买了一本书。

因此，从语法上看；sich 是第三格；凡是反身代词 sich 可由其他词替代或用 und 连接的动词称非真正的反身动词（unechte reflexive Verben）。

从语义上看：第一句话无色彩，第二句话则强调"为自己"。

问：Es war zu heiß, als dass wir einen Spaziergang nicht hätten machen können. als dass 是否定结果连词，已具有否定意义，为什么有些语法书还加 nicht？

答：查阅了 Duden-Grammatik 等参考书，als dass 连词带出的从句在现代语言中不用 nicht。上句应改为：Es war zu heiß, als dass wir einen Spaziergang hätten machen können. 如果一定要用否定词，则应改成：Es war **so** heiß, **dass** wir **keinen** Spaziergang machen **konnten**.

注意：zu 改成 so；als dass 改成 dass；虚拟式改成直陈式；从句中加否定词。再比较：

Du bist noch **zu** jung, als **dass** ich dir alles erzählen **könnte**.

Du bist **so** jung, **dass** ich dir noch **nicht** alles erzählen **kann**.

14

问：fremdsprachige Literatur 和 fremdsprachliche Literatur 两个词组有什么区别?

答：fremdsprachige Literatur 是说 Literatur in fremder Sprache（外文书籍），而 fremdsprachliche Literatur 是指 Literatur über fremde Sprachen（有关外语的书籍）。

-sprachig 的意思是"说话的、用语言的、用语言写的"。如：einsprachig，deutschsprachig，gemischtsprachig 等，der fremdsprachige Unterricht 用外语讲的课。-sprachlich 的意思是"有关语言上的"。如：altsprachlich，neusprachlich，umgangssprachlich 等，der fremdsprachliche Unterricht 外语课。

问：在科技资料中经常遇到 das Blatt (die Blätter) 这个词及其复合词，请问应如何译?

答：das Blatt (die Blätter) 原义为纸（裁好的一张张的纸），在科技文章中的意义为"文摘"，"标准"，"规范"等，现举数例：

Das chemische Zentralblatt	《化学文摘》
Stahl-Eisen-Werkstoffblatt	钢铁材料标准
Normblätter	文字式标准
Formblätter	表格式标准
DIN 51069 Blatt 1	德国工业标准 51069 第一篇
das Arbeitsblatt	工作守则
DIN 820 Bl. (Blatt) 27 Bbl. (Beiblatt)1	德国工业标准 802 节 27 篇附录 1

问：我在阅读中经常碰到 sich über etwas (A) freuen 和 sich auf etwas (A) freuen 这样两个固定搭配。它们有没有区别? 区别在什么地方?

答：有区别。sich über etwas (A) freuen 是指对已出现的事情或正在出现的事情感到高兴。sich auf etwas (A) freuen 是指高兴地期待将来要发生的事情。也就是说用介词 über 表示现在；用介词 auf 表示将来。试比较下面例子：

Er freut sich über die ausgezeichnete Leistung im letzten Semester.

15

Gabi hat sich ausgesprochen über das Geschenk ihres Onkels gefreut.

Die Schüler freuen sich auf die Sommerferien.

Wir freuen uns auf deinen Besuch.

有时也会碰到 sich an etwas (D) freuen，用介词 an 的意思是"见到…（或拥有…）而高兴"，如：Er freut sich an diesen Blumen. 此外，还有 sich an jm. freuen 和 sich für jn. freuen。sich an jm. freuen 是"见到…而高兴"的意思，如：Ich freue mich immer an netten, jungen Menschen. sich für jn. freuen 是指替某人的某事高兴，如：Ich freue mich für Sie, dass Sie diese Stellung bekommen haben.

问： Er starb kurz vor seinem 65. Lebensjahre. 这句话对不对？

答： kurz vor 只能用在一个既定的时间前面，而不能用在一段持续的时间的前面。只能说：kurz vor seinem 65. Geburtstag, kurz vor Beginn, kurz vor Beendigung, Vollendung seines 65. Lebensjahres，而不能说：kurz vor seinem 65. Lebensjahre。因而你上面的那句话是不对的。

问： Geldmittel 这个词有没有单数形式？

答： Geldmittel 这词属于只用复数形式名词一类，如 Spesen，Kosten，Einkünfte。Geldmittel 这个词表示一定数量的钱数，因此它不用单数形式。

问： künftig 和 zukünftig 这两个词的意义有什么区别？

答： künftig 和 zukünftig 在意义上没有什么区别，都表示"将来的"，"未来的"意思，但常用的是 künftig，如：mein künftiger Beruf, die künftige Zeit；Er versprach, künftig besser aufzupassen. Wir müssen künftig sparsamer leben. 而 zukünftig 在口语中只用在 mein Zukünftiger = der künftige Ehemann。

问： 德语中的省略撇 ' 怎么用?

答： 根据 Duden 上对省略撇的使用说明作如下几点概括介绍。

1. 省略冠词、代副词、代词等的头一两个音素，如：

    das: Wer 's Geld hat, kann sich das erlauben.

    des: in 's Teufels Küche

    es: Wie geht 's Ihnen?

    ein: So 'n Blödsinn!

    eine: Sie hat 'ne Menge erlebt.

    einen: Er hat 'nen schönen Wagen.

    hinauf: Wir steigen 'nauf.

    herüber: Reichen Sie 's mal 'rüber.

2. 省略名词尾 e，如：

    Lieb'　　Näh'　　Freud'　　Treu'　　Füß'

3. 省略动词第一人称现在时、现在完成时、将来时的词尾 e，如：

    Ich find' das schön.

    Das hab' ich nicht getan.

    省略动词第一、三人称过去时的词尾 e，如：

    Ich hatt' 'nen Kumpel.

    Das Wasser rauscht'.

    省略动词第一、三人称虚拟式的词尾 e，如：

    Hätt' ich es ihm nicht gesagt!

    Könnt' sie es noch erleben!

4. 省略一个词的词尾音，如：

    Wissen S' schon?

    Er begehrt kein' Dank.

5. 在 -ig，-isch 形容词中的 -i- 可省略，如：

    ein'ge Leute, wen'ge Stunden, ird'sche Güter, märk'sche Heimat

6. -e- 在词中省略只是为了诗句的韵律关系，如：

    Well'n　　　　Bau'r

7. 第二格人名，如果结尾为 s，ss，ß，tz，z，x，则可省略第二格变格词尾，如：

    Aristoteles' Schriften　　　Le Mans' Umgebung

    Grass' Blechtrommel　　　Voß' Übersetzungen

Leibniz' Philosophie   Britz' Heimatgeschichte
Marx' Werke

问： Ich bin ein Lehrer. 这句话对吗?

答： 汉语在表示人们的职业时往往加数量词"一个"。如：我是一个教员；她是一个售货员等。而德语在表示人们的职业时,则一般不加"一个",因此上面句子的正确说法应是 Ich bin Lehrer.

问： Er arbeitet als Dolmetscher. 和 Er ist Dolmetscher. 的意思一样吗?

答： 不一样。arbeiten als … 有下面几层意思。

1. 只表示人们现在从事的工作,而这项工作并不是他原来的职业。如：Er war Kraftfahrer.（他过去是司机。）Wegen eines Sehfehlers arbeitet er jetzt als Pförtner.（由于视力不好他现在是看门的。）如说 Er ist Pförtner. 那么指的是他的职业就是看门人。

2. 表示职业中断较长时间后,又重新干本行。如 Er arbeitet jetzt wieder als Dreher. 这句话表示他原先是车工,后来一段时间不当车工了,现在又重新干本行。在这种情况下,德语不说：Er ist wieder Dreher. 而说：Er arbeitet jetzt wieder als Dreher.

3. 表示临时担任某种工作。如：在暑期短训班中他将担任班主任。正确的德语应是：Im Sommerferienkurs wird er als Leiter arbeiten. 而不说：Im Sommerferienkurs wird er Leiter sein. 同样,Er arbeitet als Dolmetscher. 说的是他现在担任翻译,并不是说他的职业是翻译。

问： Ich bin sehr beschäftigt. 这句话德国人经常讲吗?

答： 德国人表示很忙,经常用 Ich habe viel zu tun.（我有很多事情要做。）/ Ich habe viel Arbeit.（我有很多工作。）在口语中还经常说 Ich habe noch einen Berg Arbeit vor mir.（我还有一大堆工作要做。）/ Ich habe noch alle Hände voll zu tun.（我手头工作很多。）Ich bin sehr beschäftigt. 现在并不经常用。

问：Wir waren spazieren. 这句话对吗？

答：对。Wir waren spazieren. = Wir waren spazieren gegangen. 在口语中常把 gehen 的第二分词 gegangen 省去。相似的例子还有 Sie ist einkaufen. Er ist baden. Wir waren schwimmen. Sie waren tanzen. 等。另外在口语中还可以说 Wir sind spazieren gewesen. 这句话等于 Wir sind spazieren gegangen. 或 Wir sind zum Spazieren gewesen.

问：Er ist 1,8 Meter.（他身高 1.8 米。）这句话对吗？

答：对。表示长（lang），宽（breit），高（groß, hoch），远（weit），多大岁数（alt）时，这些词在口语中可以省略。如 Er ist 1,8 Meter (groß).（他身高 1.8 米。）Er ist 14 Jahre (alt). 或 Er ist vierzehn.（他 14 岁。）Das Brett ist 4 Meter (lang).（这块木板长 4 米。）Er ist 4,45 Meter (weit) gesprungen.（他跳 4.45 米远。）Er ist 1,35 Meter (hoch) gesprungen.（他跳 1.35 米高。）

问：Ich fühle mich schlecht. 这句话对吗？

答：在表达感觉生病，身体不好、不舒服时，德文不怎么说 Ich fühle mich schlecht, 而说 Es geht mir schlecht. 口语中还经常说 Ich fühle mich krank. / Ich fühle mich nicht gut. / Ich fühle mich nicht wohl. / Mir ist übel.

问：介词 durch, infolge, wegen 和 dank 都可以译成"由于"，"因为"，它们之间有什么区别？

答：这是几个表示原因的介词，它们之间是在区别的，分别介绍如下：

durch 作原因介词用时，表示某一结果是通过采取了某一种方法，手段取得的或由于某种原因产生的。如：

Durch den Blitzschlag wurde das Haus zerstört.

Durch fleißige Mitarbeit erreichte er bald ein höheres Niveau.

介词 **infolge** 则说明某种结果的产生是由于某种起因所引起的。这种起因只能是某一事件，而非某件东西或某人。起因及其结果间的因果关系比较紧密。如：

Infolge des Schneefalls war die Straße unpassierbar.

Infolge des Streiks war der gesamte Verkehr lahm gelegt.

wegen 说明某种行为的理由（或目的），这种理由又是很普遍的现象。结果与原因没有时间上的联系。如：

Wegen des Geburtstages seiner Tochter wollte er nicht an der Veranstaltung teilnehmen.

Der Professor ist **wegen seiner Forschungsarbeit** berühmt.

Wir haben das nicht **wegen des Geldes** getan.

dank 是一个褒义词，不能与那些具有消极意义的名词连用，因为介词 dank 本身就是要说明一种要感激的理由，中文可译成"多亏"等，后面往往有 Fleiß, Energie, Hilfe, Einsatz 等名词。如：

Dank seinem Fleiß bestand er die Prüfung.

Dank seines Einsatzes haben wir das große Ziel erreicht.

问：何为"第一将来时"和"第二将来时"？如何运用这两种时态？能否称"将来时"和"将来完成时"？

答：第一将来时（Futur I）表达将来要发生的事情，由 werden + 不定式构成。句中有时还会出现表示将来的时间副词 morgen，bald，im nächsten Jahr。如：

Die Studenten werden (morgen) ins Kino gehen.

Er wird uns (in der nächsten Woche) besuchen.

第一将来时还用来表达猜测眼下有可能发生的事情。要判断第一将来时在句中是表达猜测目前正在发生的事情，还是表达将来要发生的事情，可以看：猜测目前正在发生的事情的句子往往带猜测情态词 wohl, sicher, gewiss, vielleicht, vermutlich 等。

Dieter wird **wohl** beim Arzt sein.（迪特大概在医生那儿。）

另外，第一将来时还有如下用法：

a. 表达说话人的某种目的和打算，多用在第一人称。如：

Wir werden uns kurz fassen.

Wir werden das Manuskript zum März abliefern.

以上用法可以用 es ist meine (unsere) Absicht 来代替。

b. 表达一种命令或要求，多用在第二人称。如：

Du wirst jetzt schlafen gehen.

Ihr werdet die Hausaufgaben morgen zurückgeben.

以上用法也可以用命令式来代替。如：

Geh jetzt schlafen!

Gebt die Hausaufgaben morgen zurück!

第二将来时（Futur II）由 werden+ 第二不定式（完成时不定式：第二分词 +haben od. sein）构成，表示在将来的某一时刻已经发生某一事情。在说话人对某一事情发表看法时，此事的动作尚未完成，只是想象在将来的某个时候已经完成了。这种句中可以出现表示猜测的情态词，但句中必须要有表示将来的时间副词。如：

Morgen wird er die Arbeit beendet haben.

Im nächsten Sommer wird er seine Heimat verlassen haben.

第二将来时还可以表示猜测在过去的某个时候已经发生了的事情，句中必须要有表示猜测的情态词。如：

Er wird sicher diese Arbeit abgeschlossen haben.

综上所述，第一将来时表达或猜测现在正在发生的事情。第二将来时表达将来已经完成或猜测过去已经完成的事情。第一将来时不能表达过去的事情，第二将来时也不能表达现在正在进行的事情。

第一将来时（Futur I）可以简称"将来时"。第二将来时（Futur II）可以称为"将来完成时"（Futur Perfekt）。

问：疑问代词 wer 的第二格 wessen 在句中作什么成分？

答：疑问代词 wer 的第二格 wessen 通常在名词的前面作定语，表示物主关系。Wessen 没有性、数、格的变化。如：

Wessen Buch ist das? 这是谁的书？

Wessen Buch ich mitgenommen habe, ist meine Sache.

我拿走了谁的书，这是我的事。

也可作第二格宾语用，如：

Wessen ich mich erinnere, ist im Augenblick gleichgültig.

现在我回忆起谁都一样。

问： bisschen 当什么词用，在句子中为什么从来不变化？

答： bisschen 是在口语中经常用的一个不定代词，相当于书面语言 ein wenig，etwas，有如下用法：

1. ein bisschen 作代词用，指上文已提到的事情或行为，没有词尾变化。如：

   Möchtest du Zucker in den Kaffee? – Ja, **ein bisschen**.

   Haben Sie nicht zuviel Salz in die Suppe getan? – Nein, ich habe nur **ein bisschen** genommen.

2. 作副词用时，常用 ein bisschen，如：

   Es hat **ein bisschen** geregnet 天下了点小雨。

   Das geht **ein bisschen** zu weit! 这有点离题了！

3. bisschen 作形容词用。因一般用于单数，往往带不定冠词 ein，不定冠词 ein 一般没有格的变化。bisschen 永远不变化，如：

   Gib' mir **ein bisschen** Geld!

   Mit **ein bisschen** Mut kann man viel erreichen.

   如在 ein bisschen 之后还有一作定语的形容词，则要对比定语形容词进行格的变化。如：mit **ein bisschen schwarzem** Pfeffer。

   bisschen 之前也可以是定冠词、指示代词或物主代词，如：

   Mit **dem bisschen** Wasser kann ich kein Geschirr spülen.

   Mit **dieser bisschen** Butter lässt sich kein Brot streichen.

   Mit **meinem bisschen** Geld kann ich keinen Farbfernseher kaufen.

问： 名词的物主代词有哪些用法？

答： 在回答这一问题前，我们先谈一下物主代词的用法。物主代词有两种用法：当形容词用时，称为形容词的物主代词，它可以作名词的定语或作表语；当名词用时，称为名词的物主代词，它同名词一样用。下面就名词的物主代词的用法作一简单介绍：

1. 物主代词在句中作 sein, werden 和 bleiben 等的第一格谓语（Prädikatsnominativ，即我们通常说的表语）和 heißen, nennen 等的第四格谓语（Prädikatsakkusativ，我们通常称之为宾语补足语或宾语表语）时，物主代词一般没有词尾变化。但是，如果句中主语是 das 或 es，则以强变化词尾为好。如：

Das Buch ist **mein**.

Hier liegt ein Hut, es ist **seiner**.

Auf dem Tisch liegt ein Buch, es ist **Ihres**, das an der Wand ist **meines**.

2. 名词的物主代词通常与定冠词连用（有时也可以不用冠词），其词尾变化同形容词的变化一样。如：

Hier ist mein Buch. Wo hast du **das deine**?

Ich habe meinen Bleistift vergessen. Kannst du mir **den deinen** geben?

3. 在句中，如名词的物主代词不在所涉及到的名词附近，则要将名词的物主代词大写，反之，就小写。如：

Grüße bitte **die Deinen** von mir!（代我向你家里人问好！）

Grüße deine Frau **von meiner**!（我爱人向你爱人问好！）

在现代德语中，带定冠词的名词的物主代词还有另外一种带后缀 -ig 的形式，这种带后缀 -ig 的物主代词一般都要大写。如：

Hier ist mein Heft. Wo ist **das Deinige**?

Ich besuche heute **die Meinigen**.

尊称第二人称的物主代词任何时候都要大写，如：

Mein Brief ist hier, **der Ihre** (**der Ihrige**) ist noch bei Peter.

Ich habe gestern Abend im Theater **die Ihren** (**die Ihrigen**) gesehen.

4. 在口语中，如名词的物主代词涉及的是一个中性名词，则喜欢用简写形式 meins, deins 等，如：

Hier ist mein Buch. Wo hast du **deins**?

问： mehrere 和 mehr 在词义和用法上有何区别?

答： mehrere 是不定代词，也是不定数词，意思是若干、好几个。其谓语只能是复数形式。作为不定数词使用时，后面所跟的形容词是强变化。如：

Mehrere junge Arbeiter rauchten.

Auf der Versammlung hat er mehrere bekannte Schriftsteller kennen gelernt.

但在第二格中，后面所跟的形容词强弱变化均可。如：

Nach den Meinungen mehrerer älterer (od. älteren) Lehrer sollen wir dieses Problem eingehend besprechen.

mehr 是副词，是 viel 的比较级，意思是较多，更加，更多，它与其他副词的比较级不同，无词尾变化。如：

Es waren mehr Kinder als Erwachsene.

Sie hat mehr als die Hälfte ihres Lohnes gespart.

mehr 还有其他的用法，如 nicht mehr（不再），um so mehr als ...（因……而更甚）等等，这里就不详细阐述了。

问：alle 和 einige 后面所跟的名词有无单数形式?

答：alle 和 einige 后面所跟的名词一般都是复数形式，如 alle Freunde, einige Bücher。但在下面两种情况下，后面的名词可以是单数形式：

1. 后面所跟的为物质名词

Alles Salz löst sich im Wasser.

2. 后面所跟的为抽象名词

Sie schreibt mit aller Kraft.

Er hat einigen Mut verloren.

问：Komm du schnell zurück! 这句话对不对?

答：对。在针对 du 和 ihr 发出命令的命令句中，一般省去人称代词 du 和 ihr, 如在句中有 du 和 ihr 的话, 那是为了加强对 du 和 ihr 的语气。如：

Sprich **du** langsamer!

Macht **ihr** diese Aufgabe!

问：spät 和 später 在用法上有何区别?

答：spät 是形容词，意思是迟的，晚的，它的比较形式为 später, 如：

Es ist schon **spät**. Wir müssen gehen.

Er arbeitet bis in die **späte** Nacht.

Sie kommt **später** als ich.

später 是副词，意思是以后，后来，如：

Später denkst du vielleicht anders darüber.

Ich komme **später** wieder.

Bis **später**!

问：下列两个句子中，介词 unter 和 zwischen 的用法相同吗？

Er fand seinen Koffer **unter** den anderen sofort heraus.

Er fand seine Tasche **zwischen** den Koffern sofort heraus.

答：不同。unter 和 zwischen 均可构成地点状语，表示在……之间。其区别是：unter 表示在同类物品之间；zwischen 表示在不同类物品之间。因此第一句的意思是：在其他的箱子中他立刻找出了他的箱子。第二句的意思是他立刻在这些箱子中间找出了他的包。但有时 unter 和 zwischen 也可互换，如：Der Sänger saß unter (zwischen) den Zuschauern.

问：在资料翻译中，遇到两个句子，不很理解。

Widerstand 25, dieser liegt mit der Spule zum Relais 03 in Reihe **geschaltet**.

Unter dem Eindruck eines verwirrenden Durcheinanders der Auffassungen erschien es **gerechtfertigt**, sich um eine gewisse Einheitlichkeit und Klarheit auf diesem Gebiet zu bemühen.

这两个句子中的 geschaltet 和 gerechtfertigt 分别与动词 liegen 和 erscheinen 是什么语法关系？"bekommen 和 erhalten+第二分词"又是什么语言现象？两者是否一致？

答：下面分两点来回答。

在"bekommen, erhalten + 第二分词"的结构中，动词 bekommen 和 erhalten 与某些动词的第二分词连用可代替被动语态的结构。

如：

Die Bücher sind ihm geschenkt worden.

Er hat die Bücher geschenkt bekommen.

与被动语态的结构不同点在于：人——由三格宾语变成一格主语；物——由一格主语变成四格宾语。因此我们把 geschenkt bekommen 看作动词复合谓语。在"完全动词 + 第二分词"的结构中，第二分词与句子中主语、宾语和谓语动词发生紧密的语义关系。如：

1. 与主语发生语义关系的第二分词叫主语表语（Subjektprädikativ）

Das Modell steht verstaubt auf dem Schrank.

=Das Modell steht auf dem Schrank.

Das Modell ist verstaubt.

（样品在柜子上沾满了灰尘。）

2. 与宾语发生语义关系的第二分词叫宾语表语（Objektprädikativ）

Das Lesegerät projiziert das Bild vergrößert auf eine Mattscheibe.

= Das Gerät projiziert das Bild auf eine Mattscheibe.

Das Bild ist vergrößert worden.

（读认仪将图象放大后投影到毛玻璃上。）

3. 与谓语动词发生语义关系的第二分词叫状语（Adverbiale Bestimmung）

Die aussterbenden Fischsorten könnten gezielt rekultiviert werden.

句中的 gezielt 是说明 rekultivieren 的。（正在绝种的鱼类可以有针对性地加以培育。）

因此，您摘引的两个句子中的 geschaltet 和 gerechtfertigt 分别与主语 Widerstand 和 es 发生语义关系，故叫主语表语。

问： etwa, um, an, gegen，bei + Zahlen 都可以表示"大约"，它们在用法上有什么区别？

答： 我们先看一组例子。

Was kostet das?

- **Etwa** 40 Euro.
- (So) **um** (die) 40 Euro (herum).
- **An** (die) 40 Euro.
- **Gegen** 40 Euro.
- (**Bei** 40 Euro.)

从例子看，它们的意思是相同的，只是在用法上和词类归属上有所区别。um 和 an 本是介词，在这里却作副词用，常与 die（永远不变）连用，um 前后有时还可与 so ... herum 连用，由于它们已转化成副词，所以后面名词的格不受它影响，如：

Sie kam **mit** um die 20 Kinder**n**.

Sie **half** an die 20 Kinder**n**.

上面两句句子中 Kindern 是第三格，是受 mit 和 helfen 的支配，与 um die，an die 不发生关系。

gegen 和 bei 仍然是介词，分别支配第四格和第三格。gegen 常与时间词连用，如 gegen 4 Uhr。bei 的用法已过时了，偶而在科技语言中还能见到。

问：请问 Deutsch (deutsch) 一词何时大写？何时小写？

答：这里想通过一些典型例句对此问题作一说明。

1. Sein Deutsch ist schlecht.

2. Sie spricht das beste Deutsch.

3. Der Ausländer versteht kein Deutsch.

4. Können Sie Deutsch?

5. Morgen haben wir Deutsch.

6. Herr Wang lehrt Deutsch an der Universität.

7. Sie hat eine Drei in Deutsch.

根据以上例句不难看出，Deutsch 作名词，表示德语语言（例 1-4）及德语语言文学课程（例 5-7）时均要大写。

deutsch 小写时有两种情况：

1. 形容词作定语（德国的，德语的，德意志的）：

如：die deutsche Sprache（德语），das deutsche Volk（德意志人民）

2. 作状语（用德语，以德语为手段）：

如：Wir unterhalten uns (auf) deutsch miteinander. （我们用德语交谈。）

Er denkt deutsch. （他用德语思维。）

在某些情况下 deutsch 既可大写又可小写，但在意义和语法职能上是有区别的。

Er spricht Deutsch. (Was spricht er? Er spricht die Sprache Deutsch.)

Er spricht deutsch. (Wie spricht er im Augenblick? Er spricht in deutscher Sprache.)

第一句表示他说德语（作为母语或作为外语）。第二句表示他眼下使用德语讲话，强调讲话所使用的手段或方式。

Er unterrichtet Deutsch. （他教德语课。）

Er unterrichtet deutsch. （他用德语教课。）

少数情况下，大小写并无意义上的区别，如：

Der Brief ist in englisch (Englisch) abgefasst.（这封信是用英语写的。）

形容词 deutsch 在下列几种情况也要大写：

1. 作专有名词时：die Deutsche Demokratische Republik （德意志民主共和国）

2. 名词化时：Er liebt alles Deutsche. （他喜欢各种德国的东西。）

Er übersetzt aus dem Chinesischen ins Deutsche. （他把中文译成德文。）

deutsch 在几个成语中要小写：

mit jm. deutsch reden （和某人严肃地谈一谈，对某人告以真情）

um es deutsch zu sagen （爽直言之）

das heißt auf gut deutsch （明白言之）

问：es 用作主语从句和宾语从句中的关联词时，能否用 das 来代替？如：

Es ist wichtig, eine Fremdsprache zu lernen.

Ich finde es nicht richtig, dass eine Stewardess mehr verdient als ein Lokführer.

答：这两句中的 es 不能直接用 das 来代替。虽然 das 和 es 均可用来指代主语或宾语从句，但它们的具体用法不同。上面例句中的 es 是用作指示下文中要提及的主语和宾语从句的关联词，这也就是说，当主句在前，从句在后时，主句中只能用 es。因此上面两个句子中的 es 是不能用 das 代替的。然而如果把主句和从句的次序颠倒一下，使从句在前，主句在后，则可用 das 来加强语气，das 的位置在主句谓语动词之前，但绝对不能用 es。

如：

Ein Fremdsprache zu lernen, (das) ist wichtig.

Dass eine Stewardess mehr verdient als ein Lokführer, (das) finde ich nicht richtig.

问： 请问 Ich wurde ... geboren 和 Ich bin ... geboren 在用法上有什么区别?

答： 在叙述体中用 geboren werden 的过去时。如：1962 年我出生在北京。Im Jahre 1962 wurde ich in Beijing geboren. 在对话体中则用 geboren sein。如：你出生在什么地方? ——我出生在北京。Wo bist du geboren? – Ich bin in Beijing geboren.

问： 她上中学 Sie lernt in der Mittelschule. 请问这句话译得对吗?

答： 这句话的译法本身是符合语法规则的，但不符合德语表达习惯。地道的德语表达是 Sie geht in die Mittelschule. Sie besucht die Mittelschule. 或 Sie ist Mittelschülerin. 同样，德语不说 Sie lernt in der dritten Klasse，却说 Sie geht in die dritte Klasse. Sie ist in der dritten Klasse. 或 Sie ist Schülerin in der dritten Klasse.

问： 我想表达"您老家在哪里?"，是 Wo sind Sie zu Hause? 对，还是 Woher sind Sie? 或 Wo ist Ihre Heimat? 对?

答： 上面三句话在一定语境中都可表示"您老家在哪里?"但要注意 Wo sind Sie zu Hause? 通常表示：您家住哪里? Woher sind Sie? 您从哪来? 您是什么地方人? 只有 Wo ist Ihre Heimat? 才是"您老家在哪里?"地道的表达。

问： 如何正确理解 beziehungsweise 这个词?

答： 人们常用 beziehungsweise 的缩写词 bzw.，它几乎总是可以由 und 或 oder 或其他的词更替。bzw. 在句中并不表达单一的意义，因而要根据句子的上下文才能正确理解。

例句：

Anfragen bzw. Anträge sind zu richten ... (bzw. = und) 和

Sein Sohn und seine Tochter sind 10 bzw. 14 Jahre alt. (bzw. = und) 和

Die Firma Müller bzw. Die Firma Meier wird ... (bzw. = oder) 或者

Er war mit ihm bekannt bzw. befreundet. (bzw. = oder vielmehr) 更确切地说

Er wohnt in Köln bzw. in einem Vorort von Köln. (bzw. = oder genauer gesagt) 说得确切一些

Die Mitglieder wurden neu bzw. wiedergewählt. (bzw. = teils neu, teils wiedergewählt) 有些是新选的，有些是连选的

Die vertragliche Regelung anerkennen bzw. respektieren (bzw. = zumindest) 至少要做到尊重

Die Fünf- und Zweipfennigstücke waren aus Nickel bzw. (aus) Kupfer. (bzw. = und im anderen Fall 分别) 五芬尼和两芬尼的硬币分别由镍和铜制成的。

问： Wir bestehen **darauf**, den Liefervertrag rechtzeitig zu erfüllen. 能否分别改写成：Wir bestehen **auf der** rechtzeitigen Erfüllung des Liefervertrags oder **auf die** rechtzeitige Erfüllung des Liefervertrags.

答： 动词 bestehen 表示"坚持"意思时通常用 auf + D。如：

Sie besteht auf ihrem Willen, auf ihrer Aussage, auf ihrem Recht ...

但这个词往往也表达迫切要求实施某一件事的意思，相当于 etw. dringend fordern, etw. verlangen，故有时也可以用 auf + A，如：

Die Firma besteht auf die sofortige Begleichung der Rechnung. Wir bestehen auf eine ausführliche Antwort. 然而，语言实践中，auf + D 属常规用法，auf + A 虽不错，但用得极少。

问：wenigstens 和 mindestens 两词都作"至少"讲，是否可以互换？

答：当它们作"至少"讲时，是可以互换的，如：Ich habe mindestens / wenigstens dreimal angerufen. 但二者还是有些区别的。mindestens 较为肯定、精确，在句子里要重读，而 wenigstens 就没有那么肯定、精确，在句子里是不重读的，重读的是数字。

但 wenigstens 还有别的用法，表达 immerhin 和 jedenfalls。例如：Er hat sich wenigstens entschuldigt. 这里的 wenigstens 是 immerhin 的意思。又如：Bei uns wenigstens ist das so. 这里的 wenigstens 是 jedenfalls 的意思。在这两例句中 wenigstens 均不能用 mindestens 来代替。从词源上，这两个词还有区别。wenigstens 是形容词 wenig 的最高级，是属于 wenigste, am, zum wenigsten；而 mindestens 是属于 mindeste, am, zum mindesten，其比较级是 minder；但二者原级均是 wenig。这里要提出的是，minder 和 weniger 不一样，它可以作为复合词的前缀构成众多的复合词。如 minderjährig, der Minderbemittelte, minderwertig 等。

问：Von dieser Medizin **nehme** man täglich dreimal drei Tropfen. 这句话里的谓语动词变位错了吗？

答：没错！这是第一虚拟式，用来表示间接命令，它常用于药方、烹调、技术指南或使用说明中，主语用 man。这句话的意思是：此药日服三次，每次三滴。又如：**Man nehme** einen kleinen Löffel Cafe, **gebe** ihn in die Tasse, **gieße** heißes Wasser **nach** und **rühre** gut **um**.（取一小匙咖啡，放入杯中，加热水搅动。）

问：Hier muss ein Kanal gebaut werden, **um** die Felder **zu** bewässern. 带 um ... zu 的不定式词组的逻辑主语应与该句的主语一致，为什么这句话中的主语不一致？

答：这句话是被动句，如将其还原成主动句，则变成：**Man** muss hier einen Kanal bauen, denn man will die Felder bewässern. 这样，句中主语就是 man, um ... zu 就是目的状语。因此，凡是被动态句，只要它可以改成由 man 作主语的主动态句，均可带 um ... zu 的不定式词组，因其潜在主语是一致的。

31

问： Da schlägt mir einer eine Wagentür ins Kreuz, oder ich beschütte einen mit Lack. **Entschuldigt wird sich** hier nicht. 反身动词不能构成被动态，为什么这句话里的被动态是反身动词？

答： 原则上，反身动词不能构成被动态，因为反身动词的主语和反身代词同指一个人或一件事。但是，当句子回避了主语，或要表达一个强烈的要求时，则可用被动态，如：

Entschuldigt wird sich hier nicht. （在这里用不着道歉。）

Jetzt wird sich gewaschen! （现在该去洗澡了！）

问： 代词 jemand 和 niemand 究竟有没有变格词尾？为什么有时看到有 jemandem / jemanden 和 niemandem / niemanden 的字样，有时又没有？

答： jemand 和 niemand 都有变格词尾。它们的第二格为 jemandes / jemands；niemandes / niemands。在第三格和第四格时，词尾可变为 jemandem, niemandem 及 jemanden, niemanden，但亦可不变，且不变词尾用的更多。如第三格：Es fiel ihr schwer, jemand (od. jemandem) zu schmeicheln. （奉承某个人对她来讲是很困难的。）Ich habe mit niemand (od. niemandem) gesprochen. （我没有和任何人谈过话。）第四格：Haben Sie jemand (od. jemanden) getroffen？（您遇见什么人了吗？） Ich habe niemand (od. niemanden) gesehen. （我谁也没看见。）

问： 说明 jemand 或 niemand 的关系从句中应用什么做关系代词？

答： 只能用 der 带起关系从句。如：Ich will von jemand lernen, der für die Revolution Beiträge geleistet hat. （我愿向某一个为革命做出过贡献的人学习。）Ich habe alle meine Freunde gefragt, aber da war niemand, der mir eine genaue Auskunft geben konnte. （我问了所有的朋友，但没有一个人能把详细的情况告诉我。）

问：Beijing Hauptstadt der VR China grüßt seine Gäste. 这句话中为什么用 seine Gäste 而不用 ihre Gäste?

答：在这句话里 Beijing 是主语，而 Hauptstadt der VR China 是 Beijing 的同位语。在德语中与被限定词关系紧密的同位语，中间无需用逗号分开，如 Tante Anna, Professor Dr. Li 等。这句话如将同位语用逗号分开就能看得更清楚了：Beijing, Hauptstadt der VR China, grüßt seine Gäste. 地名一般均为中性名词，句中欢迎的正是北京的客人，故用 seine Gäste，而不用 ihre Gäste。

问："点心不新鲜了，是否可以说 Die Kuchen sind nicht mehr frisch?

答：点心不新鲜了，德国人通常不说 nicht mehr frisch，而是说 Die Kuchen sind trocken. 牛奶不新鲜，则习惯说 Die Milch ist sauer. 在汉语中，"不新鲜"这个词往往可以形容很多名词，如：水果不新鲜了，肉不新鲜了，鸡蛋不新鲜了，空气不新鲜了。但是在德语中同样是不新鲜的意思，却往往用不同的形容词来表达。如：Das Obst ist faul. Das Fleisch ist verdorben. Die Eier sind verfault. Die Luft ist schwül. 当然，上述句子中的形容词是可以用 nicht frisch 来代替的。但是这样说上来，千篇一律，显得非常干瘪、乏味。

类似这种情况在德语中还很多。如：这堵墙很高，可译成 Diese Mauer ist sehr **hoch**. 但是这个男人个子很高，就不能译成 Der Mann ist sehr **hoch**，应译成 Der Mann ist sehr **groß**. 雨下得很大，不能译成 Es regnet **groß**，而应译成 Es regnet **stark**. 居住条件大大地改善了，不能译成 Die Wohnverhältnisse sind **groß** verändert，而应译成 Die Wohnverhältnisse sind **erheblich** verändert. 又如：这块肉很瘦，可译成 Dieses Fleisch ist sehr **mager**. 但是说这个女人瘦瘦的身材，不能译成 Diese Frau ist sehr **mager**，而应译成 Diese Frau ist sehr **schlank**.

问："我的两个姐姐都是教师。"译为 Meine beiden Schwestern sind Lehrerin. 对不对？

答：不对。这个句子中教师不应用单数，而应用复数，即：Meine beiden

Schwestern sind Lehrerinnen. 一般来说，用 sein + Berufszeichen 的格式时，表示职业的名词的单复数应与主语的单复数相同。如：Die beiden Mädchen sind Studentinnen.（两位姑娘都是大学生。）

如果用 werden + Berufszeichen 的格式，那么不论前面的主语是单数还是复数，表示职业的名词一律用单数，用复数的情况极为少见。如：

Peter will später Lehrer werden.（彼得将来想当教师。）

Sie alle wollen Arzt werden.（他们都想当医生。）

问： Ich durchquere den Fluss. Ich überquere den Fluss. 这两句话的意思是否一样？

答： durchqueren 和 überqueren 这两个动词中文译文都为"横过"，"穿过"，但是它们横过和穿过的方式有所不同，所以表达的意思不一样。durchqueren 是指从某一个区域的内部穿过。如：den Saal, den Park, den Wald, die Stadt durchqueren（穿过大厅、公园、树木、城市）。überqueren 是指从某一个区域的表面上越过。如 die Straße, den Platz, die Brücke, die Wiese, das Feld überqueren（越过街道、广场、大桥、草地、田野）。

但是有时两个动词也能同时与同一个名词连用，但它们表达的意思是不同的：

Ich durchquere den Fluss. 指：我游泳过河。（或：我划独人舟过河。）

Ich überquere den Fluss. 指：我乘船过河。（或：我从桥上过河。）

问： 德语数词什么时候大写？什么时候小写？

答：遇下列情况时数词在句中应大写：

作名词用：

Er hat zwei Einsen bekommen.（他得了两个 1 分）

Jetzt spielt gerade die Fünfte.（现在正在演奏第五交响乐。）

Wir müssen zuerst mit der Zwei fahren, dann umsteigen.（我们首先得乘 2 路电车，然后换车。）

作分数时：

Ich habe ein Viertel Kaffee gekauft.（我买了 1/4 磅咖啡。）

遇下列情况时应小写：

与名词连用时：

Ich rufe ihn alle drei Minuten.（我每三分钟给他打一次电话。）

与动词 sein 连用时：

Drei mal zwei ist sechs.（3 × 2=6）

与介词连用时：

Üben Sie zu zweit!（请你们俩人一组进行练习！）

Er kann nicht bis drei zählen.（他很笨。）

如果数词在冠词后面不做名词用时：

Er spielt die erste Geige im Orchester.（他是乐队第一小提琴手。）

在固定代词、不定代词和数词的后面：

In Deutschland lebt jeder siebente vom Auto.

（在德国，每七个人当中就有一个人以汽车行业为生。）

Diese vier Mädchen sind Studentinnen.（这四位姑娘是大学生。）

Heute Abend besuchen wir drei unseren Lehrer.

（今天晚上我们三个人去拜访我们的老师。）

In den ersten drei Jahren nach dem Krieg lebten wir sehr hart.

（战后头三年我们的生活非常艰难。）

问："我正好要到超级市场和体育馆去。"这句话译为：Ich fahre gerade zum Supermarkt und der Sporthalle. 对不对？

答：不对。应译为：Ich fahre gerade zum Supermarkt und zur Sporthalle. 德语中，如果介词后面有好几个名词的话，介词与名词的冠词的融合应视情况而定。如果后面那些名词的格和数的示性冠词相同，那么就可以写成为：

Man sprach vom Erfolg und Leben dieser Wissenschaftlerin.

（人们谈起了这位女科学家的成就和生活情况）。

如果不是这种情况，那么就要分别写开：

Man sprach vom Erfolg der Fabrikleitung und von den weiteren Plänen.（人们谈到了工厂领导所取得的成就和下步计划。）

问： 如果第二格人名在名词的前面，而名词前面又有形容词的话，那么形容词应该如何变化？

答： 如果形容词后面的名词为单数时，形容词按不定冠词后面的形容词变化。如：

Christa's schönes Bild hängt an der Wand.

（克利斯塔的美丽的照片挂在墙上。）

Christa's schöne Mappe hängt an der Wand.

（克利斯塔的漂亮的书包挂在墙上。）

Christa's neuer Füller liegt auf dem Tisch.

（克利斯塔的新钢笔放在桌子上。）

如果形容词后面的名词为复数时，形容词按定冠词后面的形容词变化。如：Christa's schönen Bilder hängen an der Wand.

问： 情态动词与动词不定式连用时，在什么情况下动词不定式可以省略？

答： 情态动词与动词不定式连用时，如果动词不定式要求一个表示方向的介词词组的话，那么这个动词不定式可以省略。如：

Er muss sofort ins Krankenhaus gehen. 可省略为：Er muss sofort ins Krankenhaus.（他必须立即去医院。）

如果动词不定式要求的是一个表示地点的介词词组的话，那么，这个动词不定式就不能省略。如：Er muss heute Abend zu Hause bleiben.（他今天晚上必须留在家里。）

同样，情态动词与其他类型的动词不定式连用时，这些动词不定式也不能随意省略，如：Sie kann gut singen. 这里 singen 不能被省略。

问： 在关系从句里，与 niemand 和 Folgendes 相应的关系代词是什么？如：他向村子里所有的老人求助，但是没有一个人能帮助他。译成：Er hat alle Alten im Dorf um Hilfe gebeten, aber da war niemand, welcher ihm helfen konnte. 对吗？又如：我把以下一些对他来说很重要的事情告诉了他。译为：Ich habe ihm folgendes, das für ihn sehr wichtig ist, gesagt. 对吗？

答： 这两个句子里的关系代词用得都不对。niemand 的关系代词应是 der。这个句子应译为：Er hat alle Alten im Dorf um Hilfe gebeten,

aber da war niemand, der ihm helfen konnte. Folgendes 的关系代词
应是 was，这个句子应译为：Ich habe ihm Folgendes, was für ihn
sehr wichtig ist, gesagt. 与 Folgendes 一样，关系代词为 was 的词还
有 das, alles, nichts, manches, etwas 和 welches 等。

问： 物主代词在指示代词 dieser, diese, dieses 的后面和在 alle 的后面应如
何变化？

答： 不受其影响。如：他以他这本书而闻名世界。应译为：Durch dieses
sein Buch ist er weltbekannt. 又如：我所有的亲戚都住在法兰克福。
应译为：Alle meine Verwandten wohnen in Frankfurt.

问： "他一直从事物理学方面的研究。"这个句子我译成：Er beschäftigt
sich immer mit Physik. 这样对吗？在这里 Physik 要不要加冠词？

答： 这个句子译得有错误。这里 Physik 前面一定要加定冠词。应译为：
Er beschäftigt sich immer mit der Physik. 在德语中，如果是表示学
习某门课程时，那么这些课程名称前面不用冠词，如：在中学，学
生必须学习中文、政治、物理、数学、化学和英语。In der Schule
müssen die Schüler Chinesisch, Politik, Physik, Mathematik, Chemie
und Englisch lernen. 但是，如果是表示某个科学领域的话，则要用
定冠词。

问： "他喜欢步行。"这句话中的喜欢可不可以用 gefallen 一词，译成 Es
gefällt ihm, zu Fuß zu gehen.？

答： 不行。这个句子可译为：Er liebt es, zu Fuß zu gehen. 最好是译为：
Er geht gern zu Fuß. gefallen + 动词不定式 + zu 这种形式在德语中
是不存在的。gefallen 一词都用在单句中。如：我在北京生活得很好。
译为：Es gefällt mir in Peking sehr. 如果要表达的意思需要用带 zu
的不定式的话，那么就寻找其他的表达方式。

问： "《共产党宣言》出版后，发生了三月革命。"此句能否译成：Nachdem das „Kommunistische Manifest" herausgegeben worden war, passierte die Märzrevolution. 我在词典里查到好几个动词的意思都为"发生"，如：geschehen, sich ereignen, es kommt zu，这几个词在这里是否都可以通用？

答： 这句话译得不对，应译成：Nachdem das „Kommunistische Manifest" herausgegeben worden war, kam es zur Märzrevolution.

或译成：Nachdem das „Kommunistische Manifest" herausgegeben worden war, brach die Märzrevolution aus.

geschehen, sich ereignen, passieren, es kommt zu 虽然都有发生的意思，但用法各有不同：

es kommt zu 一般强调事情的发生是有个过程的，不是突然发生的。如革命，首先是敌我矛盾逐渐尖锐化，然后导致革命的发生。类似这样的情况还有：Es kommt zu einem Krieg.（发生了战争。）Es kommt zu einem Streit.（发生了争吵。）Es kommt zu einer Auseinandersetzung.（发生了争论。）

sich ereignen, geschehen 和 passieren 都是指突然发生的事情。但是它们之间仍有区别：

geschehen 一般用于书面语言。如：Es geschah eines Tages, dass er nicht heimkehrte.（有一天，他没有回家。）geschehen 还可以和人称代词连用，如：Es wird dir nichts geschehen.（你不会出什么事的。）Ihm ist ein Unglück geschehen.（他遭到了不幸。）sich ereignen 一般也是用于书面语言，但是它不能和人称代词连用，如：Ein Erdbeben hat sich ereignet.（发生了地震。）

passieren 一词一般用于口语中。如：A: Was ist draußen passiert?（外面发生了什么事？）B: Ein Verkehrsunfall ist passiert.（发生了一起车祸。）

此外，在不同的情况下，"发生"一词还有不同的表达方法。如：1939 brach der 2. Weltkrieg aus.（1939 年爆发了第二次世界大战。）Der Roman spielt in den dreißiger Jahren.（小说的情节发生在三十年代。）Der Film spielt im Mittelalter.（电影的故事发生在中世纪。）

问："我们没有足够的劳动力来完成这项任务。"译为：Wir haben nicht genug Arbeitskräfte, diese Aufgabe zu erfüllen. 为什么不对？为什么要译为：um diese Aufgabe zu erfüllen. ？在有的句子中，如：Er hat keine Lust, Filme zu sehen.（他没有兴趣看电影。）为什么不可以用 um ... zu ？

答：这要由动词不定式在句子中所起的作用来决定。um ... zu在句中只能作目的状语用。如果动词不定式所表示的是主句中所述的前提条件的结果，就必须用不定式结构 um ... zu，如：Wir müssen diesen Weg gehen, um diese Probleme zu lösen.（我们只有通过这条途径来解决问题。）Das Kind ist groß genug, um sich zu waschen.（孩子已经长大了，可以自己洗脸了。）

动词不定式 + zu：如果动词不定式在句子中作定语，那么就要用动词不定式 + zu。如：Der Weg, diese Probleme zu lösen, ist schwer.（解决这些问题的途径很困难。）动词不定式 diese Probleme zu lösen 是 Weg 的定语。提问时可以问：Welcher Weg? 同样，Er hat keine Lust, Filme zu sehen.（他没有兴趣看电影。）动词不定式 Filme zu sehen 是 Lust 的定语。可以问：Welche Lust? 所以这里不能用动词不定式um ... zu，而是一定要用动词不定式 + zu。

问：在 2 + 2 = 4 这类方程式中，等号"="有几种读法？

答：等号"="可读成：

Zwei plus zwei *ist* vier.

Zwei minus zwei *gleich* null.

Zwei mal zwei *ist gleich* vier.

Zwei durch zwei *macht* eins.

Zwölf dividiert durch drei *gibt* vier.

Neun durch drei geteilt *ergibt* drei.

例句中 ist, gleich, ist gleich, macht, gibt 和 ergibt 都表示等号"="，它们在内容上没有差别。但在口语中，十分简短的方程式一般都读为 ist。通常由说话人根据句子的情况，说话时的声调、节奏以及场合来选定用哪一种表达方式。

问：初学反身动词时，书上讲：在反语序的句子中或在从句中，如果主语是名词，反身代词位于名词主语之前。但以后在文章中又常见到反身代词置于名词主语之后。反身代词究竟应该放在那儿？

答：在反语序的句子以及在从句中，若主语是名词，反身代词一般应尽量往前放，即放在名词主语之前。如：Die Menge wich zurück, als *sich* der Zug näherte. / Am nächsten Morgen rächte *sich* der Mann auf grausame Weise.

问：反身代词在作状语用的 um ... zu, ohne ... zu, statt ... zu 等不定式词组以及作宾语用的"不定式 + zu"的结构中应按第几人称变化？

答：在作状语用的 um ... zu, ohne ... zu, statt ... zu 等不定式词组中的逻辑主语与主句中的主语是一致的，故在这些词组中的反身代词应随主句中主语的人称变化。如：*Wir* fahren in die Stadt, um *uns* einen deutschen Film anzusehen. / *Ich* gehe zur Arbeit, statt *mich* zu Hause zu erholen. / *Er* macht die Prüfung, ohne *sich* vorher gut vorbereitet zu haben. 在作宾语用的"不定式 + zu"的结构中，反身代词的变化视该词组的逻辑主语而定。若该不定式词组中的逻辑主语与主句主语相同，反身代词随主句主语的人称变化，如：*Mein Freund* versprach mir, *sich* um meine Schwester zu kümmern.（我的朋友答应我要照顾我妹妹）。同样，在带 zu 的不定式词组与某些动词构成的复合谓语中反身代词也应与该动词的主语人称一致，如：Jetzt brauchst *du dir* nicht mit ihn zu beraten.（你现在用不着和他商量）。反之，如作宾语用的带 zu 的不定式词组的逻辑主语与主句动词的宾语相同，则反身代词应随该动词宾语的人称变化；如：Ich bat *ihn*, *sich* darum zu bemühen.（我请他为此事多费心）。

问：Er sah die Frau *ihm* zulächeln.（他看见那位妇女向他微笑。）句中的 ihm 指的是谁？可以用 sich 吗？

答：这里有两种可能，一种可能是指另外一个人，等于说：Er sah die Frau einem anderen (dem anderen) zulächeln. 也可能指主语自己。根据上下文或语境，这一点不难确定。如果用 sich 代替 ihm，就意味着这位妇女也许正在揽镜自照，对着镜中的自己微笑了。因为 die Frau 是 zulächeln 的逻辑主语，动作的对象又是自己。

问：Er lässt mich mich waschen. 这句话中有两个 mich，可以省掉一个吗？

答：不能省掉。这句话的意思是"他让我洗洗（自己的）脸"。如省掉一个 mich，意思就变了。如我们理解成省掉了第一个作 waschen 逻辑主语的 mich，那就变成"他叫别人给我洗脸"了。如我们理解成省掉了第二个（作 waschen 宾语的）mich，这句话意思就不很清楚了。因为 waschen 是及物动词，如去掉了第四格宾语意思就只是："他叫我洗"。到底洗什么，就不得而知了。

问：在一个句子里，主语是表示所叙述的动作、状态或特征的主体，反身动词也不例外。而 Das Buch *verkauft sich* gut. 这句话里 das Buch 并不是行为的主体，这是怎么回事？

答：这是一种被动式的代用形式，在这句话里，das Buch 在语法上起主语的作用，而实际上是行为的受体。我们把这句话变成主动式来讲就清楚了：Man kann das Buch gut verkaufen. 其被动式为 Das Buch kann gut verkauft werden. 而 Das Buch verkauft sich gut. 意义等于 Das Buch kann gut verkauft werden.（这本书销路好。）

问：arbeiten 一般不是及物动词，又不是反身动词，为什么会有这样的句式：In diesem Raum *arbeitet es sich* gut. 又为什么用 es 作主语？

答：这也是一种被动式的代用形式。主动式应是：In diesem Raum kann man gut arbeiten. 这句话可以变成无人称被动式，即：In diesem Raum kann gut gearbeitet werden. / Es kann in diesem Raum gut gearbeitet werden. 这种被动式的形式亦可用反身动词的形式，即用 In diesem Raum arbeitet es sich gut. 来表达。因为它所代替的是无人称被动式，所以主语用 es。在德语中只有很少的动词（如 fahren, schreiben, sitzen, leben, reisen 等）可以构成这种句式，而且句子中必须有两个状语，如：*In diesem Sessel sitzt* es sich *bequem. Mit diesem Kugelschreiber schreibt* es sich *schlecht.*

问：drittehalb, viertehalb 是多少？

答：drittehalb 说的是 das dritte ist nur halb，就是说第一、二个是完整的，第三个是一半的，一共是两个半。viertehalb 是三个半。但这种说法不常用，经常用的是 zweieinhalb, dreieinhalb。

问：alle halbe Jahre 和 alle halben Jahre 哪种说法正确？

答：这两种说法都正确。halb 在不定数词 alle 后面既可以强变化，也可以弱变化，而且其后面的名词亦可用单数，如：alle halbe Stunde。

问：halb 与 einhalb; eine halbe Stunde 与 eineinhalb Stunden 有何区别？

答：halb 是形容词，用时要发生词形变化，如：ein halbes Brot（半个面包），mit halber Kraft（用一半力量），zum halben Preis（半价）。einhalb 不单独使用，一般在它前面要加上基数词，不发生词形变化，如：dreieinhalb Jahre（三年半），in zweieinhalb Jahren（在两年半里），eineinhalb Stunden 就等于 anderthalb Stunden（一个半小时），即 ein und eine halbe Stunde，在 eineinhalb 后面的名词要用复数。

问：由第四格的名词构成的时间状语，如：dieses Jahr, den ganzen Tag 与由介词词组构成的时间状语，如：in diesem Jahr, am Tage 等有何区别？

答：这两种时间状语的共同点是都可以表示在一定的时间内，如：dieses Jahr 与 in diesem Jahr 都作"在今年"解，nächste Woche 与 in der nächsten Woche 都作"在下周"解。但表示时间的介词词组还可以作定语用，而第四格的时间状语只能作状语用，如：die Messe in diesem Jahr（今年的博览会），der Prämie in diesem Monat（这个月的奖金）。另外有些第四格的时间状语可以表达时间的延续，如：Das ganze Leben lang kämpfte Marx für die Befreiung der Menschheit.（马克思为人类的解放奋斗了一生）。Er beschäftigte sich das ganze Jahr mit seiner Doktorarbeit.（整整一年的时间他都在忙于写他的博士论文）。

问：以 -mann 为基本词的复合名词，其复数形式有两种，即 -leute 和 -männer，这有什么规律吗？

答：若该名词指从事某种职业或指属于同一社会阶层的人时，其复数形式为 -leute，如：der Kaufmann（商人）– die Kaufleute, der Fachmann（专家）– die Fachleute, der Edelmann（贵族）– die Edelleute。若该名词多指性别、特性或外形时，其复数为 -männer，如：der Ehemann（丈夫）– die Ehemänner, der Biedermann（老实人）– die Biedermänner, der Schneemann（雪人）– die Schneemänner。这一类名词中有的有两种复数形式，如：der Seemann（海员）– die Seeleute / Seemänner, der Feuerwehrmann（消防队员）– die Feuerwehrleute / Feuerwehrmänner。有的名词两种复数形式表达两种不同的意义，如：Ehemann 的复数形式为 Ehemänner 时，指的是丈夫的复数，强调其性别。复数形式为 Eheleute 时，指的是 Ehemann und Ehefrau 即指的是丈夫和妻子。

问：有些名词有两种形式，如：der Wille / Willen, der Gedanke / Gedanken 等，它们之间有区别吗？

答：德语中有一些阳性名词单数第一格时有两种形式，变格后就没有区别了。它们在变格时兼有强变化和弱变化的特点，单数第二格时词尾为 ns，第三、四格的词尾为 n，以上面提到的两个词为例，其变格如下：der Wille / Willen, des Willens, dem Willen, den Willen; die Willen; der Gedanke / Gedanken, des Gedankens, dem Gedanken, den Gedanken; die Gedanken。
它们在意义上没有区别，只是 Wille 这一形式比较古老一些，但在高雅的语言中仍被采用。

问：物主代词前可以加定冠词吗？物主代词不在句首应该小写，为什么有时也看到有大写情况呢？

答：物主代词当作名词使用时称为名词性物主代词，它和名词一样使用，名词性的物主代词通常与定冠词连用，如：der meine, die seine, das ihre 等，但也可以不连用。若名词性的物主代词指的是家庭成员接近的人或其所有物时则需要大写，如：Die Unseren haben das Fußballspiel gewonnen. （我们的人赢了这场足球。）Ich besuche heute die Meinen. （我今天去看看我家里的人。）若物主代词说明前面提到过的名词时，它就应当小写，如：Ich schenke meiner *Schwester* ein Buch. Was schenkst du deiner? （我给我姐姐一本书，你给你姐姐什么呢？）Grüße deine *Frau* von der meinen. （请替我太太问你太太好。）

问： 不及物动词不能支配第四格宾语，为何有些不及物动词也支配第四格呢？例如：Sie leben ein glückliches Leben. （他们过着幸福的生活）。

答： 在 Helbig-Buscha 的《德语语法》一书中这种第四格被视为谓语的一部分，称为"词语性谓语"（lexikalisch-idiomatischer Prädikat）；有的语法书中称其为"同源宾语第四格"，具有状语性质，带有感情色彩。类似的句子还有：Viele Soldaten starben den Heldentod. （许多战士英勇牺牲了。）Er hat einen schönen Traum geträumt. （他做了个美梦。）

问： 用阿拉伯数字表示日期时，月份的名称应该怎样读？

答： 可以读德语月份的名称，也可以按序数词来读，如：am 8. 10. 1987 可读成 am Achten, Zehnten 或 am Achten Oktober neunzehnhundert-siebenundachtzig.

问： 气温是零下 3 度或零上 3 度德语应如何表达？

答： 气温是零下 3 度可以这样表达: Die Temperatur ist drei Grad (Celsius) unter Null / drei Grad Kälte. 或 Die Temperatur ist minus drei Grad / drei Grad minus. 气温是零上三度：Die Temperatur ist drei Grad über Null / drei Grad Wärme. 或 Die Temperatur ist plus drei Grad / drei Grad plus.

问：Er ist Fachmann und (ist) geeignet, diese Arbeit auszuführen. 若省略了该句中括号里的 ist 似乎显得这个句子有些别扭，反之这句子又显得累赘。请问能否省略这个 ist？

答：从原则上来讲，某个在句子中重复出现的单词在句法结构相同的情况下可以省略。该句由 und 连接的 Fachmann 和 geeignet 在句法上属不同的结构，所以省略括号里的 ist 在语法上是有争议的。为避免重复 ist，可采用其他的表达形式，如 Als Fachmann ist er fähig / imstande / in der Lage / geeignet, diese Arbeit auszuführen. Als Fachmann verfügt er über die Fähigkeit, diese Arbeit auszuführen.

问："Reparaturen werden selbst durchgeführt." 该句子里的 selbst 使用恰当吗？

答：selbst 这个单词有两个基本含义，1：相当于 sogar（甚至）：Selbst seine Freunde haben ihn im Stich gelassen. 2：表示 persönlich, in eigener Person（自己；亲自）：Das Kind kann sich schon selbst anziehen. 在意为"自己；亲自"的句中，selbst 指的是行为主体，两者是一个整体。例句中的 selbst 显然意指"自己"，但又缺少行为主体，这就令人很费解，所以句子应明确陈述出行为主体。如：Reparaturen werden von den jungen Arbeitern selbst durchgeführt.

问：请问下面句子中的介词 in 应支配第三格还是第四格？ Nachdem die Naht gesteppt ist, werden auf der linken Seite beide Stoffteile in einer (oder eine?) Richtung umgelegt.

答：德语中有一部分介词即可以支配第三格又可以支配第四格，如 auf, über, unter, an, neben, in 等等。它们在表示地点的时候，判断它们是支配哪一格的规则俗称为"静三动四"，然而有时并非一眼就能断定是"静"还是"动"。在该例句里就可以用第三格或第四格，我们倾向于第四格，但第三格也不为错。

45

问： ..., dass Waren der Mundproduktion täglich bis zum Ladenschluss im Angebot sind. 请问如何理解 die Mundproduktion, 我查阅了好几本词典都没有找到这个词。

答： Waren der Mundproduktion 这个词组很少有人会这么说，也许是专业术语，或是用词不当。从构词组合看可以指用嘴吹出来的产品，即玻璃制品；或许也可理解成为嘴而生产的商品，也就是食品。根据词句上下文应该是指某些容易变质的食品，如牛奶，黄油，面包，肉等。

问： 下面句子中的动词 bewegen 应是弱变化还是强变化？Das waren die Gedanken, die mich bewogen haben (oder: die mich bewegt haben), diese Verpflichtung zu übernehmen.

答： 正确的应是强变化：..., die mich bewogen haben。动词 bewegen 有强弱两种变化的可能，在表示"促使"、"致使"的情况下应作强变化。

问： "斟一杯咖啡"译成 eine Tasse Kaffee eingießen 或 eine Tasse Kaffee ausgießen, 这两种表达方法都正确吗？

答： ausgießen 汉语意为倒掉；倒空，所以 eine Tasse Kaffee ausgießen 并不意为（从壶里）倒一杯咖啡。由于错误理解词义，造成了句子结构的错误，人们可以说 die Tasse ausgießen 或 den Kaffee ausgießen，它们分别意为"把杯子倒干净"或"把咖啡倒掉"，所以 eine Tasse Kaffee ausgießen 的意思不是"斟一杯咖啡"，该表达在句法上也有错误。

问： die Wege vom Schnee freimachen 还是 die Wege vom Schnee frei machen？有人说 freimachen 是两个词，它们应该分开写，可我认为不应该分写，因为 die Wege vom Schnee freischaufeln 中的 freischaufeln 肯定是不分写的。

答： 意思与 freischaufeln 相同并不意味书写方法也相同。分离动词 freimachen 的意思是给……付邮资，给……贴邮票，它的同义词是

frankieren, 而分开写 frei machen 的词义才与 freischaufeln, freilegen
相近。

问：zahlen 和 bezahlen 都表示付钱、支付，但在使用时有时难以断定该
用 zahlen 还是 bezahlen, 请问有没有规则可循？

答：这两个动词的词义很难说有什么区别。作为 zahlen 的宾语的词往往
意寓一定数额的钱，如：jm. den Lohn (eine Gage) zahlen, bei Tod
durch Unfall Hinterbliebenenrenten (抚恤金) zahlen, die Miete (die
Steuern) zahlen; 而 bezahlen 的宾语是某一具体的物品，它常常是
件商品：zwei Bücher bezahlen, das Hotel selbst bezahlen müssen, 对
某人或某人的工作也用 bezahlen: den Träger bezahlen; Können Sie
meine Bemühungen in dieser Sache bezahlen? bezahlen 的 宾 语 也
可以是某一账单，某一笔账：eine Rechnung (seine Schulden, die
Auslagen) bezahlen。

zahlen 和 bezahlen 可以组成不同的句子结构：Man bezahlt jede
Visite des Arztes extra. Man zahlt für jede Visite des Arztes extra.
etwas mit etwas bezahlen 而不能用 zahlen。另外，表示为……付出
代价，只能用 bezahlen。

在有些句子里 zahlen 和 bezahlen 可以互相替换，如：die erste Rate
zahlen (oder bezahlen)，这时宾语既可被看作是一笔钱，也可认为是
应付的报酬、商品或账单。可互换的还有：

für jn. zahlen / bezahlen

150 Euro für die Reparatur zahlen / bezahlen

jm. viel Geld für die Reparatur zahlen / bezahlen

在口语中人们可以说 Ich zahle den Kaffee (das Bier, die Rechnung).
除了一般使用规则外，我们还应掌握那些习惯表达方式。

问：请问下面这种省略表达形式正确吗？ Viel Be- und merkenswertes
gab es ... zu hören.

答：如果两个或多个单词拥有一个完全相同的构词部分，人们可采用补
充连字号（-）代替省略部分。如：Aus- und Weiterbildung, be- und

ausladen。例句 Be- und merkenswertes 中省略了 merkenswertes，它不是 Merkenswertes 的一个构词组成部分，而是整个单词，所以这个表达形式是不可取的。正确的应是 Viel Bemerkenswertes und Merkenswertes ...，或省略为 Viel Bemerkens- und Merkenswertes。

问：动词 verschönern 和 verschönen 有没有区别，如果有，区别在哪儿？在下面的句子里应该用 verschönern 还是 verschönen？ Das Buch verschönert (verschönt) den Urlaub.

答：verschönern 的基本含义是把一美好的事或物变得更加美好（etwas Schönes noch schöner machen）：ein Zimmer mit einer neuen Tapete verschönern；而 verschönen 是指使某事或某物变得美好（etwas [nicht Schönes] schön machen）：Grünanlagen und Parks verschönten die Stadt. 我们还可以从构词法角度分析和记住这两个词的词义区别：ver/schöner/n; ver/schön/en。度假应该说是件愉快美好的事，所以在例句中可以用 verschönern。当然这两个动词词义没有绝对严格的区别，而且说话者也可以对某一事物有不同的判断，如果出现 ein verschönter Urlaub 也未必不可。

问：可以把 Schwarzes Meer 合成为 Schwarzmeer 吗？

答：作为地理概念的名称不能随意更改，Schwarzes Meer, Rotes Meer, Totes Meer 都不能复合成 Schwarzmeer, Rotmeer, Totmeer。但是地理名称与其他词汇可构成复合词，Schwarzes Meer + Gebiet = Schwarzmeergebiet, Schwarzes Meer + Deutsche = Schwarzmeerdeutsche, 这也许是造成 Schwarzmeer 这一错误的原因之一。我们常遇到的地中海 Mittelmeer 这个词却是一个复合词。

问：许多词典在解释介词 trotz 时提到该词支配第二格，有时支配第三格，我经常看到 trotz 后面的名词没有冠词，现录有这么一句：Trotz Schnee und Eis auf den Straßen muss der Verkehr rollen. 请问什么时候该用哪一格？是否人们越来越多地用第三格了？

答：介词 trotz 主要支配第二格，此外它还可支配第三格或连带没有冠词的名词。该词最初只支配第三格，由此派生出 trotzdem, trotz allem, trotz alledem，但是在现代德语中它还是支配第二格为主。目前出现摒弃第二格采用第三格的趋势，这一说法仍缺乏充足的事实根据。

遇下列情况介词 trotz 支配第三格：

1. trotz 的介词词组中的名词是不带冠词的独立复数（无法区别是第二还是第三、四格）：trotz Gesetzen, trotz Stürmen, trotz Triumphen; trotz 的介词词组中的名词是单数，而且后跟一个二格的单数名词：trotz dem Rat (statt: des Rates) des Vaters。

还需指出，如果 trotz 后面的名词是独立的单数名词时（弱变化名词除外），有时出于韵律等方面的考虑，往往可以不考虑格的因素：trotz Regen, trotz Lärm, trotz Frost und Schnee, trotz Kälte und Glätte。

以上几点一般也分别适用于其他支配第二格或第三格的介词：mangels Lehrern, mangels Beweis, von Mensch zu Mensch, zwischen Vater und Sohn

问：我曾经在一篇文章中看到这么一个词组：der berüchtigste Antreiber，请问"berüchtigt"的词的词尾 t 在这里能否省略？

答：这个 t 无论在口语还是书面语中都不能省略。造成这一错误的原因可能是不少德语形容词尾是以 ig 结尾的，如 tüchtig, richtig, mächtig, kräftig，但没有 berüchtig 这个词。

问：我有一个标点符号问题。Weltniveau halten heißt stets das Tempo erhöhen. 在这个句子里要不要加逗号？加在 halten 还是 heißt 后面，或者加在 stets 的后面？

答：如果动词 heißen 后面跟一个不带 zu 的不定式或不定式短语，一般不用加逗号。如 Mensch sein heißt Kämpfer sein.

但是在上面的句子中必须加上逗号，以免产生误解：

Weltniveau halten heißt, stets das Tempo erhöhen.

Weltniveau halten heißt stets, das Tempo erhöhen.

在此您应该自己断定，您想表达哪种意思。

问：Seine Pionierarbeit beginnt（,）sich zu verbessern. 在这句子中需要加逗号吗？这算不算扩展不定式？

答：反身动词应被看作是扩展不定式，它与 zu 连用时就要在句子中加逗号，如：Wir bitten sie, sich zu gedulden.

但是在您的例句中并非要加逗号，因为带 zu 的反身动词不定式（sich zu verbessern）与动词 beginnen 可以被看成为一个有机整体。

问：如果今天是星期四，要表达"一星期后的今天"可以说 heute in einer Woche，能不能用 am Donnerstag in sieben Tagen？有人更正为 am Donnerstag in acht Tagen。究竟应该用"七"还是"八"？

答：早在中世纪的时候人们就习惯说 in acht Tagen，这指的就是"一周后的今天"。当时人们把说话的当天也计算在内，结果实际上的七天成了习惯上的"八天"。类似这种表达方式还有（heute）über acht Tage。（Donnerstag）in acht Tagen 的说法似乎有些不合情理，但却一直被人接受而延续至今，人们在日常表达时也很少想起探查它的来龙去脉。

问：Eine halbe Million demonstrierten gegen das Sparpaket der Regierung. 我认为句子里的动词形式应是 demonstrierte，而不是 demonstrierten，因为在 Million 的后面没有出现 Menschen 这一复数形式的名词。不知我的看法对不对。

答：根据语法的同一性（即主谓一致）规则，句子中的主语是单数，那么作为谓语的动词也应是单数的人称形式。如果主语是一个独立的、表示数量的词，动词仍然应该是单数形式，所以正确表达如：Eine halbe Million demonstrierte gegen …; Ein Kilo kostet …。另外，即使在表示数量的单数主语后面跟有以二格形式或介词词组出现的定语，动词也还是用单数：Eine halbe Million ausländischer Studenten bleibt …; Eine Reihe von Vorschlägen wurde …。只有在表示数量的单数名词和具体指明人物、物体的复数名词同时以第一格的形式出现的情况下，人们可以自由选择动词用单数还是复数形式：Eine halbe Million Menschen demonstrierte / demonstrierten gegen …;

Eine Gruppe Touristen besucht / besuchen ...; Eine Anzahl Bücher liegt / liegen ...

问：汉语中用于飞机和飞艇的动词都是"飞"，但有人说，德语应该是 Flugzeuge fliegen, Flugschiffe fahren，请问是这样吗？

答：在航空术语中确实如此。其原因是这两种航空器采用了不同的技术：飞机（直升机除外）重于空气，它靠流过机翼（Flügel）的空气产生的力支承（某些短距起落飞机和垂直起落飞机没有固定翼）；而飞艇是由动力推进的轻于空气（充气）的航空器。在口语中，甚至在百科全书里 fliegen 和 fahren 均可用于飞艇，如我们常可看到的 Fluggast, Fahrgast, Rundflug 等词。

问：als 究竟是连词，还是也可以当介词用？例如在以下句子中：

① Ich kannte ihn als Assistent.

　我当助教时认识他的。

② Ich kannte ihn als Assistenten.

　我在他当助教时认识他的。

③ Alle sehen ihn als einen guten Schüler an.

　大家把他看作是一名好学生。

④ Man bezeichnet sie als Künstlerin.

　人们称她为艺术家。

答：就 als 在上述例句中的语法功能来看，als 还是应该被视作连词。作为连词，als 可以连接名词、形容词或代词，对有关词作进一步说明：表示身份、性质、作用等。在上述四个句子中，als 均起到进一步说明有关词身份的作用，而且连接的都是名词，但是从它连接的成分在句子中的地位来看，句子①、②与句子③、④还是有着细微差别的。如果我们从动词的配价理论来看，每个动词都支配一定的成分，我们称之为动词的"价"，那么句子①和②中 als 连接的成分并不是动词 kennen 的价（即不是 kennen 的 obligatorische Ergänzung），而句子③和④中 als 连接的成分却是动词 bezeichnen 的 obligatorische Ergänzung，即为动词的必要成分。

51

问：我常看到由 Schwester 作限定词的复合词，有的甚至连基本词都相同，但有时带有时不带连接字母"n"：Schwesternheim, Schwesterunternehmen, Schwesternliebe, Schwesterliebe, Schwesternzeitschrift, Schwesterzeitschrift。请问这有没有规律？

答：如限定词 Schwester 表示姐妹、有"姐妹"关系的机构、单位，而且是单数，则限定词 Schwester 的后面不加连接字母 n：Schwesterkind（外甥，外甥女），Schwesterfirma（子公司），Schwesterliebe（姐姐的爱，妹妹的爱）。如果 Schwester 是指复数时，那就要用复数形式 Schwestern: Schwesternliebe（姐妹间的友爱），Schwesternpaar（姐妹俩）。

在 Schwester 意为护士、慈善机构护理员时，其复合词必然加字母"n"：Schwesternhaube（护士帽，护士头巾），Schwesternorden（女子救济会），Schwesternschule（护士学校）。

问：Ich halte mich an unserer Abmachung. 和 Ich halte mich an unsere Abmachung. 我不知句子里的介词 an 应支配第三格还是第四格，或者两者都可以。

答：sich an etwas halten 具有两种含义，1. 本义：靠在某处（使自己保持原状态），此时介词 an 支配第三格：Ich halte mich an dem Geländer (fest). 2. 转义：遵守、遵循某事，介词 an 则支配第四格：Ich halte mich an die (an unsere) Abmachung.

问：我在看一本介绍如何写应用文的书时无意翻到遗嘱一章，里面写到：Der Unterzeichnete（立嘱人）möchte ...，还有：Wir, die unterzeichneten Eheleute（立嘱夫妇），setzen ....。使我困惑不解的是"立嘱人"和"立嘱夫妇"难道不应该是 der Unterzeichnende 和 die unterzeichnenden Eheleute 吗？

答：我们大家知道，从语法功能来说，及物动词的第一分词和第二分词分别具有主动和被动意义，如：der lesende Student, das gelesene Buch，根据这一语法规则可得出：die unterzeichnenden Eheleute, der Unterzeichnende, das unterzeichnete Dokument (Schriftstück) ... 然而词典又是如何解释 der Unterzeichnete 这个词的呢？

Duden Deutsches Universalwörterbuch:

Unterzeichnete, der u. die; -n, -n: jmd., der etw. unterzeichnet hat

Wörterbuch der Sprachschwierigkeiten:

Unterzeichnete, der, die ... jmd, der ein [dienstliches] Schriftstück durch seine Unterschrift bestätigt hat, Unterzeichner (ist im aktivischen Sinn zu verstehen)

从上面两部词典的释义可看出，该词不仅在形式上，而且在词义上已经确立并合法化，它已经是个实实在在的单词，而不再是语法上的第二分词。不可否认，这种第二分词的词汇化确实存在着语法含义和词义的矛盾。

另外，单词 der Unterzeichner 也可以表示"立嘱人"

问： bayerisch, bayrisch 和 bairisch 究竟有何区别？

答： Bayern 的形容词形式为 bayerisch 或 bayrisch。在标准语言和官方语言中一般加上 -e-，即用 bayerisch。例如：die bayerische Regierung, der Bayerische Rundfunk。而 bairisch 一般用于巴伐利亚州和奥地利的方言。

问： bedeutend 和 bedeutsam 有何区别？

答： bedeutend 和 bedeutsam 都表示重要的。形容词 bedeutend 所表示的重要的一般是指尊重、承认或表扬某人 / 事。例如：

Er ist ein bedeutender Professor.

Es war ein bedeutendes Ereignis.

形容词 bedeutsam 一般用来指事物，通常情况下不用来指人。例如：

Die Rede des Präsidenten war für uns alle bedeutsam.

问： 在 Zwei und zwei sind vier. 和 Zwei und zwei macht vier. 这两句话中，为何谓语一个是单数，一个是复数？

答： 通常情况下，在这种所谓的算术题中，即使是复数数字，谓语也是用单数，如：Sechs weniger vier macht zwei. Drei mal drei gibt neun. Acht geteilt durch zwei ist vier. 但是在 sein 作为谓语的所谓系表结

构中，谓语可以是单数也可以是复数。如：Zwei und zwei ist / sind vier. Acht geteilt durch zwei ist / sind vier.

问：表示出生时到底是用 Ich bin ... geboren. 还是 Ich wurde ... geboren?

答：一般来说这两种说法都是可以的，但是当句子中有除了地点状语之外的其他状语时，如出生的时间等，应该用 Ich wurde ... geboren.
如：Ich bin in Beijing geboren. 但是不可以说 Ich bin am 1. Januar 1970 in Beijing geboren. 或 Ich bin als erstes Kind meiner Eltern geboren.

问：schicken 和 senden 有何区别？

答：schicken 指把某物送往或寄往某地、某人处，或把某人送往、派往某处并委以一定的任务或使命。它是口语用词，用得十分普遍，如：Schicken Sie bitte ein Taxi in die Goethestraße 11.
senden 意义同 schicken。但用得不如 schicken 广泛、普遍。它与 schicken 不同的是：它指把某人派遣到远处（schicken 近处）去执行、完成一件外交使命；另外它还可指电台、电视台的播音和播放节目，如：Der Minister sendet ihn als Botschafter nach Peking.

问：如何区分 gehören, gehören zu ... 和 angehören 用法？

答：**gehören** 表示占有关系，指某物、某人属于某人，是某人的，占有者（拥有着）有支配、使用权，如：
Gehört Ihnen das Haus oder haben Sie es gemietet?
Wem gehört das Kind?
gehören 加介词 in (A) 指某物应放到、应归入某处，如：Das Buch gehört in die Schublade.
gehören zu 指某物是某个整体中的一个组成部分，是它的一部分或某一同类事物中之一，某人是某一集体的一分子，如：
Der Kölner Dom gehört zu den schönsten Bauwerken Deutschlands.
Thomas Mann gehört zu den bedeutendsten Romanschriftstellern des 20. Jahrhunderts.
angehören 指某人属于某党派、协会、工会、委员会或代表团等的成员；也指某事属于某个时代或某人出生于某年，如：

Dieser Delegation gehören erfahrene Fachleute an.

问：如何区分 wachen, bewachen 和 überwachen?

答：wachen 指士兵站岗；照料、看护病人，当心不让某人发生意外或对某事保持警觉。常与介词 über (A) 连用。

如 Über den Verkehr wird streng gewacht.

bewachen 指为了某一特定的目的监督、看守某人不让其逃跑；警戒、守卫某一地区或某人的住宅、或保护某人的安全。宾语都是具体的人或物。

如：Er wird bewacht, kann sich aber im Haus ungehindert bewegen.

überwachen 指暗中注视、观察、监视某人或某人的行动；检查、监督、督促某事的执行和工作的正常执行。

如：Die Polizei überwacht seit Tagen diesen Verdächtigen.

问：在教科书中有这样两句话：Die Schweiz ist mir bekannt. Das macht sie mir angenehm. 其中第二句话我不太明白，句中的 sie 若是指代 die Schweiz, 那么 das 又起什么作用呢?(主语 ?)

答：在德语中 machen 是使用频率最高的动词之一，该在句子中出的形式也多种多样，其中一个固定句型：jm. etw. irgendwie machen 意为：使某人对某事物产生某种感觉，使某事物变得对某人而言……。如：Seine Arbeitskollegen haben Heinz immer geärgert. Sie haben ihm das Leben schwer gemacht. 海因茨的同事们总是惹他生气，他们使他日子过得不舒心。所以句中的 das 是主语,意思是指前面的那句话，这两句德语可译成：我熟悉瑞士，这使我对瑞士感到温馨。

问：die Moral 一词到底可不可数？看到有个例句中的 Moral 用不定冠词：eine hohe Moral haben

答：die Moral 一词在义项为 1. 士气；投入时的精神状态 2. 教益；寓意的时候，没有复数。在表示道德学说；道德；德行；品行的时候其

55

复数为：-en (die bürgerliche, christliche, sozialistische Moral)，但复数不常用（请参见《Duden Deutsches Universalwörterbuch》）。在德语中相当多的物质名词、抽象名词是有复数形式的，如：die Schokolade, der Käse 等，但它们的复数并非表示数量，而是种类，所以 eine hohe Moral haben 意为：具有一种高尚的道德。

问：wenn auch 与 auch wenn 在用法上有何区别？

答 auch 与 wenn 连用可放在让步从句中表示"尽管，即使"，wenn auch 与 auch wenn 表达的意思相同，使用的位置略有不同。wenn auch 之间可加入别的句子成分，如：<u>Wenn</u> es <u>auch</u> stark regnete, das Fußballspiel wurde fortgesetzt. auch wenn 不分开使用，上面的那个例句我们也可以这样说：<u>Auch</u> <u>wenn</u> es stark regnete, das Fußballspiel wurde fortgesetzt.

问：Mensch, Leute, Person 这三个词有什么区别？

答：Mensch 强调的是区别于动物的"人类"，如：alle Menschen auf der Erde; Leute 是表示"一定数量的人"，如：Kennst du die Leute dort drüben? Person 指性格、身份等方面，它强调的是"作为个体的人"，如：Das Auto ist für fünf Personen zugelassen.

问：能否讲一下 kennen、erkennen、bekennen、kennenlernen 和 verkennen 的区别？这么多相似的词的确令我十分头痛。

答：**kennen** 可加人或事物作宾语，表示认识某个人，了解某件事情。其中主语对该人、该事相当地熟悉，不仅仅只是听说过、看见过。如：

Hier kennt jeder jeden.

Ich kenne den Grund für sein Verhalten.

kennen 还可以表示熟悉某人的歌曲或者作品。如：

Ich kenne den Sänger.

Von diesem Schriftsteller kenne ich nichts.

此外，kennen 可加人或物作宾语，再与介词 an（支配第三格）连用，表示辨认出某人或某物，其意义与 erkennen 相同。这时介宾结构不可以省略，表示从……辨认出来。如：

Ich habe dich gleich an der Stimme gekannt.

erkennen 可加人或物作宾语，表示辨认出某人和某物，可以与介词 an（支配第三格）连用。如：

Kannst du erkennen, was dort geschrieben steht?

Ich habe dich gleich an der Stimme erkannt.

bekennen 表示承认某事、招供某事，通常以物或从句作宾语。如：

Ich bekenne, dass ich es getan habe.

Fehler / Schuld bekennen

此外，bekennen 还有反身用法，表示承认某事，表明某事；若与 zu 连用，表示信仰拥护某人或某事。如：

Er bekannte sich als seinen Freund.

Ich bekenne mich zu keinem religiösen Glauben.

kennenlernen 可加人或物作宾语，表示结识某人，了解某事；是一个从不认识到认识，从不了解到了解的过程。如：

Es freut mich sehr, Sie kennenzulernen.

Ich wollte nur seine Ansicht kennenlernen.

verkennen 可加人或物作宾语，表示对某人认识错误，对某事判断错误。如：

Ihre Absicht ist nicht zu verkennen.

Er wurde von allen verkannt.

错误分析

学生在下面句子中，将动词分词作定语的部分都译错了，你能指出错在那里，说明为什么是错的吗？

1. 思维和制造工具的能力把原始人和类人猿分了开来。

Die denkende und Werkzeuge machende Fähigkeit hat die Urmenschen von den Menschenaffen getrennt.

2. 取得好成绩的学生可以得到奖学金。

Die *gute Leistungen erzielten* Studenten haben einen Anspruch auf das Stipendium.

3. 我们一定完成党交给我们的任务。

Wir werden die *die Partei uns gegebene* Aufgabe erfüllen.

上面三句句子中的主要错误是把分词的主客体关系弄糊涂了。

例1. 从汉语的内容来看，"思维和制造工具"是修饰"能力"的，是"能力"的定语，但在译成德语时不能用它们的第一分词作定语，因为德语动词第一分词作定语时，它们所修饰的名词必须是它们所表示的动作的主体。例如：Der Student liest einen Roman. 在这句话里 der Student 是 lesen 这个动词的主体，即主语，而 einen Roman 是谓语动词的第四格宾语。如果我们要表达"那个读小说的大学生"，可以用定语从句来表达，即 der Student, der einen Roman liest, 也可用动词的第一分词来表达，der einen Roman lesende Student。

由此我们可以知道，确定动词第一分词能否作某一名词的定语，或检验用作定语的第一分词是否正确，只要看是否能把这个分词变成它所修饰的名词的谓语动词就可以了。现在用这一方法来检验一下这个句子中的分词定语：die denkende und Werkzeuge machende Fähigkeit。如果我们把这两个词组变成主谓关系，那就成为 Die Fähigkeit denkt und macht Werkzeuge. 这样一来问题就很清楚了，die Fähigkeit 不能作 denken 和 Werkzeuge machen 的主语。这个句子中的定语只能用动词不定式来表达，即：die Fähigkeit, zu denken und Werkzeuge zu machen。

例2. 的错误在于没有弄懂动词第二分词作定语的基本用法。作定语用的动词第二分词只有两种，分别表示不同的意思：

1）少量用 sein 构成完成时的不及物动词，它的第二分词可以作名词的定语，这个名词可以改为该动词的主语。如：der angekommene Gast

    der Gast ist angekommen;

    der Gast, der angekommen ist

2) 及物动词的第二分词可作名词的定语，但这个名词只能是该动词所表示动作的对象，即它的第四格宾语，及物动词的第二分词具有被动意义，可以还原为"主语 + 被动式"的结构：der gelobte Student

der Student ist gelobt worden;

der Student wird gelobt.

就例 2 来看，我们绝对不能改写成：Der Student ist erzielt worden. 因为 erzielen 的宾语是 Leistungen，我们只可以说 die erzielten Leistungen（已取得的成绩），只能写成 Die Leistungen sind erzielt worden. 那么可不可以说 die gute Leistungen erzielenden Studenten（正在取得良好成绩的大学生）呢？可以，但不太好。因为动词第一分词作定语时表示的动作的时间与该句谓语动词的时间是一致的。而有权利取得奖学金的学生应该是"已经取得良好成绩的"大学生，因此这句话最好不用动词的第一分词作定语，而用关系从句表示：Die Studenten, die gute Leistungen erzielt haben, haben einen Anspruch auf das Stipendium.

例 3. 前面讲过，及物动词的第二分词具有被动的意义，在用及物动词第二分词构成扩展定语时要特别注意分清动词在主动态与被动态时哪个名词是主语，哪个名词是补语，不然就容易搞错了。要记住：在作定语的扩展分词结构中，如同在不定式结构中一样，都不应出现第一格名词。这句句子中的 die Partei 用错了。现在我们把"党交给我们的任务"用主语 + 被动式的结构来表示：Die Aufgabe ist uns von der Partei gegeben worden. 在动词谓语为主动态时，作主语的 die Partei 在被动句中成了介词补语 von der Partei。 用分词结构作定语来表达"党交给我们的任务"应为：die uns von der Partei gegebene Aufgabe。

练习：请将下列句子中划出的定语部分用分词结构译成德语，其中有五处是不能用分词结构的。你知道是哪五句？为什么？

1. **你做的**大衣我穿着不合身。
2. **正和他握手的**客人是柏林人。
3. **正在看报**的那个人过去当过记者。
4. **我两年前译的**小说已出版。
5. 他已改掉**工作时抽烟的**习惯。
6. **安装机器**的任务明天完成。
7. 大家祝贺那位**在比赛中获胜的**运动员。
8. 医生在检查**比赛中受伤的**运动员。
9. 我去取**昨天就到了的**信件。
10. 你的话给了我**继续活下去**的勇气。

11. 这一日程符合他们**在信中表达的**愿望。

答案:

1. Der *von dir gemachte* Mantel passt mir nicht.

2. Der *ihm die Hand schüttelnde* Mann kommt aus Berlin.

3. Der Mann, *der gerade eine Zeitung liest,* war früher Journalist. 这句话不能用第一分词作定语,因为第一分词作定语时表示的时间应该和谓语表示的时间一致,即两者有"同时性",这里读报是在现在,而当记者是在过去,因此只能用关系从句。

4. Der *vor zwei Jahren von mir übersetzte* Roman ist erschienen.

5. Er hat seine Gewohnheit, *bei der Arbeit zu rauchen,* schon abgelegt.

6. Morgen erfüllt man die Aufgabe, *die Maschinen zu montieren.*

7. Alle beglückwünschen den Sportler, *der im Wettkampf gesiegt hat.* 这里 siegen 是用 haben 构成完成时的不及物动词,因此不能用它的第二分词作定语,只能用关系从句来翻译。

8. Der Arzt untersucht den *im Wettkampf verletzten* Sportler.

9. Ich hole die gestern *eingetroffene* Post.

10. Deine Worte haben mir den Mut gegeben, *weiter zu leben.*

11. Dieses Programm entspricht ihren *im Brief ausgedrückten* Wünschen. (... entspricht den Wünschen, *die sie in ihrem Brief ausgedrückt haben.*)

有人把"新建的图书馆"译成 die neue gebaute Bibliothek,这种译法是错的。我们知道分词或形容词作定语时,可同它们的状语、宾语、介词宾语等构成扩展定语。这一词组中的 neu 是第二分词 gebaut 的状语,而不是名词 Bibliothek 的定语。因此正确的译法是 die neu gebaute Bibliothek。为了说明这一用法,我们再举两例:

ein schwer kranker Arbeiter (病得很重的工人)

das schön gekleidete Mädchen (穿得很漂亮的姑娘)

如说 ein schwerer kranker Arbeiter,意思就是:一个身体沉重的、有病的工人;如说 das schöne gekleidete Mädchen,意思也走样了。

有人将"他住在一间又小又暗的房间里"译成 Er wohnt in einem kleinen dunklen Zimmer. 这是不对的。一个名词同时有两个或两个以上的形容词作定语时，它们之间存在着两种关系，一种是并列关系，一种是从属关系。如：das neue, sozialistische China, neue 与 sozialistische 是并列的关系。并列的两个定语之间可以用逗号将其分开，或用连接词 und 将其连接起来，而且这两个定语的位置可以前后调换，而不影响其内容。如：我们也可以说 das sozialistische, neue China，甚至也可以说 das sozialistische und neue China。

从属关系的定语则不同，如：die große Kommunistische Partei Chinas，这里 groß 与 kommunistisch 同是 die Partei 的定语，但它们不在同一等级上。kommunistisch 限定的是 die Partei，而 groß 则限定 die Kommunistische Partei，即 groß 是从属于 kommunistisch 的。从属关系的定语之间不能用连接词 und，也不用逗号，其位置不能互换，绝不能将上例改为 die Kommunistische große Partei。由此可以知道，把"在又小又暗的房间里"译成 im kleinen dunklen Zimmer，是因为把两个并列关系的定语译成从属关系了。正确的译法应为 im kleinen, dunklen (od. im kleinen und dunklen Zimmer)。

有的学生将"在社会主义革命和建设中"译为 bei der sozialistischen Revolution und Aufbau，这也错了，如果两个不同性、数的名词的定语是同一个形容词或分词，则必须重复这个形容词或分词。这一词组应译为 bei der sozialistischen Revolution und beim sozialistischen Aufbau。同样地，如写信给 Müller 夫妇时，称呼中应分别写 Lieber Herr Müller, liebe Frau Müller，而不能将第二个 liebe 省略，错误地写成 Lieber Herr und Frau Müller。

"我错了（我不对），你对了。"这句话，初学者也许会不假思索地说道：Ich bin falsch / nicht richtig, du bist richtig. 这是错误的。之所以会这样讲，原因在于不顾德语的习惯用法而套用汉语，甚至英语 (I'm worng, you're right.)。falsch 用来形容人时，（1）是说此人虚伪，狡诈，口是心非。比如：Er ist ein falscher Freund.（他是一个假朋友）。Sie ist falsch.（她虚伪、圆滑。）（2）方言中有恼怒、生气的意思。如：Da wurde er falsch.（这时他生起气来了。）Vater ist auf ihn falsch.（父亲朝他发火。）（3）口语中也有迷路的意思。例如：Wir sind hier falsch. 意思同 Wir haben uns hier verirrt.（我们迷路了。或：我们走错路了。）

richtig 用来形容人时意思是说：此人为人好，品行端正，可靠，了不起。如 Der neue Mieter ist richtig.（新房客不错，好相处。）而 nicht richtig 是指该人精神不正常。

"我错了，你对了。"中的对和错一般是指意见、看法上的正确与错误，要用 Recht (Unrecht) haben 表示，如：Ich habe Unrecht, du hast Recht. 如果指的是："我做（写、念……）对了，你做（写、念……）错了。"就应译成 Ich habe richtig / recht getan (geschrieben, gelesen ...), du hast nicht richtig / nicht recht getan (geschrieben, gelesen ...).

有人将"国务院授予蒋筑英、罗健夫等人全国劳动模范的称号"一句译成：Der Staatsrat hat Jiang Zhuying, Luo Jianfu usw. den Titel „Arbeitsheld des ganzen Landes" verliehen. 这里 usw. 用错了。usw. 是指事物而言，如：Im Kaufhaus gibt es Hemden, Blusen, Jacken, Mäntel usw.（百货商店里有男女衬衣、上衣、大衣等。）Er reist nach Österreich, Frankreich, England usw.（他到奥地利、法国、英国等国家旅行。）上述句子中"等人"应译为 und andere，缩写为 u.a.，andere 在这里作 Mitmenschen 即"其他人"解。

有人将"每七个职工中就有一个人去休假。"译为：Einer von (den) sieben Arbeitern fahren in Urlaub. 这句话里 einer von sieben Arbeitern 意思是泛指的"七个职工中的一个"，einer von den sieben Arbeitern 说的是一共七个工人，其中有一个，因而上述译法与原意不符。正确的译法应是 Jeder siebente Arbeiter fährt in Urlaub.（谓语动词用第三人称单数），或 Alle siebenten Arbeiter fahren in Urlaub.（谓语动词用第三人称复数）

有人写出了这样的句子：Man fordert uns auf, sich an der Versammlung zu beteiligen. 这里的反身代词应用 uns 而不是 sich。因为在不定式词组中反身代词应随该不定式词组的逻辑主语变化，这在上下文中是很清楚的，如：**Ich** fahre nach Qingdao, um **mich** dort zu erholen. **Wir** beeilen uns, um **uns** nicht zu verspäten. Vater verlangt von **seinem Sohn**, **sich** bei dessen Lehrer zu entschuldigen.

有人把"我们应该互相帮助"译成 Wir sollen uns einander helfen. 这样译法是想强调中文中的"互相"二字。但相互代词 einander 只能代替复数的反身代词 uns，euch 和 sich，不能与反身代词并用。且 einander 本身就是相互作用的意思。这句话要么说 Wir sollen einander helfen，要么说 Wir sollen uns helfen. 如怕人把这句话误解为各人自己帮助自己，不管别人，可以加状语 gegenseitig: Wir sollen uns gegenseitig helfen.

有些德语初学者在运用并列连接词 und, aber, oder, denn, sondern 等造句时，常常把语序搞错：如下面的句子：1. Ich bleibe zu Hause, aber geht meine Schwester ins Kino. 2. Am Abend sehen wir fern oder hören wir Radio. 3. Die Gäste gehen heute nicht ins Theater, sondern besuchen sie unseren Rektor. 这几句话共同的错误就是在这些连词后面的句子都用了反语序。德语中有些连词如：dann, doch, deshalb, trotzdem 等要求后面的句子用反语序；而 und, aber, oder, denn 和 sondern 这些连接词则要求后面的句子用正语序。上面的句子应改为：

1. Ich bleibe zu Hause, aber meine Schwester geht ins Kino. 2. Am Abend sehen wir fern oder (wir) hören Radio. 3. Die Gäste gehen heute nicht ins Theater, sondern (sie) besuchen unseren Rektor.

有的初学者把"我很冷。"说成 Ich bin kalt. 把"我（身体、近况）

不太好。"说成 Ich bin nicht gut / Ich bin schlecht. 把"我（身体）好些了。"说成 Ich bin besser. 把"我都清楚了。"说成 Ich bin klar. 这是因为没有区分汉语和德语词义的不同，将汉语的表达方式照搬到德语中去了。

1. 汉语中说"我很冷。"是指人身体感觉冷。而德语中的 jd. ist kalt 一种情况是指该人已死亡，因为只有死人的身体才是冷的；另一种情况是说该人态度冷漠、冷酷。若要表达人感觉冷，应该说 Mir ist kalt. 或是 Ich friere. 同样，人们感到热或暖和等也应用 Mir ist heiß / warm.

2. gut 用来形容人时是指作风正派、心地善良、友好、能干、成绩好等，如：Er ist gut gegen die Kinder.（他对小孩很好）；Er ist gut im Lernen.（他学习很好）；ein guter Mathematiker = ein fähiger Mathematiker（一位有才能的数学家）；ein guter Kamerad = ein liebevoller, selbstloser Kamerad（一位善良的伙伴）。schlecht 用来形容人，是说该人品行不端、行为恶劣，如 schlechte Elemente（坏分子）。所以说 jd. ist gut / schlecht 是指该人的品质好坏。表达某人身体、处境、生活的好坏时应该说 Es geht mir gut / schlecht. 或说 Mit ist gut / schlecht. 若指身体感觉好坏，也可以说 Ich fühle mich gut / besser / schlecht.

3. klar的词义是指事物本身清澈、清楚、明白，如klarer Himmel（晴朗的天空），eine klare Antwort（明白的回答）。用来形容人是指神智清醒、思维清楚，如：Der Kranke war ganz klar.（病人神智清醒。）Nach einigen Schnäpsen war er (im Kopf) nicht mehr klar.（他喝了几杯酒以后就醉了。）表达某人对某事理解了、清楚了时应说 etwas ist jm. klar. 如："您明白了吗？""我都清楚。"正确的说法应该是 „Ist das Ihnen klar?" „Mir ist alles klar." „Ich bin mir darüber klar (im Klaren)".

有人将"到现在他才认识了错误。"一句错译为：Bis jetzt hat er seinen Fehler erkannt. 这所以错是因为原句中的"到现在……才"表达的是行为开始的时间，而不是行为的终结。德语的 bis jetzt 则表达行为结束的时间，句子中的谓语动词必须是能表达延续动作的。如：Bis jetzt schläft er noch. Er arbeitete hier bis 1984. Ich warte bis zum Unterrichtsbeginn. schlafen, arbeiten, warten都表示行为的延续，而erkennen则表示行为的结束。因此正确的译法应是：Erst jetzt hat er ... erkannt. erst 后面加时间状语表达的正是谓语动词行为到此时开始发生。

有人将"到现在我们还时常想起他的话来。"错译为：Wir können uns bis jetzt noch an seine Worte erinnern. 汉语中的"到"和"还"在这里是起着加强语气的作用，说明他的话虽已早说，但如今仍记忆犹新，而不是说"想起他的话来"这一行为一直延续到现在。正确的译法应是：Jetzt können wir uns noch an seine Worte erinnern. 德语中的 noch 也可以用 immer。

有人把"这些小说大多是关于战争及其后果的。"一句译成 Diese Romane sind meistens über den Krieg und seine Folge. über 作 介 词时，与其后面的名词构成的介词词组可作动词的介词宾语，如：Sie diskutieren über den Film.（他们讨论那部电影）；或作表语宾语，如：Er ist böse über mich.（他生我的气）；或作名词的定语，如：ein Vortrag über die Reform.（关于改革的报告）；或作状语 über Nacht berühmt werden（一夜之间就成名了），über alles Erwarten schön（出乎意料地美）；或在固定搭配中用，如：über alle Berge sein（逃之夭夭）等。über 带起的介词词组不能用作表语，除非 über 作为副词用时才可用作表语，如：er ist mir in ... über（他在……方面比我强），etw. ist mir über（我对……够了）等。因此上面一句中的"是关于"不能用 über etw. sein 来表达，应用动词 handeln。这句话有两种表达方式，一种是 von / über etw. handeln，表示主语所论述的内容是什么，即：Diese Romane handeln meistens von dem Krieg und seiner Folge / über den Krieg und seine Folge. 另一种是 es handelt sich um etw.，表示某作品 / 电影 / 谈话涉及到什么。用这种方式表达，这句话应说成 In diesen Romanen handelt es sich meistens um den Krieg und seine Folge.

有人把"形势的发展有利于社会主义经济。"一句译成：Die Entwicklung der Lage ist zugunsten der sozialistischen Wirtschaft. 介词 zugunsten 与 über 一样，它所带起的介词词组在句子中不能用作表语，只能作状语。因此这句话应该说：Die Lage entwickelt sich zugunsten der sozialistischen Wirtschaft.

星期日我的客人很多。

误：Am Sonntag hatte ich viele Besuche.

正：Am Sonntag hatte ich viel Besuch.

注：der Besuch 作客人解时是集合名词，无复数形式，它可以是指一个客人，亦可以指几个客人，故不能用 viele Besuche。

年轻的时候他喜欢打乒乓球。

误：Als Jugend spielte er Tischtennis gern.

正：In seiner Jugend spielte er Tischtennis gern.

　　Als er noch jung war, spielte er Tischtennis gern.

注：Jugend 指"年轻的一代"（集合名词）或"青年时代"，不能指某个人，因此不能说 als Jugend，而 in seiner Jugend 意思是说"他年轻的时候"，与 als er noch jung war 内容相同。

农村向城市供应粮食和蔬菜。

误：Das Land versorgt der Stadt Getreide und Gemüse.

正：Das Land versorgt die Stadt mit Getreide und Gemüse.

注：versorgen 是及物动词，受供应的对象是该动词的第四格宾语，所供应的东西应用 mit 带起的介词宾语表示。不能套用 geben, schenken, verleihen 等动词的人三物四的形式。

他缺乏勇气。

误：Er fehlt (mangelt) an Mut.

　　Ihm fehlt (mangelt) es an Mut.

正：Es fehlt (mangelt) ihm an Mut.

　　Ihm fehlt (mangelt) an Mut.

注：fehlen 和 mangeln 作"缺少"解时，为无人称动词。es 作语法

主语，而缺乏东西的人则用第三格，所缺乏的东西则用 an (D) 带起的介词宾语表示。第一句用错了主语。第二句中 es 是多余的，因为用反语序时 es 应省略。

这里种着黄瓜、西红柿和其他蔬菜。

误：Hier werden Gurken, Tomaten und andere Gemüse angebaut.

正：Hier werden Gurken, Tomaten und andere Gemüsearten angebaut.

注：Gemüse 一词是除了可作粮食食用的土豆以外的所有蔬菜的总称。这句话里"其他蔬菜"是指除黄瓜、西红柿以外的其他品种的蔬菜，故不能用 Gemüse，而应用 Gemüsearten。

第二道菜是青菜。

误：Das zweite Gericht ist Speise.

正：Das zweite Gericht / Der zweite Gang ist Gemüse.

注：Gemüse 除作"蔬菜的总称"外，还可指做熟的菜或一道由蔬菜做的菜肴。这句话里的"青菜"指的是用蔬菜做的菜肴，故应用 Gemüse。Speise 指的是熟食及菜肴的泛称，如：Welche Speisen können Sie empfehlen, Herr Ober?（服务员先生，您能给我推荐点什么吃的吗？）Es gibt noch eine Speise.（还有一道菜。）

市场上所有的蔬菜都很新鲜。

误：Auf dem Markt sind alle Gemüse frisch.

正：Auf dem Markt ist alles Gemüse frisch.

注：all 用来修饰抽象名词和物质名词时，往往用其单数形式，如 aller Mut（全部勇气），mit aller Kraft（尽全力），alles Bier（所有的啤酒）。das Gemüse 是物质名词，只有单数形式，不用复数，故不能用 all 的复数形式 alle。

我遇见他时，他对我说，如果我有时间就去看看那位生病的同学。

误：Als ich ihn traf, sagte er zu mir, wenn ich Zeit habe, soll ich einmal den kranken Kommilitonen besuchen.

正：Als ich ihn traf, sagte er zu mir, dass ich einmal den kranken Kommilitonen besuchen soll, wenn ich Zeit habe.

说明：德语句子中如有两个或两个以上的从句，可按其从属关系分为并列从句和不同级的从句。从属于主句的一个或多个从句均为并列的一级从句。从属于一级从句的从句为二级从句，其余可依此类推。上引例句中 er sagte mir 是主句，als ich ihn traf 是它的时间状语从句，说话的内容是动词 sagen 的宾语从句。因此，als 和 dass 带起的从句都是从属于主语的（并列的）一级从句。但宾语从句本身又有一个条件从句：wenn ich Zeit habe，它是从句中的从句，因而是二级从句。一级从句应紧挨主句或主句中与它相关的成分。而 wenn ich Zeit habe 是宾语从句 dass ich den kranken Kommilitonen besuchen soll 的条件从句，即二级从句，不能插在主句与一级宾语从句之间，因此应放到 dass 句之后或插在 dass 句之中：... dass ich, wenn ich Zeit habe, einmal den kranken Kommilitonen besuchen soll.

不科学种田就不可能使农业现代化。

误：Es ist unmöglich, ohne die Felder wissenschaftlich zu bestellen, die Landwirtschaft zu mechanisieren.

正：Es ist unmöglich, die Landwirtschaft zu mechanisieren, ohne die Felder wissenschaftlich zu bestellen.

或 Ohne die Felder wissenschaftlich zu bestellen, ist es unmöglich, die Landwirtschaft zu mechanisieren.

说明：此句中主语是 die Landwirtschaft zu mechanisieren，es 是这一不定式词组的相关词，ist unmöglich 作谓语。根据德语的习惯，无论句子是正语序 Es ist unmöglich, ... ，还是反语序，即以状语 ohne die Felder wissenschaftlich zu bestellen 开头，主语 die Landwirtschaft zu mechanisieren 都应紧靠谓语。

为了使他能安心工作，我们不要去拜访他。

误：Wir besuchen ihn nicht, um ihn ruhig arbeiten zu können.

正：Wir besuchen ihn nicht, damit er ruhig arbeiten kann.

说明：用 um ... zu 的不定式作目的状语时，该不定式词组的逻辑主语必须与主句的主语一致。上述引句中主句的主语是 wir，目的状语的行为主语是 er，主从句主语不一致时，只能用 damit 带起的从句形式。

我遇见谁就跟谁打招呼。

误：Wen ich begegne, wen spreche ich an.

正：*Wem* ich begegne, *den* spreche ich an.

他相信谁就把什么都告诉他。

误：Auf *wen* er sich verlässt, sagt er *ihm* alles.

正：Auf *wen* er sich verlässt, *dem* sagt er alles.

说明：wer 作关系代词的主从复合句中，wer 在主句中的相关词应是 der，而不是其他词，因而无论是 wen 或是 ihm 都是错误的。der 是第几格，取决于它在主句中的职能，如它在主句中是主语，就应该是第一格 der，如是第四格宾语则是 den，第三格宾语是 dem；但无论它是什么成份，是第几格，都居句首，紧接从句。上面两句话中的错误在于：1. 受汉语的影响，误以为汉语中的 "谁" 就一定译成 wen；汉语中用 "他"，就译成 ihm，正确的德语应该是：不论汉语中用什么代词，德语关系代词 wer 在主句中的相关词只能是 der 或它的变格形式。2. 除了用错了代词之外，还把代词的位置弄错了。关系代词在主句中的相关词（这里是 dem）应放在主句之首，紧接从句。

从前，谁反对 "四人帮"，谁就受到迫害。

误：Früher, wer gegen die Viererbande kämpfte, wurde verfolgt.

正：Wer früher gegen die Viererbande war, (der) wurde verfolgt.

说明：这显然是 "汉化" 了的句子，früher 只是状语，应放到句子中

去。wer 带起的关系从句永远位于主句前，而 wer 在主句中的相关词 der
永远在句首，但可以省略。

Li Ming fragt seinen Freund, ob *dieser* im Winter nach Hause fahren
kann.

说明：在这句话里用来代替 Li Ming 和 sein Freund 这两个词的人
称代词都是 er，因此在从句中用 er 就容易产生歧义，分不清它指的是 Li
Ming 还是 sein Freund。在这种情况下，德语中常常用 er 代替第一个名
词，用指示代词 dieser 代替第二个名词，或干脆把有关名词重复一下，
如：李明问他弟弟，他是否要替他弟弟买车票。应译成：Li Ming fragt
seinen Bruder, ob er diesem eine Fahrkarte besorgen soll. 或 Li Ming fragt
seinen Bruder, ob er (Li Ming) seinem Bruder (diesem) eine Fahrkarte
besorgen soll.

在上述句子中只有一个人，因此只需用指示代词 dieser 或者名词
sein Bruder 来表达就可以了。但在下列情况下从句中也可以用 er 来代替
sein Bruder，如：李明写信问他弟弟是否回家。这一句话可译为 Li Ming
schreibt seinem Bruder und fragt diesen, ob er nach Hause fährt. 总之，
说话是为了交流思想，因此，一切可能引起误解而妨碍语言交际功能的
情况，都应该避免。比如：他问施密特先生什么时候带他进城。如果说：
Er frage Herrn Schmidt, wann er ihn in die Stadt mitnehmen sollte. 听者
就不知道究竟谁把谁带到城里去。如果是提问者把施密特带进城，应说：
Er fragte Herrn Schmidt, wann er diesen in die Stadt mitnehmen sollte. 如
果是要施密特把提问者带进城，就应说：..., wann dieser ihn in die Stadt
mitnehmen könne.

他讲了许多有趣的事情。

误：Er hat viel interessantes erzählt.

正：Er hat viel Interessantes erzählt.

说明：形容词在 viel, wenig, alles, etwas, nichts, genug, mehr, allerlei
等不定数词后已名词化了，必须大写。

他想吃点苹果。

误：Er will etwas Äpfel essen.

正：Er will einige / ein paar Äpfel / ein Stück (geschnittenen) Apfel / einen Apfel essen.

说明：不定数词 etwas 意为"一点儿，一些"，后面应跟形容词或已名词化了的形容词，如：Ich bin etwas müde.（我有点累了。）Gibt es heute etwas Neues?（今天有什么新闻吗？）etwas 也可作名词的定语，但仅限于作物质名词、抽象名词的定语，如 Er trinkt nur etwas Tee.（他只喝点茶。）Dazu braucht man etwas Mut.（那是要有点勇气的。）Sie kann etwas Englisch / Russisch / Deutsch.（她会点英语 / 俄语 / 德语。）从以上例句中不难看出 etwas 后面的名词都是单数的、不可数的。病句中 Äpfel 是复数，是可数的名词，故不能用 etwas 作定语。

他们节省了很多汽油。

误：Sie haben viele Benzine gespart.

正：Sie haben viel Benzin gespart.

说明：病句中有两个错误。1. Benzin 是物质名词，只有在表示类别时才能用复数，作为物质概念则无复数。2. 不定数词 viel（包括 wenig 在内）只有在可数的名词前才可用复数形式 viele (wenige)，如：Er hat viele (wenige) Bücher gekauft.（他买了很多书 / 他买的书不多。）在抽象名词和物质名词前则不作词尾变化，如：Er hat viel (wenig) Wein getrunken.（他喝了很多酒 / 他喝的酒不多。）

这样我们就可以有更多的时间学习了。

误：So können wir mehrere Zeit zum Studium haben.

正：So können wir mehr Zeit zum Studium haben.

说明：mehrere 是不定数词，意为"几个，若干，好些"。mehr 是 viel 的比较级形式。mehrere 只能作可数的复数名词的定语，如：

Mehrere Kinder spielen im Garten.（好几个孩子在花园里玩耍。）

Dieses Wort hat mehrere Bedeutungen.（这个词有好几个意思。）

Zeit 是抽象名词，不能用 mehrere 作定语。

看来他物理很差。

误：Es ist anscheinend, dass er in Physik schwach ist.

正：Anscheinend ist er in Physik schwach.

说明：anscheinend 是副词，只作状语用。

他看着很健康，实际上病得很厉害。

误：Er ist anscheinend gesund, in Wirklichkeit ist er sehr krank.

正：Er ist scheinbar gesund, in Wirklichkeit ist er sehr krank.

说明：anscheinend 作副词用，作"看来，似乎"解。而在上述句子中所表达的是"表面上健康，实际上有病"，gesund 是一种虚假的情况，scheinbar 一词所表达的正是"表面上的，虚假的"意思。

全体工作人员都是内行。

误：Alle Personal sind fachkundig.

正：Das Personal ist fachkundig.

说明：das Personal 是集合名词，无复数，本身就作"全体人员"解，无需再加定语 alle。另外，跟在 alle 后面的名词必须是复数。

他回家拿一本书来。

误：Er ging nach Hause und brachte ein Buch.

正：Er ging nach Hause und holte ein Buch.

说明：这句话里把 bringen 和 holen 这两个动词用混了。bringen 一词表示把人或物从别的地方带来或从这里带到别处去。

holen 才表示从这里到另外一个地方去把那里的人或物接来或取来。

这句话里主语"他"回家（即到别的地方去）把家里的书拿来，当然应该用 holen 一词。

他对这个问题不感兴趣。

误：Er ist für dieses Problem nicht interessiert.

正：Er ist an diesem Problem nicht interessiert.

Er interessiert sich nicht für dieses Problem.

Er hat / zeigt kein Interesse für dieses Problem / an diesem Problem.

说明：interessiert sein, sich interessieren, Interesse haben / zeigen 这三种表达形式意义相同，但搭配有差异。interessiert sein 要求介词 an (D), sich interessieren 只能用介词 für，而名词 Interesse 后面则可以用 für，亦可用 an (D)。

今天就（讲 / 说 / 写）到这儿了。

误：Nun heute bis hier.

正：So weit für heute.

说明：第一句话是按照汉语逐字译成德语的。表达此意应用 so weit sein（达到某一程度）这一词组，译成德语全句应为 Für heute sind wir (bin ich) so weit.（今天我们就讲 / 写 / 做）到这种程度了。简言之 So weit für heute.

我周围的人都乐于帮助人。

误：Um mich sind alle hilfsbereit.

正：In meiner Umgebung sind alle hilfsbereit.

说明："我周围的人"是指"与我接近的人"或者说是"在我所处的环境中的人"。而 um mich 其意是"围着我"，这样讲就变成了"围着我的 / 站在我周围的人都乐于助人"，与原意不符。

你有什么要求，只要找你们的陪同就行了。

误：Wenn Sie (irgendwelche) Wünsche haben, können Sie Ihren Begleiter suchen.

正：Wenn Sie Wünsche haben, können Sie sich an Ihren Begleiter wenden.

说明：suchen 表达的是"寻找"的意思，而汉语的"找"意义很多，这句话中的"找陪同"指的不是寻找陪同，而是指"把你的要求告诉陪同，他会设法满足你的要求的"。sich an jn. wenden 一词即是表达求助于某人之意。

护士叫你的名字了。

误：Die Schwester ruft deinen Namen.

正：Die Schwester ruft dich.

说明：rufen 表达的即是点某人的名，叫某人的名字，作宾语的往往是人称代词或是一个具体表达某个人的名词，无需再说 Name 一词。

学生们在准备考试。

误：Die Schüler bereiten die Prüfung vor.

正：Die Schüler bereiten sich für die Prüfung vor.

说明：etw. vorbereiten 指"为……做好必要的准备工作"。die Prüfung vorbereiten 指做好考试本身的准备工作，包括命题、印考卷、准备考场、制定评分标准、帮助学习复习等等一系列工作，不能说 Die Schüler bereiten die Prüfung vor. sich für / auf / zu etwas vorbereiten 指的是为做某事或为某件事情准备好必要的知识或必不可少的工具，使自己能胜任。这里指复习好功课以迎接考试。

动物园里又添了一些新动物。

误：Im Zoo sind einige neue Tiere hinzugefügt.

正：Im Zoo sind einige neue Tiere hinzugekommen.

说明：hinzufügen 与 hinzukommen 这两个字都作"添加"解，都有补充原有事物的意义，但补充的内容、方式不同。hinzufügen 主要用在两个方面：1. 对说过的话作补充（etw. zusätzlich, ergänzend sagen），如 Ich möchte noch etwas hinzufügen.（我还想补充一点。）2. 补充已做过的行为、活动，如 Die Suppe ist fade. Man soll der Suppe noch etwas Salz hinzufügen.（汤太淡了，应该往汤里再加点盐。）Sie hat dem Kind viele Bonbons gegeben. Jetzt fügt sie wieder ein Stück Schokolade hinzu.（她给了孩子许多糖，现在又加上一块巧克力。）此词不能用于动物或人。"动物园又添了一些新动物。"这句话指的是有新的动物加入到或是补充到原有的动物中去，hinzukommen 表达的正是"新的成分补充、增添到原有的事物中去，成为其组成部分之一"（einen bereits vorhandenen Bestand von etw. noch zuzurechnen sein），故应用动词 hinzukommen。

1917 年爆发了十月革命。

误：1917 geschah die Oktoberrevolution.

正：1917 kam es zu der Oktoberrevolution.

1917 brach die Oktoberrevolution aus.

说明：geschehen 与 passieren 都作"发生"解。但它们多用来表达发生一些不幸、不快、不测之事，如：Ist ein Unglück passiert?（发生了不幸的事吗？）Es geschieht ihm nichts Böses.（他没有出什么事。）可以作这两个动词主语的名词还有 Unfall（事故），Unrecht（不公正，不合理之事），Unangenehmes（不愉快之事），Schlimmes（倒霉，不顺利之事）等等。因此"革命"一类的词不能作其主语。而 ausbrechen 与 es kommt zu etw. 是中性词，无褒贬之分，后者更多地表示经过一定过程后终于发生的事；主语既可以是好事，如：Es kommt zur Ruhe.（安静下来。）Da brach der Bauernaufstand aus.（这时爆发了农民起义。）；也可以是坏事，如：Am Anfang stritten sie heftig, später kam es zu einer Schlägerei.（开始时他们激烈地争吵，后来就打起来了。）In ganz Europa brach eine Wirtschaftskrise aus.（全欧洲都爆发了经济危机。）

我从这部电影里受到了教育。

误：Ich wurde von diesem Film erzogen.

正：Der Film hat mich erzieherisch beeinflusst.

说明：erziehen 指教育部门、教师或家长对学生，特别是对儿童有意识地进行思想、性格、品德、才智方面的培养。电影本身就不能作这动词的主语，它只能起教育的作用。好的影片会给人以启迪，促进人们健康地成长，所以这里用 erziehen 不妥，应改为 erzieherisch beeinflussen, erzieherisch auf jn. wirken。

他们周末常在一起欣赏音乐。

误：Am Wochenende bewundern sie oft zusammen Musik.

正：Am Wochenende hören / genießen sie oft zusammen Musik.

说明：bewundern 一词表示对某人、某事肃然起敬、钦佩、赞赏之意。有时也可译成"欣赏"二字，如：Alle bewundern seine Fähigkeit.（大家都欣赏他的才干。）而泛指的 Musik 与 bewundern 不能搭配在一起组成句子，但具体的乐曲可以作 bewundern 一词的宾语，如 ein Musikstück（乐曲），eine Sinfonie（交响乐）。

我没有吃饱。

误：Ich habe nicht satt gegessen.

正：Ich habe mich nicht satt gegessen.

说明：essen 与副词、形容词连用时有两种情况，一种是不需要加反身代词，一种则要加反身代词。不加反身代词的有两种。1. 副词、形容词用来表达吃饭的方式，即表达如何吃，如：Er isst kräftig / tüchtig.（他放开量吃 / 大吃。）2. 副词、形容词用来表达吃的是什么食物，如：Wir essen gern warm / kalt. 这实际上是说 Wir essen gern warme / kalte Speisen.（我们喜欢吃热的 / 冷的食物。）类似的形容词、副词还有 gut, preiswert（物美价廉的），reichlich（充裕的），ausgiebig（丰盛的）等等。如果副词、形容词是用来表达吃饭而造成的结果时则要加反身代词。如：

Das Kind hat sich voll / dick und rund gegessen.（孩子吃得饱鼓鼓的 / 胖胖的。）Er hat sich krank gegessen.（他吃出病来了。）"吃饱"表达的正是吃的结果，故应用反身动词的形式。

他们不想读老师推荐的书，而想读其他书籍。

误：Sie wollen andere Bücher lesen, wie der Lehrer empfohlen hat.

正：Sie wollen andere Bücher lesen, als der Lehrer empfohlen hat.

说明：wie 带起的比较从句表示主句与从句所指情况是互相符合的，如：Hangzhou ist so schön, wie wir gehört haben.（杭州正像我们听说的那样美。）如主句与从句的比较不一致，主句中有 anders, andere 等词时，则应用 als，如：Er sieht anders aus, als wir uns ihn vorgestellt haben.（他看起来和我们想象的不一样。）Die Leitung hat mir eine andere Aufgabe gegeben, als ich gewünscht hatte.（领导交给了我一件和我原来所想的不一样的任务。）

我和我的朋友都很高兴。

误：Ich und meine Freunde freuen sich.

正：Meine Freunde und ich freuen uns.

说明：这句话里有两个错误，1. 与汉语相反，德语中人称代词 ich 总是搁在其他词之后，而把 ich 放在末位，如：Vater, Mutter, Bruder und ich gehen ins Kino. 2. 人称代词 ich 与其他词共作主语时，反身代词用复数 uns。

我给人家洗衣服。

误：Ich wasche für man Wäsche.

正：Ich wasche für andere Wäsche.

说明：不定代词 man 只用第一格，其三格是 einem，四格用 einen。这句话里的"人家"是泛指某一个或某几个人，应用 andere。

广场上装饰了鲜艳的旗子。

误：Der Platz wurde von vielfarbigen Fahnen geschmückt.

正：Der Platz wurde mit vielfarbigen Fahnen geschmückt.

说明：被动句中的 von 或 durch 带起的介词词组是行为的主体，如果我们将这句话还原成主动句，就可以清楚地看出 vielfarbige Fahnen 不是 schmücken 这一行为的主体，这句话的主动态是 Man schmückte den Platz mit vielfarbigen Fahnen. 可见 mit viel farbigen Fahnen 在句中作方式状语，在被动句中也是方式状语。

我环视大厅。

误：Ich schaue mich das Zimmer um.

正：Ich schaue mich im Zimmer um.

我适应了这里的习俗。

误：Ich habe mich die Sitten hier angepasst.

正：Ich habe mich den Sitten (D) hier angepasst.

说明：sich umschauen 和 sich anpassen 其反身代词均为第四格，因此不能再有第四格的宾语，只有反身代词为第三格的反身代词才能有第四格宾语。如：Wir sehen uns (D) einen Film an. Herr Müller nahm sich (D) eine Reise nach dem Süden vor.

这本小说他已经读了一（大）半了。

误：Von diesem Roman hat er schon eine (größere) Hälfte gelesen.

正：Von diesem Roman hat er schon die (größere) Hälfte / (über / mehr als die Hälfte) gelesen.

Diesen Roman hat er schon zur (größeren) Hälfte gelesen.

说明：这句话错在冠词用错了。这一方面是受了汉语的影响，"一半"自然就想到是 eine Hälfte，另一方面按照德语冠词的用法，一般在表达同类事物中任何一个个别事物时应用不定冠词。这句话中的"一半"即是泛指小说的二分之一，当然会想到用不定冠词。但 Hälfte 一词的冠词用法有其特殊之处：1. 如果说话者只提到某事物的二分之一时要用定冠词 Ich habe schon mehr als *die* Hälfte (des Geldes) ausgegeben.（钱我已经花了多一半了。）*Die* Hälfte von seinem Einkommen war für Nahrung und Kleidung bestimmt.（他收入的一半都是用来解决吃穿问题的。）2. 同时分别提到事物的两部分时，就用不定冠词，如：*Eine* Hälfte ist fertig, *die andere* folgt.（一半已经好了，另一半就将做好。）Du sollst *eine* Hälfte des Artikels übersetzen, *die andere* Hälfte schafft er.（这篇文章你翻译一半，另一半由他完成。）

有两个人锯两棵树，开始各干各的，后来就合起来干了。

误：Zwei Männer sägen 2 Bäume ab. Am Anfang arbeitet man allein, später arbeitet man zusammen.

正：Zwei Männer sägen 2 Bäume ab. Am Anfang arbeiten sie jeder allein / jeder für sich, später arbeiten sie zusammen.

说明：不定代词 man 泛指一个人或某些人，而这里"各干各的"，"合起来干"的主语均指锯树的两个人，而不是泛指任何别的什么人，故应用 sie。

我们乘 13 次列车经南京去上海。

误：Wir fahren mit dem Zug Nr. 13 durch Nanjing nach Shanghai.

正：Wir fahren mit dem Zug Nr. 13 über Nanjing nach Shanghai.

说明：介词 durch 与 über 都可作"经过"解，但用法不同：durch 表示从空间的一端进去，从另一端出来，是穿过去的意思，如说：Wir werden durch Nanjing fahren. 表达的是"穿过南京市区"而行。而介词 über 表示"从某地旁边经过"而朝目的地运动，其中当然也包括"穿过某地"的意思。上述句子中"经南京"是指路过南京，并不强调穿过南京市区，故应用介词 über。另一方面，在表达按一定的路线、轨道经某地到另一地方去时都用 über，如：Dieser Zug fährt über Berlin nach Rostock. Die Straßenbahn fährt über den Bahnhof (am Bahnhof vorbei).

该下班了，但手术还没做完。

误：Man muss Feierabend machen, aber die Operation ist noch nicht zu Ende.

正：Man müsste eigentlich Feierabend machen. / Eigentlich wäre es schon Feierabend, aber die Operation ist noch nicht beendet / fertig.

说明：首先，第一句话应用第二虚拟式，因为这时虽按惯例已经可以下班，但因手术未完不能下班，因此"该下班"是非现实的情况。第二句话中 zu Ende 用错了，Ende 表示事物本身的终结，此处说的是医护人员还未做完手术，强调的不是手术本身是否完结。beendet sein 是状态被动式的形式，其主动形式 beendet haben 的主语正是医护人员。fertig = vollendet sein，表达的是一件事由某人完成了，如：Das Essen ist fertig. = Man hat das Essen fertig zubereitet. Die Arbeit ist fertig. = Man hat die Arbeit fertig gemacht.

他领盲人过马路。

误：Er führt den Blinden durch die Straße.

正：Er führt den Blinden über die Straße.

说明：durch die Straße 与 über die Straße 的区别是：

über die Straße（横穿马路）；durch die Straße（沿着马路的一端走到另一端）

领盲人过马路指的是横穿马路，故应用 über die Straße。

我的大儿子

误：mein alter Sohn

正：mein ältester Sohn

说明：所谓"大儿子"即是指几个儿子中年龄最大的，因此应用最高级。第二个儿子可以说 mein zweiter Sohn。如果只有两个儿子，也可以说 mein älterer Sohn, mein jüngerer Sohn。

汗流不止 / 大汗淋漓

误：Die Schweiße fließen immer.

正：Man schwitzt sich sehr / Man kommt (od. gerät) ins Schwitzen / Man ist in Schweiß gebadet / Der Schweiß läuft (od. rennt) in Strömen.

说明：这句话按字面的意思直译就不符合德语的习惯了。首先，der Schweiß 作为物质名词一般不用复数。另外 fließen 是指水或其他液体不停地流动，而汗是从人体表面往下淌，因此也可以说：Der Schweiß trieft (von der Stirn).

今年又开辟了几个疗养地。

误：In diesem Jahr sind wieder einige Erholungsorte geöffnet.

正：In diesem Jahr sind wieder einige Erholungsorte eröffnet.

说明：öffnen 表示把关闭的、锁着的东西打开、解开、拆开等。

eröffnen 表示某事物（如公共设施、会议等）第一次与公众见面或接待公众，有开放、开幕、开辟之意。

他被看作是我们的榜样。

误：Er wird als unser Vorbild gegolten.

正：Er gilt als / für unser Vorbild.

　　或：Er wird als / für unser Vorbild angesehen.

说明：gelten 是不及物动词，不能构成被动式。als / für etw. gelten 本身就作"被看作、被认为"解。这句话如要用被动式表达，可用动词 ansehen。

这篇报道是以事实为依据的。

误：Dieser Bericht liegt den Tatsachen zugrunde.

正：Diesem Bericht liegen die Tatsachen zugrunde.

说明：zugrunde liegen 意即 etw. ist die Grundlage für etw.（……是……的基础）。如把这句话用第二种表达方式来说，应是 Die Tatsachen sind die Grundlage dieses Berichtes.（事实是这篇报道的基础。）这种说法与用 zugrunde liegen 来表达的内容是相同的。从这里可以看到，作为"这篇报道"基础的是"事实"，因此在用 zugrunde liegen 表达这句话时主语应是 die Tatsachen。Bericht 是第三格宾语，这是该动词所要求的。之所以将 Bericht 用成第一格，是受了汉语的影响，汉语中"这篇报道"恰好是主语。因此在用 zugrunde liegen 造句时要特别注意，不要受汉语影响而将主宾关系搞错了。

旅行期间日程安排很急凑。

误：Während der Reise ist die Tagesordnung straff.

正：Während der Reise ist das Programm straff.

说明：die Tagesordnung 是指会议的议事日程而言，旅行期间的日程安排是指旅行计划。如指安排参观、浏览项目而言，应用 das Programm。

他是一个可以信赖的人。

误：Er ist ein verlassener Mann.

正：Er ist ein zuverlässiger Mann.

　　Er ist ein Mann, auf den man sich verlassen kann.

说明：sich auf jn. verlassen 作"信赖"、"信任"解。将"一个可以信赖的人"译成 ein verlassener Mann，是把 sich verlassen 的第二分词用作定语了。译者忘记了两点：首先反身动词的第二分词不能作定语用；因为及物动词的第二分词作定语用时具有被动意义，反身动词尽管也支配一个第四格的反身代词，但不能构成被动态。sich auf jn. verlassen 一词，只能讲 Auf ihn kann man sich verlassen.（对他是可以信赖的。），不能倒过来讲 Er wird verlassen. 另外 verlassen（第二分词）作定语用时意思是"被离开、抛弃、离考的"。因此 ein verlassener Mann 说的不是"一个可以信赖的人"，而是"一个被遗弃的人"。

这件事我们一定办到。

误：Das werden wir tun.

正：Das werden wir schaffen / erledigen.

说明：tun 只表达进行某项活动，从事、做某件事情，无办成某事之意。Das werden wir tun. 只表示"这件事我们一定会办"。schaffen 才表示"成功地办好"某事，erledigen 也表示将某事"办妥、完成、结束"。

您可以问问售票员应该在哪儿下车。

误：Wo Sie aussteigen sollen, können Sie nach dem Schaffner fragen.

正：Sie können den Schaffner danach fragen, wo Sie aussteigen
　　sollen.

说明：fragen 有两个宾语：第四格宾语表示被问及的对象，即向谁发问；nach 后面的介词宾语表达提问的内容。Sie können den Schaffner fragen. 意即：您可以问问售票员。Sie können nach dem Schaffner fragen. 意思是说，您可以（向别人）打听一下售票员的情况。

厂长号召大家节省更多的原料。

误：Der Fabrikleiter ruft alle auf, mehre Rohrstoffe zu sparen.

正：Der Fabrikleiter ruft alle auf, mehr Rohrstoffe zu sparen.

说明：形容词比较级作定语时与原级一样，有变格词尾，但 mehr 与 wenig 例外，不变词尾，如 Sie haben mehr Geld.（他们的钱多。）Wir haben weniger Bücher als sie.（我们比他们的书少。）

所有的同事

误：alle ihren Kollegen

正：alle ihre Kollegen, all ihre Kollegen

说明：形容词作定语用时，其词尾受其前面的冠词、代词或数词的影响而发生强、弱或混合变化，在不定数词 alle 后面作弱变化。不少初学者看到 alle 便很容易地想到了弱变化，误将物主代词当作形容词来变格，在物主代词后加上了字尾 -en。其实，alle 或 all 在带有定冠词、物主代词或指示代词时，都是根据其所说明的名词来进行性、数、格的变化的，不受 alle 的影响。

每个学生都是自己学自己的，就好像他们互不来往似的。

误：Jeder Student studiert für sich, als ob sie in Klausur wären.

正：Jeder Student studiert für sich, als ob er in Klausur wäre.

说明：德语中单数第三人称的代词有阳性 er（他），阴性 sie（她）和中性 es（它）之分。人称代词代替名词时，必须与该名词的语法性属相对应，因此，选择用那个人称代词，要视其所代替的名词的性和数而定，如：Das Mädchen geht in die Schule.（小姑娘上学去。）这一句话中的 das Mädchen（姑娘）其自然性属是阴性，但其语法性属却是中性，因此就不能用阴性的 sie，而应用中性的 es 来代替，即：Es geht in die Schule. 上面所说的错句中 als ob 从句里的人称代词，就其实际人数来讲是指所有的学生，当然是复数，但它代替的名词是主句中的 jeder Student, 因而不能用 sie（他们）而应该用 er。若主句中用 alle Studenten 作主语，这时才能用 sie。即：Alle Studenten studieren für sich, als ob sie in Klausur wären.

中国人民正在为实现四个现代化而奋斗，他们一定能达到目的。

误：Das chinesische Volk kämpft für die Verwirklichung der vier Modernisierungen, sie werden ihr Ziel erreichen.

正：Das chinesische Volk kämpft für die vier Modernisierungen, es wird sein Ziel erreichen.

德国科学家代表团明日到达北京，他们将在北京逗留四天。

误：Die deutsche Wissenschaftler-Delegation wird morgen in Beijing ankommen. Sie werden sich vier Tage in Beijing aufhalten.

正：Die deutsche Wissenschaftler-Delegation wird morgen in Beijing ankommen. Sie wird sich vier Tage in Beijing aufhalten.

说明：汉语中只有指人的普通名词后面加"们"表示复数，其他名词单数与复数的形式是一样的。用人称代词代替名词时，用单数还是用复数，主要是根据它所代替的名词的实际数量而定。德语则不然，主要是视名词本身是单数还是复数而定。德语中有一类名词是集合名词，如：das Volk（人民），die Bevölkerung（表示一个地区的居民），die Studentenschaft（一个学校或一个地区的全体学生），die Bourgeoisie（资产阶级）等等。这些词就其实际人数来看当然是指很多人，而不是一个人，但这些名词本身是单数，如第一个句子中的 das chinesische Volk 指十余亿人口，die Delegation 由很多人组成，但 das Volk 和 die Delegation 都是单数，故都不能用复数的 sie 来代替。

谁随身带着护照，就会免去许多麻烦（烦恼）。

误：Wer seinen Pass immer mitbringt, kann sich viele Ärger sparen.

正：Wer seinen Pass immer mitbringt, kann sich viel Ärger sparen.

说明：在 viele, wenige, einige, mehrere, manche 等不定代词后应用可数的、有复数的名词。不可数的单数名词前只能用不带词尾 e 的不定代词 viel, wenig 等，如：Ich habe wenig Hoffnung.（我的希望很小。）Ich habe viele Bücher.（我有很多书。）

这里雨量很少，只能依靠运河。

误：Hier regnet es so wenig, dass es auf die Kanäle angewiesen sein muss.

正：Hier regnet es so wenig, dass man auf die Kanäle angewiesen sein muss.

说明：es 作无人称代词在句中作主语时，有下列几种情况：1. 指上文中已经提到过的动词或句子，如：Er hat eine Fünf bekommen, aber es macht ihn nicht überheblich.（他得了五分，但这并没有使他骄傲起来。）2. 指下文中要提到的不定式词组、短语或句子，如：Es ist nicht leicht, Deutsch gut zu lernen.（学好德语是很不容易的事。）Es ist unsicher, ob wir heute eine Sitzung haben.（今天到底开不开会，还没有把握。）3. 在一些固定的或非固定的词组中作语法主语；如：Es mangelt uns an Mut.

（我们缺乏勇气。）Es kommt darauf an, ob wir daran teilnehmen wollen. （这要看我们是否愿意参加。）4. es 还可以用来表示自然界的规律、现象、力量，表示人的感觉、感情等，在句子中作形式主语，如：Es ist schon Morgen. （现在已经是早晨了。）Es brennt. （着火了。）上面的句子中，主句中的 es 正是上面谈到的第四种情况，而从句中的主语从上下文分析可以看出，是泛指"这里的人们"。无人称代词 es 作主语的各种情况在这里都不适用。而 man 代表不定的人，用 man 最合适。

所有的这些书都是我的。

误：Die alle Bücher sind mein.

正：Alle die Bücher sind mein.

说明：德语中名词前同时有不定代词 alle 和定冠词或其他代词时，alle 应放在最前面，如：alle meine Enten, alle die Zeitschriften。

她俩是好朋友。

误：Sie beiden / zwei sind gute Freundinnen.

正：Sie beide sind gute Freundinnen.

说明：1. "她俩"是有所指的，只是没有说出具体的人来。zwei 是泛指两个人。beide 才表示两个已知的或已经提到过的人或事物。故这里不应用 sie zwei。2. beide 在人称代词 wir, ihr, sie 之后均可以按形容词强变化规则变化，只是在第一格的 wir, ihr 后可以弱变化，即 wir / ihr beiden。但 wir beiden 这种形式用得较少。另外 beide 置于人称代词 wir, ihr 与一个名词之间时，beide 作弱变化，如：Ihr beiden Diebe müssen zum fünf Jahren Gefängnis verurteilt werden.（这两个小偷得判五年徒刑。）Wir beiden Armen haben keinen anderen Ausweg. （我们这两个可怜人别无其他出路。）而 beide 在人称代词 sie 后面永远是强变化，如：Sie beide sind daran schuld. （他俩对此都有责任。）Leider kann ich sie beide nicht mitbringen. （可惜我不能把他俩带上。）

我们热爱我们的祖国。

误：Wir lieben unseres Vaterland.

正：Wir lieben unser Vaterland.

说明：德语中的代词作为名词定语时一般都带示性词尾，如：dieser / jeder / solcher / welcher Student; diese / jede / solche / welche Zeitung; dieses / jedes / solches / welches Mädchen。物主代词作名词定语时，与其他代词一样也有示性词尾，所不同的是，作为阳性名词及中性名词定语的物主代词词尾是一样的，如：mein Bruder (r), euer Lehrer (r); mein Kind (s), euer Institut (s)。对于这一点有些初学者常常忽视或忘记了。在使用过程中常常将中性名词前的物主代词加上示性字尾 es。

这个书包是你的

误：Die Mappe ist deine.

正：Die Mappe ist dein.

我终于可以说这所房子是我的了。

误：Endlich kann ich das Haus meines nennen.

正：Endlich kann ich das Haus mein nennen.

说明：1. 物主代词与 sein, werden, bleiben 等动词连用作表语时，一般不带示性词尾，如：Der Roman ist mein.（这本小说是我的。）Die Waschmaschine wird morgen mein.（这台洗衣机明天就是我的了。）Das Haus bleibt dein.（这所房子还是你的。）只有当 es 或 das 作主语时，物主代词才要强变化，如：Hier liegt ein Füller. Ist es deiner? Ich habe meinen in der Tasche.（这儿有一支钢笔，是你的吗？我的在口袋里。） 2. 名词性物主代词与 nennen, heißen 等动词连用作其宾语表语时，亦不发生变化，如：Er ist ein zuverlässiger Mann. Wir können ihn unser nennen.（他是一个可以信赖的人，我们可以称他为我们的人。）Hans ist sein Bruder. Er heißt mich auch sein.（汉斯是他的兄弟，他也把我叫做他的兄弟。）

这里有很多孩子。

误：Hier ist es viele Kinder.

正：Es sind hier viele Kinder.

　　Hier sind viele Kinder.

说明：es 在这里只占据一个空位，只起占位词的作用，因此谓语动词变化要随主语名词的单、复数而定，不受 es 的影响。这句话中的主语名词是复数，故谓语应用第三人称复数。占位词，只能位于句首。若句首被其他成份占据，es 就可省略了。

彼得的邻居在他自己的花园里干活。

误：Peters Nachbar arbeitet in seinem eigenen Garten.

正：Peters Nachbar arbeitet in dessen eigenen Garten.

说明：这句话里涉及到的人物有两个，一个是彼得，一个是彼得的邻居。"在他自己的花园里"是指在邻居的花园里，若用 sein 一词来表达"他的"，容易引起误会，会使人弄不清是在彼得的花园里还是在邻居的花园里。dessen / deren 是指主代词 der, das / die 及复数 die 的第二格形式，具有物主代词的性质，在下列句子，如：Auf der Straße traf Karl seinen Lehrer und dessen Frau.（在大街上卡尔遇到了他的老师及其夫人。）Anna geht mit ihrer Freundin und deren Bruder ins Kino.（安娜同她的女友及其兄弟一起去看电影。）这两句话中如把第一句话的 dessen 换成 sein，把第二句话中的 deren 换成 ihrem 都容易发生误解，用 dessen 或 deren 更能清楚地表达词与词之间的关系。

我们的头头叫人把王先生叫了来，他想跟他说点事。

误：Unser Chef, der ihm etwas sagen wollte, ließ Herrn Wang rufen.

正：Unser Chef, der Herrn Wang etwas sagen wollte, ließ ihn rufen.

说明：这句话里 Herrn Wang 和 ihn 是同一个人。若同是一个人或物的名词和代词分别在两个独立的句子中或在主从句中出现，名词应该放在前面的句子中，如：Hier sitzt Peter. Er ist mein Bruder. 这句话不能说成 Hier sitzt er. Peter ist mein Bruder. 因为这样一来就看不出 er 是代替 Peter 的，而成为两个不相干的人了。主从句也是一样，如：Die Mutter sagt zu Peter, dass er etwas früher nach Hause gehen soll.（母亲对彼得说，他得早点回家去。）不能说成 Die Mutter sagt zu ihm, dass Peter etwas früher nach Hause gehen soll. 这样就成了：母亲对他说，彼得得早点回家去。这里的他和彼得就成两个人了。

正如您所知道的那样，我在这里才住了三年。

误：Wie Sie wissen, dass ich hier erst 3 Jahre wohne.

正：Wie Sie wissen, wohne ich hier erst 3 Jahre.

说明：德语的复合句分为并列复合句和主从复合句。并列复合句是两个或两个以上的独立句并列地连接在一起。主从复合句则是由语法上不同等级的句子组合起来的，其中一个句子从属于另一个句子，前者称为从句，后者称为主句。上面的句子是两个并列的从句，这在德语中是不能成立的。从内容来看，说话者表达的主要内容是"我在这里才住了三年"，因此这句话是主句。"正如您所知道的那样"说明"您"所知道的情况与主句中的情况相同，因此它是表达与主句情况相同或相似的比较句。之所以出现上面的错误是因为：1. 内容上颠倒了主次关系，因为 wissen 是及物动词，从逻辑上来看，它的宾语所要表达的正是主句的内容，因此就把主句写成 wissen 的宾语了；2. 忘记了德语构成复合句的基本原则。

他认为一切都已办妥了。

误：Er glaubt, alles erledigt worden zu sein.

正：Er glaubt, alles erledigt zu haben.

Er glaubt, dass alles erledigt (worden) ist.

说明：带 zu 的不定式不是完整的句子，而是一个词组，作宾语时，其逻辑主语就是主句的主语或是宾语，且不能在不定式词组中出现。上面一句话中不定式词组的主语是 alles，既不是主句的主语，也不是宾语，而且这个不定式实际上是一个完整的被动句，故不能成立，应采用从句形式表达。若要用不定式词组来表达，应改成主动式，这样其逻辑主语与主句主语就一致了。

91

他不愿意别人为他担心。

误：Er will niemand sich um ihn Sorge machen.

正：Er will nicht, dass man sich um ihn Sorge macht.

说明：情态助动词与另一动词的不定式构成的复合谓语中情态助动词只起辅助作用，与另一动词有共同的主语，如 Ich will lernen. 这句话中主要动词是 lernen, will 只表达主语学习的愿望。而上面一句话中，will 后面是一个完整的句子，而且两个动词主语也不一致，will 在这里是一个独立动词，因此后面的句子应用从句的形式表达。

往往到了天亮以后周总理才休息。

误：Immer nachdem der Morgen gegraut hatte, ruhte sich Ministerpräsident Zhou aus.

正：Immer wenn der Morgen schon gegraut hatte, ruhte sich Ministerpräsident Zhou aus.

说明：这句话里所表达的是经常的、多次发生的行为，而 nachdem 只能表达一次发生的行为，故应改为连词 wenn; 带 wenn 的从句中谓语是完成时，它亦能作"在……之后"解。

他乐于助人，但从不对人讲，他做了些什么好事。

误：Er ist hilfsbereit, sagt aber nie, was er Gutes getan hat.

正：Er ist hilfsbereit, sagt aber nie, was für Gutes er getan hat.

说明：疑问词可以作连词带起从句。作连词用的疑问词的选择与简单的疑问句中疑问词的选择是一致的。问句中用哪个疑问词，从句中就用那个疑问词作连词。"他做了些什么好事？"德文应该说 Was für Gutes hat er getan? 因此上面的句子应用 was für ... 作连词。was 只能代替名词作主语或宾语，而 was er Gutes getan hat 这句话中 was 是多余的成份，问题是针对宾语 Gutes 的性质提出的，而不是宾语本身。

我可以想象得到他们的境遇有多么可怜，他们过着多么悲惨的生活。

误：Ich kann mir vorstellen, wie traurige Lage sie haben und wie elendes Leben sie führen.

正：Ich kann mir vorstellen, in welch einer traurigen Lage sie sich befinden und welch ein elendes Leben sie führen.

说明：wie 可以用来表达感叹的语气，但在 wie 后面只能是副词或作表语用的形容词，如：Wie schön das Wetter ist!（天气有多好啊！）Wie traurig sie weint!（她哭得多伤心呀！）不能用名词。这句话里虽有形容词，但形容词在这里是作为定语来说明名词的，在这种情况下只能用 welch 来表达。

您最好还是参加会议。

误：Am besten nehmen Sie an der Sitzung teil.

正：Es wäre besser, dass Sie an der Sitzung teilnehmen.

掌握一种外语是困难的。

误：Man beherrscht schwer eine Fremdsprache.

正：Es ist schwer, eine Fremdsprache zu beherrschen.

说明：这两个句子中有一个共同的错误，就是把句子成分搞错了。第一句话中的 am besten 与第二句话中的 schwer 在句子中都是方式状语，回答问题 wie。若将这两个句子译成汉语就成了下面的意思，第一句：您最好地参加会议。第二句：人们困难地掌握一种外语。显而易见，这与原来汉语句子所要表达的意思不符。第一句话说的是"参加会议"这一行动是好的，建议对方采取该行动。第二句说的是"掌握外语"这件事情是困难的。这在德语中应采用主语从句方式表达，即：以 es 作形式主语，带起一个作主语用的 dass 从句的或带 zu 的不定式词组。

毫无疑问，他可以把这本小说译得很好。

误：Ohne Zweifel, dass er diesen Roman gut übersetzen kann.

正：Es ist zweifellos, dass er diesen Roman gut übersetzen kann.
Man braucht nicht zu zweifeln, dass er diesen Roman gut
übersetzen kann.

说明：一个完整的句子，哪怕是最简单的句子，也必须有主语和
谓语这两个主要成分。而上述错误的句子中在主句地位上的只有一个介
词词组，但它只能作状语用，缺了句子的主要成分就不能构成句子。出
现这样的错误的原因主要是只考虑了中文的字面意思，而忘记了句子的
构成。

就这样，当他看到对面开来的汽车时已来不及刹车了。

误：So als er das zukommende Auto sah, konnte er schon nicht mehr
bremsen.

正：So *konnte er schon nicht mehr bremsen*, als er das zukommende
Auto sah.

说明：首先，这句话的主要内容是"来不及刹车"，"看到对面开来
的汽车时"是时间状语从句。"就这样"是总结上文所说的情况，因此
so 是主句的状语，应放在主句中。另外，德语主从句中，从句前一般不
应再有其他的句子成分，只有个别情况下才有一个说明从句的词或词组，
如：Jedes Mal wenn er nach Beijing kommt, besucht er uns.（每次他到
北京来都要来看我们。）*Nur* wenn man die Aufnahmeprüfung bestanden
hat, kann man an der Uni studieren.（只有通过了入学考试才能上大学。）
Ich will ihn nicht einladen, *besonders* weil er nicht so freundlich zu uns ist.
（特别是因为他对我们不那么友好，所以我不愿意请他。）

火车挡住了警察的汽车，致使警察追不上罪犯了。

误：Der Zug hielt das Auto der Polizei auf, damit die Polizei den
Verbrecher nicht einholen konnte.

正：Der Zug hielt das Auto der Polizei auf, *so dass* die Polizei den
Verbrecher nicht einholen konnte.

说明："致使警察追不上罪犯"说的是前一句"火车挡住警察的汽
车"所造成的客观结果。而 damit 带起的从句表达的是主句行为的主观

目的，此处若用 damit 意思就变成了"火车有意挡住警察的汽车，以达到其使警察追不上罪犯的目的"。

他工作太忙，不能和你一起去旅行。

误：Er ist zu beschäftigt, so dass er nicht mit dir zusammen reisen kann.

正：Er ist *zu* beschäftigt, *als dass* er mit dir zusammen reisen kann /
Er ist *zu* beschäftigt, *um* mit dir zusammen reisen *zu* können.

说明：so dass, als dass, um ... zu 都能带起结果从句。但在有 so dass 的主从复合句中，主句中形容词或副词前无其他词，或只有副词 sehr；或将 so dass 分开，将 so 置于主句中，如：Es regnet so stark, dass die Straßen unter Wasser stehen.（雨下得很大，水都没过了街面。）主句中副词或形容词前有 zu，结果是否定意义的，应用 als dass 带起从句或用 um ... zu 带起的不定式结构表达。

照相机太贵了，我买不起。

误：Der Fotoapparat ist zu teuer, um ich ihn mir nicht zu leisten.

正：Der Fotoapparat ist *zu* teuer, *als dass* ich ihn mir leisten kann.
Der Fotoapparat ist *so* teuer, *dass* ich ihn mir nicht leisten kann.

说明：由 zu ..., um ... zu 不定式结构带起的结果从句，其逻辑主语与主句的主语要一致，但这句话里主句的主语是 der Fotoapparat, 不定式词组中的主语是 ich, 故此句不能成立，在从句主语与主句主语不一致的情况下应用 zu..., als dass 带起的从句来表达，其意义与 zu ..., um ... zu 不定式词组相同。另外还应该注意的是：zu ..., um ... zu 不定式词组与 zu ..., als dass ... 从句本身就具有否定性质，不能再加否定词 nicht。这句话也可以用 so dass 带起的从句表达，从句中应加否定词 nicht。

主要的是要努力工作。

误：Hauptsache / Hauptsächlich muss man fleißig arbeiten.

正：*Hauptsache ist* (Es ist die Hauptsache), dass man fleißig arbeiten muss.

说明：这句话虽短，但包含两层意思，即："人们要努力工作"，"人们努力工作是主要的事情"。"人们要努力工作"在全句中起主语作用，而它本身又是一个完整的句子，因此应用 dass 带起的主语从句的形式表达。上面的两种表达形式都不能成立，首先，arbeiten 是不及物动词，Hauptsache 在这里算什么句子成分呢？这样的表达不符合语法规则。用 hauptsächlich 来表达，语法上似乎是成立的，但内容不通，因这里它是说明"人们要努力工作"的表语，又作为某个动词的状语。

我最喜欢的是他的勤奋。

误：Das, was er fleißig ist, gefällt mir am besten.

正：*Was mir am besten gefällt*, (das) ist sein Fleiß.

说明：首先这句话的从句 was er fleißig ist 是不能成立的。在 was 带起的从句中，was 作从句中的主语或宾语，而这个句子中 er ist fleißig 已经构成了一个完整的句子，was 是多余的成分。最主要的，是这句话的主从关系错了。主句应该是 Das ist sein Fleiß，而 das 具体指的内容由 was 带起从句 was mir am besten gefällt 来表达。

为了促进工业的发展，实行工业的自动化是必要的。

误：Die Automatisierung ist notwendig, um die Industrie zu entwickeln.

正：Für die Entwicklung der Industrie ist die Automatisierung notwendig. / Man soll die Industrie automatisieren, um sie zu entwickeln.

Die Automatisierung ist notwendig, wenn man die Industrie entwickeln will / wenn man die Entwicklung der Industrie fördern will.

说明：带 um ... zu 的不定式结构在句子中作目的状语，其中不能出现主语，但它的逻辑主语一般必须同主句中的主语一致。在上面例句中，主句的主语是 die Automatisierung，而 um ... zu 的逻辑主语是

man，因此这句话不能成立。若将主句用动词 automatisieren 来表达，其主语与 um … zu 不定式结构的逻辑主语就一致了。如一定要用 die Automatisierung 作主句的主语，就只能用从句的形式，或用介词词组 für die Entwicklung der Industrie 作状语的形式来表达。

报告非常有趣，到了吃饭的时间大家还在津津有味地听着，不肯离去。

误：Der Vortrag ist so interessant, dass ihn alle zu Mahlzeit noch immer mit großem Interesse anhören, ohne davonzugehen.

正：Der Vortrag ist so interessant, dass ihn alle zu Mahlzeit noch immer mit großem Interesse anhören, statt davonzugehen.

说明：ohne … zu 不定式词组与主句谓语所示动作是不矛盾的，表达本来可以与主句所示行为同时发生或先于主句行为而发生的事情，如：Er geht an mir vorbei, ohne mich anzusprechen.（他不和我打招呼就从我身边过去了。）Sie gingen zum Unterricht, ohne sich darauf gut vorbereitet zu haben.（他们没有很好地准备就去上课了。）而这里说的是两件不可能同时发生的事情，要么"听报告"，要么"离去"。这种情况下就应用 statt / anstatt … zu 带起的不定式结构表达，它所示的行为与主句谓语的行为是相互排斥、不能同时实现的。statt 本来是介词，原义就是"代替"，即"两者取其一"。

要提高生产就不能只依赖外援。

误：Man darf nicht nur auf die fremde Hilfe angewiesen sein, um die Produktion zu erhöhen.

正：Man darf nicht nur auf die fremde Hilfe angewiesen sein, wenn man die Produktion erhöhen will.

说明：译好这句话关键是分清"要提高生产"与"不能只依赖外援"这两件事情的关系。从汉语语法关系来看，它们之间不是目的关系，而是假设关系。偏句"要提高生产"提出一种假设，正句说明结论，即："不能只依赖外援"。这种假设关系德语中应用 wenn 带起的条件从句表达。

他在北京呆得越久，就越喜欢这里。

　　误：Je länger er in Beijing bleibt, um so besser es ihm hier gefällt.

　　正：Je länger er in Beijing bleibt, um so / desto besser gefällt es
　　　　ihm hier.

　　说明：连词 je … desto / um so 后面紧跟形容词或副词的比较级，在句子中起状语、表语或定语的作用。但 je 带起的是从句，而 desto / um so 带起的是主句。如这句话里 um so 带起的句子也以从句形式出现就错了。

不管你什么时候来，我们都欢迎。

　　误：Wann du immer kommst, wir begrüßen dich.

　　正：Wann du auch (immer) kommst, wir begrüßen dich.

　　说明：德语中不存在由疑问词 +immer 带起的让步从句。疑问词只有与副词 auch 连用才能带起让步从句。immer 可以要，也可以不要的。

尽管他身体很虚弱，还是不肯停止工作。

　　误：Wenn er auch sehr schwach ist, will er nicht mit der Arbeit
　　　　aufhören.

　　正：Wenn er auch sehr schwach ist, er will nicht mit der Arbeit
　　　　aufhören / (so) will er doch nicht mit der Arbeit aufhören.

　　说明：由 wenn + auch 带起的让步从句时，主句的语序与其他主从复合句的语序不同。若从句位于主句之前时，主句的主语在句首，即正语序；若主句谓语置于首位时，需要有相关词 (so) doch。

不管你爱听不爱听，他说起来就没完。

　　误：Seine Rede nimmt kein Ende, wenn man auch gern oder ungern
　　　　anhört.

正：Seine Rede nimmt kein Ende, ob man gerne oder (ob) ungern anhört / Ob man gerne oder ungern anhört, nimmt seine Rede kein Ende.

说明："不管你爱听不爱听"表达的是无论"爱听"或"不爱听"这两种情况中那一种情况发生，主句的行为都照样进行。而 wenn + auch 带起的让步从句表达的只是一种情况，不能表达上述内容。连词 ob … oder (ob) 表示前后两种情况都一样，无论在哪种情况下主句的行为都会发生。

即使天不冷，他也总穿着那件大衣。

误：Obwohl es nicht kalt ist, trägt er immer den Mantel.

正：Wenn es auch nicht kalt ist, trägt er doch immer den Mantel.

说明：obwohl 带起的让步从句表达的是现实存在的、一次性的情况，即表示虽然发生了从句中所示情况，主句谓语行为还是实现了。而"即使天不冷"这句话表达的内容并非是现实的情况，而是一种对经常会发生的情况的推测，即不管哪一次，只要发生从句中的情况，主句行为仍会实现。连词 wenn + auch 带起的让步从句可以表达现实的情况，也可以表达对反复发生的情况的假设。

那个学生考试得了五分，我在德语学习方面曾给了他很大的帮助。

误：Der Student hat die Prüfung mit Fünf abgelegt, dem ich beim Deutschstudium viel geholfen hatte.

正：Der Student, dem ich beim Deutschstudium viel geholfen hatte, hat die Prüfung mit Fünf abgelegt.

说明：作定语用的关系从句一般应放在它所说明的名词后面。只有在该名词后面有后置定语或有其他很短的句子成分时，关系从句才置于这些句子成分之后，如：Der Mann im grauen Mantel, der aus der Post gekommen ist, ist mein Lehrer.（刚从邮局里出来的那个穿灰大衣的人就是我的老师。）Gestern habe ich in der Stadt zufällig den Mann getroffen, der dein Leben gerettet hatte.（昨天我偶然遇见了那个曾经救过你命的人。）

客人们对文学很感兴趣，李先生在解答他们的问题。

误：Die Gäste, auf ihre Fragen Herr Li gerade antwortet, interessieren sich sehr für Literatur.

正：Die Gäste, auf *deren* Fragen Herr Li gerade antwortet, interessieren sich sehr für Literatur.

说明：这句话如用并列复合句表达，可以用人称代词；即：Die Gäste interessieren sich sehr für Literatur, und Herr Li antwortet gerade auf ihre Fragen. 但这里用的是关系从句，ihre 是人称代词，不能带起关系从句。上面一句话中的 auf ihre Fragen 指的是 auf die Fragen der Gäste, der Gäste 为复数第二格，故用关系从句来表达这句话时应用第二格的关系代词 deren。

孩子在托儿所的矿工们不必为孩子操心了。

误：Die Kumpel, dessen Kinder im Kindergarten sind, brauchen sich nicht um ihre Kinder zu sorgen.

正：Die Kumpel, *deren* Kinder im Kindergarten sind, brauchen sich nicht um ihre Kinder zu sorgen.

说明：第二格的关系代词有两种形式，即 dessen 和 deren。若从句所说明的名词是阳性或中性的，用 dessen。若从句所说明的名词是阴性或复数的，则用 deren。这句话中从句所说明的名词 die Kumpel 是复数名词，当然应用 deren。

我们现在在等几位先生，我们将和他们一起去参观一个工厂。

误：Jetzt warten wir auf einige Herren, mit den / ihnen wir eine Fabrik besichtigen werden.

正：Jetzt warten wir auf einige Herren, mit *denen* wir eine Fabrik besichtigen werden.

说明：这是由关系代词带起的主从复合句，而 ihnen 是人称代词，不能带起关系从句。另外，关系代词的单数形式与定冠词的形式除第二格外其他各格是一样的。但它们的复数形式只有一、四格与定冠词相同。den 是冠词 die（复数）的第三格，关系代词的第三格应为 denen。

展览会开幕的那天我们都进城了。

误：Als die Ausstellung an dem Tag eröffnet wurde, fuhren wir in die Stadt.

正：An dem Tag, wo die Ausstellung eröffnet wurde, fuhren wir in die Stadt.

说明："展览会开幕"与"我们进城"这是两件事。将这两件不相干的事连在一起的纽带是它们都在同一天发生。因此这句话应用关系从句表达。而上面一句中用 als 作连词带起的从句其内容与原意不符，它表达的是"那天正值展览会开幕的时候，我们进城去了"。

赵先生把一份写有学生名字的单子放在桌子上。

误：Herr Zhao hat eine Liste, worin die Namen der Studenten stehen, auf den Tisch gelegt.

正：Herr Zhao hat eine Liste, in der / wo die Namen der Studenten stehen, auf den Tisch gelegt.

说明：这句话中的从句是名词 die Liste 的定语，即关系从句。其关系代词应与其所说明的句词同性，同数。而它的格则要取决于关系代词在从句中的句法地位，在它前面亦可带有介词。这句话中的关系代词应为 die，它在句子中作地点状语，因此应为 in der 或 wo。疑问代副词作关系代词的形式只有当关系代词 das 在句中是介词宾语时才能用，如：Hier gibt es vieles, für das ich mich interessiere. （这里有许多我感兴趣的东西。）这个句子中也可以用代副词作连词，即：Hier gibt es vieles, wofür ich mich interessiere. 这里可以清楚地看到，wofür 正代替关系代词 für das。

患心脏病的人一般不能参加剧烈运动。

误：In der Regel kann man, der an Herzkrankheit leidet, nicht an intensiven sportlichen Betätigungen teilnehmen.

正：In der Regel kann man nicht an intensiven sportlichen Betätigungen teilnehmen, wenn man an Herzkrankheit leidet.

说明：关系从句可作代词的定语，但并不是所有的代词都可以用关系从句来说明。关系从句可以作人称代词、指示代词或不定代词 keiner 的定语，如：Ich, der schon zehn Jahre hier wohnt, kennt die Stadt gut.（我在这里已经住了十年之久，对这座城市非常熟悉。）Bist du die, der ich das Buch gegeben habe?（你就是我给过这本书的人吗？）亦可作表语 es 的定语，如：Ich war es, der geklopft hat.（我就是刚才敲门的人。）但不定代词 man 不能用关系从句说明，只能用 wenn 带起的条件从句表达。

他说的完全符合我们的意见。

误：Was, das er sagt, entspricht unserer Meinung.

正：Das, was er sagt, entspricht unserer Meinung.

说明：这里把关系搞错了，das 作关系代词只能代替主句中的中性名词，不能代替 was。另外这句话的主句 was entspricht unserer Meinung 是个问句，与原意不符，把 was 与 das 对调一下就对了。

王先生周末来看我们了，对此我们感到很高兴。

误：Herr Wang hat uns am Wochenende besucht, was wir uns gefreut hat.

正：Herr Wang hat uns am Wochenende besucht, was uns gefreut hat / worüber wir uns gefreut haben.

说明：延续从句用关系代词 was 带起，但 was 只有在从句中作主语或定语时才用，如作宾语：Peter hat diesmal in allen Fächern entweder Eins oder Zwei bekomme, *was* seine Eltern seit langem erwartet hatten.（这次彼得各门课程不是得一分就是得两分，这正是他父母长期以来所期待的。）作主语：Der Versuch ist ihm wieder misslungen, was für ihn ein schwerer Schlag ist.（实验又失败了，这对他是个很大的打击。）其他情况：若主句谓语动词或形容词支配一定的介词，而这个介词词组又恰好是说明整个主句的内容时则用 wo 加介词构成的关系代副词开句，如：
Professor Müller hält morgen einen Vortrag über die deutsche Literatur, worauf die Studenten sehr gespannt sind.（米勒教授明天做关于德国文学的报告，这正是学生们所期待的。）上面的句子中用 was 还是用"wo + 介词"这一形式，取决于从句中的谓语动词；若 freuen 作及物动词，则用 was；若是反身动词 sich freuen，就应用 worauf。

他的父母先后去世了。

误：Seine Eltern sind *einer nach dem anderen* verstorben.

正：Seine Eltern sind *nacheinander* verstorben.

说明：einer nach dem anderen 在句子中作状语，表示作为主语的人先后地、一个接一个地进行某项活动。该主语不仅是复数，而且必须是很多人，如：Die Schüler sind einer nach dem anderen ausgegangen. （学生们都先后出去了。）Die Kinder gehen eines nach dem anderen ins Klassenzimmer.（孩子们一个接一个地走进教室。）而 Eltern 虽是复数，但只有两个人，故只能用 nacheinander。

汽油或煤燃烧产生二氧化硫，它与空气中的水蒸汽结合形成酸雨。

误：Wenn Benzin oder Kohle verbrannt wird, entsteht Schwefel-dioxyd, *was* mit dem Wasserdampf in der Luft schweflige Säure bildet.

正：Wenn Benzin oder Kohle verbrannt wird, entsteht Schwefel-dioxyd, *das* mit dem Wasserdampf in der Luft schweflige Säure bildet.

说明：was 带起的关系从句说明主句中的中性不定代词，如：das, alles, nichts, etwas, manches, vieles, weniges 等等，如：Wir können nur das tun, was dem Volk nutzt.（我们只能做对人民有利的事情。）而这句话主句里没有中性不定代词，关系从句说明的是 das Schwefeldioxyd, 故只能用关系代词 das。

哪里工业多，哪里空气污染就严重。

误：Wo es viel Industrie gibt, *wo* ist die Umweltverschmutzung ernst.

正：Wo es viel Industrie gibt, *dort* ist die Umweltverschmutzung ernst. 或 Dort, wo es viel Industrie gibt, ist die Umweltverschmutzung ernst.

说明：在这里 wo 是关系副词，它带起的从句是关系从句，说明主句行为发生的地点；在主句中的 dort，da，hier 等地点副词作为关系副词 wo 的相关词。有时 hierher, dorthin 亦可作相关词，如：Er fährt dorthin, wo ich im letzten Jahr einmal gewesen bin.（他到我去年曾经呆过的地方去。）用德语表达这类句子时，不能照搬汉语的"哪里……，哪里……。"的格式，在主、从句中都用 wo。

你到哪儿去，我就到哪儿去。

误：Wohin du gehst, *wohin* gehe ich auch

正：Wohin du gehst, *dorthin* gehe ich auch. / Ich gehe dorthin, wohin du gehst.

说明：与关系副词 wo 一样，关系副词 wohin 带起的从句也是关系从句，说明方面，一般在主句中有 hierher，dorthin 等相关词，有时 hier，dort 等亦可作相关词，如：Ich bin gestern dort gewesen, wohin du heute fahren willst.（你今天要去的地方正是我昨天去过的地方。）同样，woher 亦可作关系副词带起关系从句，说明主句谓语行为的方向，如：Ich komme auch von dorther, woher du kommst.（你从哪儿来的，我也是从哪儿来的。）这类关系副词的相关词为 dorther，von dort her 或 daher。

对不起，我不能跟你一起进城去，今天下午有一位著名教授在我们学校做报告，我想去听。

误：Entschuldigung! Ich darf nicht mit dir in die Stadt fahren. Heute Nachmittag hält ein berühmter Professor in unserem Institut einen Vortrag. Ich möchte ihn hören.

正：Entschuldigung! Ich kann nicht mit dir in die Stadt fahren. [...]

说明：情态助动词 dürfen 表达的是"别人是否允许句子的主语做某事"，而不是主语本身有无做某事的能力或可能性，上面的句子说的是，由于主语自己要听报告而不能进城了，即指没有进城的可能性了，因此用 dürfen 是错误的。

我们希望能源问题尽快解决。

误：Wir hoffen, dass die Energie-Frage so schnell wie möglich gelöst werden soll.

正：Wir hoffen, dass die Energie-Frage so schnell wie möglich gelöst werden kann.

说明：这个句子所表达的是希望能源问题有尽快解决的可能性，故应用 können。若没有主句 Wir hoffen，而只有从句的内容，用 sollen 是可以的：Die Energie-Frage soll so schnell wie möglich gelöst werden.

王先生忙得连星期天都得工作。

误：Herr Wang hat so viel zu tun, dass er auch am Sonntag arbeiten soll.

正：Herr Wang hat so viel zu tun, dass er auch am Sonntag arbeiten muss.

说明：情态助动词 sollen 表达的是句中主语接受别人的嘱托、要求、命令等去做某事或按照其所担负的义务或道义上的要求去做某事。上面一句话中的主语星期天也要工作不是别人要他做，而是由于工作多这个客观情况使他星期天不得不工作，是主语本人无法左右的情况。德语中表达这样一种由于必然性而产生的行为应用 müssen。

丈夫死后我就没有钱了，但孩子们要吃饭、要上学。

误：Nach dem Tod meines Mannes habe ich kein Geld mehr, aber

die Kinder möchten essen und die Schule besuchen.

正：Nach dem Tod meines Mannes habe ich kein Geld mehr, aber die Kinder müssen ernährt werden und die Schule besuchen,

说明：这个句子中"孩子们要吃饭、要上学"不是孩子们有无吃饭、上学的愿望，而是要活下去就一定得吃饭，要学本领就得上学。此处应该用 müssen 表达由于某种原因非做某事不可。möchten 只能表达主语有无做某事的愿望，因此用在这里就错了。

由于空运繁忙，飞机场要扩建。

误：Wegen starken Luftverkehrs will der Flughafen erweitert werden.

正：Wegen starken Luftverkehrs soll / muss der Flughafen erweitert werden.

说明：情态助动词 wollen 表达"强烈的愿望、意图"。而这里说的不是愿意不愿意扩建机场，而是客观上有扩建的必要，要满足空运的需要，就必须扩建机场，故可以用 müssen。用 sollen 表达的意思是：由于空运繁忙，根据有关规定和道理或人们的愿望和建议有责任，有义务扩建机场。

你用不着自己到那儿去，只要打个电话就可以了。

误：Du musst nicht selbst dorthin gehen, du musst nur einmal telefonieren.

正：Du brauchst nicht selbst dorthin zu gehen, du braucht nur einmal zu telefonieren.

说明：brauchen 可以起情态的助动词 müssen 的作用，且主要是用于否定的结构中，作"不必，用不着"解，如：Du brauchst dich nicht darum (zu) bemühen. 它也可以和小品词 nur, bloß 连用，作"只要，只须"解，如：Du brauchst nur den Text ins Chinesische zu übersetzen.（你只要把课文译成中文就行了。）因此 müssen 在否定句中或带有 nur, bloß 的句子中，常用 brauchen 来代替。这两句话如用 müssen 来表达，不能说语法上是错误的，但人们更习惯于用 brauchen 加 zu 的结构来表达。

我急需买一本书。

误：Ich brauche dringend ein Buch zu kaufen.

正：Ich muss dringend ein Buch kaufen.

说明：这句话里说的"急需买书"是指句中主语由于客观情况的需要而非急着买书不可，应用情态助动词 müssen。brauchen 代替 müssen 来使用主要是用于否定句或带有 nur，bloß 的句子中。

你还要这些书吗？（要我给你整理一下吗？）

误：Möchtest du noch diese Bücher?

正：Brauchst du noch diese Bücher?

说明：从上下文来看，"你还要这些书吗？"句中的"要"是指"希望把书保留在身边"或者说是"用这些书"。而 möchten 作完全动词用时，表达"要获得的愿望"，如：Ich möchte ein Hemd. Ich möchte eine Tasse Tee.（我想喝杯茶。）由此可见 möchten 用在这句话里是不合适的。而动词 brauchen 除了有 nötig haben，benötigen 的"需要"的意义外，还能表达 verwenden，benutzen 的"使用、利用"之意思。

让我来做吧!

误：Lass mich das zu tun!

正：Lass mich das tun!

说明：动词 lassen 作助动词时，它在某些方面与情态动词相似，即：它也可以与另外一个动词的不定式连用构成复合谓语，而不需要如 zu。

李先生让我转告你，……

误：Herr Li hat dir ausrichten gelassen, dass ...

正：Herr Li hat dir ausrichten lassen, dass ...

说明：情态动词作为助动词在构成完成时态的时候，其第二分词是以不定式的形式出现的，如：Ich habe gestern nicht kommen können.（而不用 gekonnt）。本例中的 lassen 也是作情态助动词用，因此在完成时态中用不定式。

他想做身衣服，得先量尺寸。

误：Er will einen Anzug machen und muss Maß nehmen.

正：Er will einen Anzug machen (lassen) und muss Maß nehmen lassen。

说明：如果主语让（请、叫）别人做一件事，就应该用动词 lassen。汉语"我去修表"，译成德语可以是：Ich repariere die Uhr. 这是指主语自己修表。一般情况下是让人修表，应该说：Ich lasse die Uhr reparieren. 本例中的"做衣服，量尺寸"，当然不是自己动手，所以要用 lassen。

我们原来想造梯田，但后来改变了计划。

误：Ursprünglich mochten wir Terrassenfelder anlegen, später änderten wir den Plan.

正：Ursprünglich wollten wir Terrassenfelder anlegen, später änderten wir den Plan.

说明：这句话里 mochten 是被当作 möchten 的过去时来用的。殊不知 mochten 是 mögen 的过去时，möchten 是 mögen 的现在时第二虚拟式的形式。möchten 用在现在时的句子中，mochten 不能用在表示愿望的过去时句中，只能用 wollen 的过去时来表达。

他们订了德语杂志，以便更好地了解德国。

误：Sie haben deutsche Zeitschriften abonniert, um Deutschland besser kennenlernen zu wollen.

正：Sie haben deutsche Zeitschriften abonniert, um Deutschland besser kennenzulernen.

说明：不定式词组 um ... zu 本身就表示主句行为的目的、意图，因而再加上 wollen 就是多余的了。

他不想进修，而想马上就开始工作。

误：Anstatt Fortbildung machen zu wollen, will er sofort mit der Berufsarbeit beginnen.

正：Anstatt Fortbildung zu machen, will er sofort mit der Berufsarbeit beginnen.

说明：这句话除了用不定式词组 anstatt ... zu 来表达以外，还可以用一个并列复合句来表达：Er will nicht Fortbildung machen, sondern (er will) sofort mit der Berufsarbeit beginnen. 连词 nicht ... sondern 所连接的两个独立句中都有 er will 这个成分，故在第二句中可以省略。anstatt Fortbildung zu machen 就是第一个独立句的另一种表达形式。虽没有 wollen 的字样，但其意已包含在主句之中了，因而在不定式词组中再加上 wollen 就是多余的了。

你们昨天就该把作文写好了。

误：Schon gestern habt ihr den Aufsatz schreiben gesollt.

正：Schon gestern hättet ihr den Aufsatz schreiben sollen.

说明：情态动词作为独立动词用时，它的完成时由时间助动词 haben 与其第二分词构成。作为助动词使用时，则用时间助动 haben+ 主要动词的不定式 + 情态动词的不定式构成完成时或过去完成时。情态助动词的第二分词不能与另一动词的不定式连用。本句用虚拟语气，因为句意是：本来该在昨天写好作文，但实际上并没有写完。

我看见他来了。

误：Ich habe ihn kommen gesehen.

正：Ich habe ihn kommen sehen.

说明：德语中有几个独立动词与情态助动词的用法相同，sehen 便

109

是其中之一。它们可以和另一个不带 zu 的独立动词的不定式连用，构成完成时的时候也和情态助动词一样，不能以其第二分词与另一动词的不定式连用。

据说物价又上涨了。

误：Die Preise haben wieder steigen sollen.

正：Die Preise sollen wieder gestiegen sein.

说明：这句话若用主从复合句来表达应是 Man sagt, dass die Preise wieder gestiegen seien. 由此可见，"有人说"与"物价又涨了"不是同时发生的两件事，"物价涨了"在前，"有人说"在后。要用情态动词来表达说话者客观的转述 man 所讲的话，而对其真实性不负责任，应用情态动词 sollen，上面的句子中用了 sollen，但 haben + steigen sollen 是情态动词客观用法中现在完成时的形式。笔者想表达"先时性"，但将情态动词的主观用法和客观用法的时态搞混了。德语情态动词主观用法中，情态助动词 + 主要动词的第二不定式才表达主要动词所示行为的先时性。句中主要动词的第二不定式为 gestiegen sein。

这家工厂声称他们在 1968 年制造了第一个机器人。

误：Diese Fabrik behauptet, sie will im Jahre 1968 den 1. Roboter hergestellt haben.

正：Diese Fabrik behauptet, sie habe im Jahre 1968 den 1. Roboter hergestellt / Diese Fabrik will im Jahre 1968 den 1. Roboter hergestellt haben.

说明：在情态动词的主观用法中，wollen 表达说话者转述他人（即句子的主语）自称做过某事（即句子谓语所指的行为），但对此表示怀疑。上面一句话想表达说话者对工厂的自述不相信，有怀疑，因此用了 wollen，这是对的，但加主句 diese Fabrik behauptet 就成了同义反复了，如果用这主句，则从句谓语应用第一虚拟式。第一虚拟式正是表达说话者客观地转述第三者的话，而对其内容是否真实不负责任。

她拿来书包，把书放在里面。

误：Sie holt die Mappe und legt ihre Bücher darin.

正：Sie holt die Mappe und legt ihre Bücher darein.

说明：darin 与 darein 都是表达地点的代副词，但意义有不同。darin 表示一种状态，代替介词 in + 第三格的名词，如 Das ist Zimmer 535. Darin (In dem Zimmer) wohnt Herr Müller.（这是 535 号房间，米勒先生就住在里面）。darein 则表示方向，代替介词 in + 第四格的名词，如：Hier ist ein Gasthaus. Eben ist Hans darein (in das Gasthaus) gegangen.（这是一家饭馆，汉斯刚进去。）

我国女排战胜古巴女排，大家都感到自豪。

误：Die Frauenvolleyballmannschaft unseres Landes hat die kubanische Volleyballmannschaft besiegt, worauf sind alle sehr stolz.

正：Die Frauenvolleyballmannschaft unseres Landes hat die kubanische Mannschaft besiegt, darauf sind alle sehr stolz / worauf alle sehr stolz sind.

说明：代副词有两种形式，一种是由副词 da(r)+ 支配第三、四格的介词构成，如：dabei, dafür, darauf, darüber 等，它代替"介词 + 名词（事物）"的结构，在句子中作状语、表语、介词宾语和定语，如：*Auf dem Tisch* steht eine Lampe. → *Darauf* steht eine Lampe. Die Buchhandlung ist *neben dem Warenhaus*. → Die Buchhandlung ist *daneben*. Ich interessiere mich *für den Film*. → Ich interessiere mich *dafür*. Heute findet hier eine Diskussion *über die Arbeit* statt. → Heute findet hier eine Diskussion *darüber* statt. 代副词也可以指前面的一句话，如：Wir haben den Plan vorfristig erfüllt. *Dabei* hat uns Herr Li sehr geholfen.（我们提前完成了任务，这当中李先生给我们很大的帮助。）代副词的另一种形式是由疑问副词 wo(r) + 介词构成，称之为疑问代副词，针对介词后面的表示事物的名词提问时应用这种代副词，如：Sie diskutieren *über die internationale Lage*.（他们讨论国际形势。）*Worüber* diskutieren sie?（他们在讨论什么？）另外还有一种关系代副词，其形式与疑问代副词相同，

也由 wo(r) + 介词构成，带起延续从句，对整个主句进一步加以说明，如：Er ist in die Hochschule aufgenommen, *worüber* sich seine Eltern sehr freuen.（他考取了高校，他的父母对此很高兴。）上面句子中的错误在于把用于单句中的代副词与关系代副词搞混了，把关系副词当作 da(r) + 介词来用了。

反动政府逮捕了很多工人。

误：Die reaktionäre Regierung verhaftete viele Arbeiter.

正：Die reaktionäre Regierung ließ viele Arbeiter verhaften.

说明：Die reaktionäre Regierung verhaftete viele Arbeiter. 从这句话来看，动词 verhaften 的施动者是 die reaktionäre Regierung。 事实上采取这一行动的不是政府本身，政府是通过派遣军队、警察、特务来进行逮捕的，因此这句话应说成 Die reaktionäre Regierung ließ die Truppen (die Polizei ...) viele Arbeiter verhaften. 简言之，就成了 Die reaktionäre Regierung ließ viele Arbeiter verhaften. 还有一些与这句话相仿的句子，如："我得修修我的表（鞋）了。"应译成 Ich muss meine Uhr (meine Schuhe) reparieren lassen. 因为一般情况下都是请钟表匠或修鞋匠去修理，而不是自己亲自修理。另一个例子是"他病得很重，得做手术。"这句绝不能译成 Er ist schwer krank und muss operieren. 因为 operieren 是及物动词，作"给某人做手术"解，病人应是 operieren 这一动词的宾语，施动者应是医生，因此这句话能用被动式 Er muss (vom Arzt) operiert werden. Er muss sich (vom Arzt) operieren lassen.

上述情况在汉语口语中表达得不如德语那样严谨，初学者要特别注意中、德两种语言的区别；搞清施动者是谁，就不会出错了。

要非常细心，不能有一点马虎。

误：Man muss ganz sorgfältig sein, ohne ein bisschen Nachlässigkeit zu haben.

正：Man muss / soll ganz sorgfältig (sein) und darf kein bisschen nachlässig sein / darf kein bisschen Nachlässigkeit haben.

说明：不定式词组 ohne ... zu（不……就……）表示主句与不定式

短语中谓语的行为本来可以同时发生，但事实上是主句谓语的行为发生了，而不定式短语所示行为却没有发生。从句子的内容来看，细心与马虎是两种截然相反的态度，本来就不可能同时发生，从句子结构来看，正、反两层意思是并列的，重复说明同一个意思，都必须做到。否定句是从反面强调第一句的意思。因之两者之间只是程度上的递增，不是主从关系。

他们决定把生产提高 50%.

误：Sie haben beschlossen, sich die Produktion um 50% zu erhöhen.

正：Sie haben beschlossen, die Produktion um 50% zu erhöhen.

说明：动词不定式 + zu 作宾语时，该词组中的逻辑主语与主句中的主语必须一致。不定式短语中是不能出现主语的。我们只可以这么说：Sie haben beschlossen, dass sich die Produktion um 50% erhöhen soll.

我差点迟到了。

误：Ich würde mich fast verspäten.

正：Ich hätte mich fast verspätet.

说明：这句话说的是本来有可能迟到，但结果并没有迟到。动词谓语所表达的行为、动作是非现实的，可以用条件式表达。但第一条件式表达的时间是现在，而这个句子中指的却是过去有可能发生的事情。fast 与动词的第二虚拟式连用表示动词所表达的行为或动作过去有可能发生，而最终并没有发生，故只能用过去完成时虚拟式。

没有人整理过这些文件，我们本来是可以省很多力气的。

误：Niemand hat die Papiere in Ordnung gebracht. Wir würden viele Kräfte sparen.

正：Niemand hat die Papiere in Ordnung gebracht. Eigentlich hätten wir viele Kräfte sparen können.

说明：第二句话里，所表达的内容是：假如有人已把文件清理过了，我们就可以省去许多力气了，但我们却花了不少力气才把文件整理好了。这里应该用过去完成时虚拟式。另外这句话里说"本来可以省些力气的"带有埋怨、责备的口气，德语中用 hätte 加 können 或 sollen 的过去完成时虚拟式来表达这种口吻。

他怎么把这个字译错了呢？他应该先查查字典。

误：Warum hat er dieses Wort falsch übersetzt? Er sollte es vorher einmal im Wörterbuch nachschlagen.

正：Warum hat er dieses Wort falsch übersetzt? Er hätte es vorher einmal im Wörterbuch nachschlagen sollen.

说明：第二句话表达的是在过去本来应该做而没有做的事情，应用过去完成时虚拟式。这句话译错了的原因有两种：一是把直陈式的过去时形式与虚拟式的过去时形式所指的实际时间搞混了。sollten 作为直陈式是指过去，但作为虚拟式的形式，表达的时间却是现在或将来，这里译者误将 sollten 看作是表达过去的事情了；二是不了解虚拟式 sollten 指现在，表示劝告：Du solltest es einmal im Wörterbuch nachschlagen. 意思是："你（现在）最好查一下字典。"要表达某人"本该"、"早就该"做某事时，就应用过去完成时虚拟式 hätte ... sollen。

我希望能很快地就收到母亲的回信。

误：Ich hoffe, dass ich *schnell* die Antwort der Mutter erhalten kann.

正：Ich hoffe, dass ich *bald* die Antwort der Mutter erhalten kann.

我的信寄出后，很快就收到了母亲的回信。

误：Nachdem ich den Brief abgeschickt hatte, habe ich *schnell* die Antwort der Mutter erhalten.

正：Ich habe den Brief abgeschickt. *Kurz danach* habe ich die Antwort der Mutter erhalten. / Nachdem ich den Brief abgeschickt hatte, dauerte es nicht lange (kurz), bis ich die Antwort der Mutter erhielt (erhalten habe).

说明：schnell 一词表示谓语动词所表达的行为、动作敏捷、迅速，如：Mein Bruder läuft schneller als ich.（我兄弟比我跑得快。）但上述两句话中的"很快"都不是指收信的动作快。第一句话中"很快"是指将来"过了不久"，第二句话中的"很快"是指过去"过了不长的时间"。两句话中的"很快"都表示"时间过得不长，很短"，只是一个指将来，一个指过去。故应改为 bald（指将来没过多久），kurz danach 指发信后过了很短的时间，或干脆讲 es dauert nicht lange / kurz。

无论什么时候，什么地方他都会受到人们的尊敬。

误：Irgendwann und irgendwo wird er immer geachtet.

正：Gleich wann und wo er auch immer sein mag, er wird geachtet.

说明：这句话有两个问题，首先是对 irgendwann 和 irgendwo 的词义理解得不对，错句中把 irgendwann 理解成 zu jeder Zeit（任何时候），把 irgendwo 理解成 überall（到处），这是不对的。irgend 本身表达的是"事物的不确定性。"irgendwann 的意思是"不知是什么时候，随便什么时候"如：Irgendwann / Irgendwo habe ich das gesehen.（我记不得是在什么时候 / 什么地方见到过。）Irgendwann besuche ich dich.（我不定什么时候去看你。）Wir treffen uns an der Ecke oder irgendwo.（我们在街角上或随便什么地方碰头。）这三个句子中有一个共同点，就是究竟在什么时候，什么地点并没有确定，或者尚说不清楚。而"无论什么时候，什么地方他都受人们的尊敬"，说的是"在任何条件下"他都受到尊敬。汉语中的这种说明条件关系的偏正复句，即主从复句在德语中应用让步从句表示，具体地说就是用疑问词 + auch (+immer) 带起的让步从句的形式。表示推测时，让步从句中可用 mögen。

她吓得直哆嗦。

误：*Aus* Angst zittert sie.

正：*Vor* Angst zittert sie.

她害怕走黑路所以不去看电影。

误：*Vor* Angst vor Dunkelheit geht sie nicht ins Kino.

正：*Aus* Angst vor Dunkelheit geht sie nicht ins Kino.

说明：aus 和 vor 都可以表示人们由于心理因素，即心理状态或内心思想感情的原因而采取某种行动。它们之间的区别在于带有由 aus 组成的介词词组表达的是主语主动、有意识地采取行动的原因。而带有由 vor 组成的介词词组的句子表达的是由外界因素引起或促成的，通过动词表达的客观效果，也可以理解为该介词词组所表示的外界原因引起的事态发展的结果，而且表示主语行为的动词均为表示某种状态或人体、心理状态变化的动词，如 zittern（发抖），weinen（哭），verrückt / ohnmächtig werden（疯了 / 晕倒）等等。因此，第一句话说的是"被吓得直哆嗦"。是一种外界原因引起的行为结果，应该用介词 vor；第二句话谓语所表达的是主语自觉、主动采取的行动，应该用介词 aus。

他让车给轧了。

误：Er ist überfahren geworden.

正：Er ist überfahren worden.

说明：现在完成时被动式由 sein + 主要动词的第二分词 +worden 构成。werden 只有作完全动词时，它的第二分词才用 geworden, 如：Es ist kalt geworden.

许多著名的科学家都是解放后我国自己培养的。

误：Viele bekannte Wissenschaftler sind nach der Befreiung in unserem Land ausgebildet worden.

正：Viele bekannte Wissenschaftler sind nach der Befreiung von unserem Land selbst ausgebildet worden.

说明：上面这个句子是个被动句，若把这句话用主动句来表达，应该是：Nach der Befreiung hat unser Land selbst viele bekannte Wissenschaftler ausgebildet. 德语主动句中的主语在被动句中变为由 von 或 durch 带起的动作的主体，因此上面一句话中的 in unserem Land 应改为 von unserem Land。若用 in unserem Land 只能表达"这些科学家是在我国培养的"，in unserem Land 只是起了地点状语的作用。

这个问题已经考虑过了。

误：Dieses Problem ist nachgedacht worden.

正：Über dieses Problem ist nachgedacht worden. / Es ist über dieses Problem nachgedacht worden.

说明：nachdenken 是不及物动词，由不及物动词构成的被动式为无人称被动式，在这样的被动句中没有主语，只在当句子为正语序时，才用 es 作其语法主语，如：Es wurde mir viel geholfen. 我得到了很大的帮助。当句子改为反语序时，es 必须去掉，变成：Mir wurde viel geholfen. 若动词要求一个介词宾语，变成被动式时，介词宾语不能作为主语。nachdenken 要求介词 über，因此由它构成的被动式中应保留其介词宾语的形式。

这个计划只实行了几天。

误：Dieser Plan war nur einige Tage durchgeführt.

正：Dieser Plan wurde nur einige Tage durchgeführt.

说明：表示行为过程的被动式说明谓语动词所示动作或行为的过程。状态被动式表示这一动作或行为所造成的结果或状态。这句话说的是实施计划这个过程的时间，而不是实施计划后的结果，故不能用状态被动式。

展览会开幕的那天

误：an dem Tag, wo die Ausstellung eröffnet, ...

正：an dem Tag, wo die Ausstellung eröffnet wurde, ...

她有希望派往国外。

误：Sie hat Aussicht, ins Ausland zu schicken.

正：Sie hat Aussicht, ins Ausland geschickt zu werden.

他说得太快，听不懂。

误：Er spricht zu schnell, um ihn zu verstehen.

正：Er spricht zu schnell, um verstanden zu werden.

说明：上面三句话形式不同，但它们有一个共同的错误，就是把本来应该是被动式的句子说成了主动式。第一句话中笔者错把 eröffnen 看成为不及物动词，因此出现了错误。后两句话中的 ins Ausland zu schicken, um ihn zu verstehen 均为不定式词组，前者在句中作定语，后者作状语。若将它们中的全句写出来，应该是 Man schickt sie ins Ausland. Man versteht ihn nicht. 由此可以看出，它们的主语均为 man，而主句中的主语 sie, er 在这里都是宾语。我们知道，不定式词组作定语、状语时，其逻辑主语应与主句主语一致，因此这两个不定式词组是不能成立的。只有用其被动式形式才能做到主句主语与不定式词组的逻辑主语一致。另外从上下文也可以分析出来应该如何表达。"她有希望派往国外"肯定是指"别人派她出国"，"他说得太快，听不懂"肯定是指"别人听不懂他的话"，由此可以看出这两个不定式词组都应采用被动式形式。

中国多次发射人造卫星。

误：Vielmals sind Satelliten von China gestartet worden.

正：China hat vielmals Satelliten gestartet.

说明：在不强调行为主体，而突出一种过程或状态，表明动作所及的人或物时是应该采用被动式。这一句话里强调的是"发射人造卫星"这个行动是"中国"发出的，故"中国"以主语形式出现，应采用主动态为好。

这个成语只有通过上下文才能理解。

误：Man lässt diese Wendung nur im Kontext verstehen.

正：Diese Wendung kann man nur im Kontext verstehen. / Diese Wendung lässt sich nur im Kontext verstehen. / Diese Wendung kann nur im Kontext verstanden werden.

说明：lassen + sich + Inf. (vt) 是被动式的代用式，这类句子中应以原被动句的主语为主语，在上面这句话里主语应是 diese Wendung，而 Man lässt diese Wendung nur im Kontext verstehen. 一句中的 lassen 与被动式无关，它在这里作"要求"解，意思是说，人家让我们通过上下文来理解这个成语，内含"不让查字典或问别人"之意，与原文不符。

不能打开窗户。

误：Das Fenster ist nicht geöffnet zu werden.

　　　Das Fenster ist nicht öffnen zu dürfen.

正：Das Fenster ist nicht zu öffnen. / Man darf das Fenster nicht öffnen.

说明：助动词 sein 和带 zu 的不定式词组相当于情态助动词 müssen, sollen, können （有时亦有 dürfen 的意思）+ 被动式。第一句话的错误在于 sein 之后不应采用被动式 + zu 的形式，而应用 öffnen 的不定式。第二句话的错误是多加了助动词 dürfen。而这种形式只有通过上下文才能确定它究竟包含哪个情态助动词的意义，单独一句话用主动式能更清楚地表达其意。

工厂应该提高产品质量。

误：Die Fabrik ist die Qualität ihrer Produkte zu verbessern.

正：Die Fabrik hat die Qualität ihrer Produkte zu verbessern. / Die Fabrik soll die Qualität ihrer Produkte verbessern.

说明：助动词 sein + zu 不定式这种句子表达的行为、动作是被动态的。而这句话里"工厂要提高产品质量"这一行为是主动的，故不能采用这种形式，而 haben + zu + 不定式则表示主语有某种义务和必要采取某种行为，相当于 müssen 或 sollen + 不定式。

他的眼睛里充满了泪水。

误：Er füllt seine Augen mit Tränen.

正：Seine Augen füllen sich mit Tränen.

说明：反身动词是指动词所支配的宾语就是主语本身。德语中有些动词既有及物动词又有反身动词的形式，采用哪一种形式要视具体情况，不能任意用之。及物动词 füllen 表达的是"某人将……装进……中去"。反身动词 sich füllen 表示主语本身"充满了某物"。上面这句话不是指某人把眼泪装进眼睛里去，而是着意描写眼里含有泪水，因此应用反身动词。

他们大大地改善了自己的生活。

误：Sie haben sich ihr Leben sehr verbessert.

正：Sie haben ihr Leben sehr verbessert.

说明：反身代词有第四格和第三格两种形式。若反身代词为第三格时，句中还需要有一个第四格的宾语，如：Willst du dir den Film ansehen? 你想看这部电影吗？ Ich kaufe mir ein Buch. 我（给自己）买了一本书。若反身代词为第四格，则句子中不能再有第四宾语，sich verbessern 中的反身代词为第四格，由于这句话强调的不是"生活改善了"这个事实，而是强调主语的行为，因此应用及物动词 verbessern。

为了准备考试我整整一天都呆在家里。

误：Ich war den ganzen Tag zu Hause, um sich für die Prüfung vorzubereiten.

正：Ich war den ganzen Tag zu Hause, um mich für die Prüfung vorzubereiten.

说明：带 zu 的不定式词组中的动词为反身动词时，反身代词要随主句中主语的人称变化。

孩子们起得太早，现在已经有些困了。

误：Die Kinder, zu früh aufgestanden sind, sind jetzt ein bisschen schläfrig.

正：Die Kinder, zu früh aufgestanden, sind jetzt ein bisschen schläfrig.

说明：独立分词短语是缩短了的从句，它不是由不同时态的变位动词构成的，而是由及物和不及物动词的第一或第二分词构成的。aufgestanden sind 这是动词 aufstehen 现在完成时复数第一、三人称的形式，不是分词。或许笔者想表达出"起床"在先，"困倦"在后的时间先后关系，殊不知，以时间助动词 sein 构成完成时的不及物动词，其第二分词所表示的时间关系就是先时性的。

他一边想，一边敲响了主任的门。

误：So denkt, klopft er an die Tür des Chefs.

正：So denkend, klopft er an die Tür des Chefs.

说明: so denkt 不是完整的句子，故不能成立。若用动词的变位形式，这句话应用并列复合句的形式，即：Er denkt so und klopft an die Tür des Chefs. 若将句子的前半部用状语的形式表达，应用第一分词构成的分词短语。德语的第一分词及由其构成的分词短语可作状语，表达的行为与主句谓语是同时发生的。

中国拥有丰富的、有待开发的水力资源。

误：China verfügt über reiche, zu erschließenen Wasserressource.

正：China verfügt über reiche zu erschließende Wasserressource.

说明：德语中只有 zu + 及物动词的第一分词作定语的形式，而没有 zu + 动词的第二分词作定语的形式。前一种形式是由 sein + zu + 及物动词的不定式转换来的。sein + zu + 不定式在句子中作复合谓语，具有被动意义。因此，由此转换来的 zu + 及物动词第一分词就构成了这种具有被动意义的定语的形式。

这部机器不转了，这要怪小王，是他把机器弄坏了。

误：Die Maschine funktioniert nicht mehr. Xiao Wang ist daran schuld, dass er die Maschine kaputt gemacht hat.

正：Die Maschine funktioniert nicht mehr, daran ist Xiao Wang schuld. Er hat die Maschine kaputt gemacht.

说明：这句话错在把代副词 daran 的指代关系搞错了。Xiao Wang ist daran schuld. 中 daran 说明主语对某事负有责任。从上下文来看，主语负有责任的是"机器不转了"，而最后一句"把机器弄坏了"是说明理由、原因，因此最后一句话与前一句是并列的，不应以宾语从句的形式出现。

每块土地

误：Jedes Land

正：jedes Stück Land

说明：汉语量词丰富，既有表示人和事物的物量词，如：一个人，一只猫，一张桌子，一所房子等等，又有表示动作行为单位的动量词，如：打一拳，踢一脚，开一枪等。不同的词要用不同的量词，而德语中除了表示度量衡单位的量词，如：ein Meter Tuch（一米布），eine Tonne Kohle（一吨煤）等以外，其他表示人和事物的量词数量很少，如：eine Flasche Wein（一瓶酒），eine Tasse Kaffee（一杯咖啡）等，多数情况下只用数词不用量词。上面例举的汉语的带物量词的词组译成德语时，只有数词而没有量词，ein Mensch, eine Katze, ein Tisch, ein Haus。带动量词的词组译成德语则变成如下形式：einen Faustschlag geben, einen Fußtritt versetzen, einen Schuss geben。das Land 一词作"土地"解时是不可数名词，无复数形式。表示一定数量的土地时必须加量词，如：ein Hektar Land（一公顷土地），ein Mu Land（一亩地），ein Stück Land（一块土地）。而 Land 作"国家"解时，是可数名词，有复数形式，ein Land 指一个国家，无量词，Länder 则表示几个国家。因此 jedes Land 指的是"每个国家"，而不是"土地"。

我们到那位老农民那里去。

误：Wir gehen zu dem alten Bauer.

正：Wir gehen zu dem alten Bauern.

说明：德语阳性名词单数第三格大多数情况下字尾不变。但有一类名词叫弱变化名词，如：der Bauer, der Junge, der Student, der Tourist 等等，这类名词变格后词尾要变化，除单数第一格外，其他各格单、复数字尾均为 n 或 en。如 der Held, des Helden, dem Helden, den Helden; die Helden, der Helden, den Helden, die Helden。

他在王先生那儿。

误：Er ist bei Herren Wang.

正：Er ist bei Herrn Wang.

说明：der Herr 虽为弱变化名词，但其格的变化与上述弱变化名词有所不同，其单数变格时加 n，复数加 en，即：der Herr, des Herrn, dem Herrn, den Herrn; die Herren, der Herren, den Herren, die Herren。

我们要全心全意为人民服务。

误：Wir müssen dem Volk mit ganzem Herz dienen.

正：Wir müssen dem Volk mit ganzem Herzen dienen.

说明：名词 das Herz 的变格特殊，其变格词尾如下：das Herz, des Herzens, dem Herzen, das Herz。

这是我们小张的儿子。

误：Das ist der Sohn unseres Xiao Zhangs.

正：Das ist der Sohn unseres Xiao Zhang.

说明：德语中人名前若没有标志第二格的词时，人名加字尾 s，如：Professor Wangs Vorlesung（王教授上的大课），Karls Brief（卡尔的信）。而这句话中在人名前有物主代词 unseres 标明是第二格，因而无须再加 s。

王先生的办公室在哪儿?

误：Wo ist das Büro von Herr Wang?

正：Wo ist das Büro von Herrn Wang?

说明：人名前有一个不带冠词的种类名词（头衔、职业、亲属的名称等）作为同位语时，该专有名词变格，种类名词不变格，这里把人名与种类名词作为一个整体来看，如：Onkel Wangs Mantel（王叔叔的大衣），Doktor Müllers Arbeit（米勒博士的著作）等。但如果表示头衔、职业、亲属的种类名词是 Herr 以及以 e 为结尾的弱变化名词，如：Genosse, Kollege 或由分词转化来的名词，如：Vorsitzende (r) 等，这些名词就要变格。

解放后劳动人民成了新中国的主人。

误：Nach der Befreiung sind die Werktätigen die Herren neuen Chinas geworden.

正：Nach der Befreiung sind die Werktätigen die Herren des neuen China geworden.

说明：大多数表示国家、城市、岛屿的名词都是中性名词，不带冠词。但如果这类名词前有定语时，则必须加上定冠词，变格时地理名词的第二格不加词尾 s。

他走遍了半个中国。

误：Er ist durch das halbe China gereist.

正：Er ist durch halb China gereist.

说明：形容词 halb, ganz 和国家、城市的名称连用时，不加变格字尾，地理名词前不加冠词，如：Damals ist in ganz Europa eine Wirtschaftskrise entstanden.（那时在全欧洲出现了经济危机。）

五月初

误：Anfang Mais

正：Anfang Mai

说明：这个词组中 Mai 应为第二格，而德语月份名称的第二格可加词尾 -(e)s，但在现代德语中常常是没有变格词尾的，如：am Abend des 1. Oktober（十月一日晚上），während des Monats September（在九月期间）。如表示月份的名词前有 Anfang, Mitte 或 Ende 之类的名词，则此月份名词不加冠词，也不变格，如：Mitte Juni（六月中旬），Ende August（八月末）。

两杯酒，两块面包

误：2 Gläser Wein, 2 Stücke Brot

正：2 Glas Wein, 2 Stück Brot

说明：只有阴性的表示度量单位的名词在"二"以上的数词后需要变复数，如：eine Flasche Bier, 2 Flaschen Bier; eine Tasse Tee, 2 Tassen Tee。阳性或中性的表示计量的名词不变复数。

一斤肉的价格

误：der Preis eines Pfundes Fleischs

正：der Preis eines Pfund Fleisch

说明：阳性和中性名词在第二格的度量名词之后，其单数第二格不变词尾。

这么好的小伙子！

误：Solcher guter Junge!

正：Solcher gute Junge / Solch guter Junge!

说明：solch 作为指示代词用时，在它后面的形容词变化有两种形式，若 solch 带示性词尾，其后的形容词作弱变化，如：solches herrliche Wetter 这样好的天气，solche schönen Stoffe 这么漂亮的料子（复数时也可以作强变化 solche schöne Stoffe）；solch 不带示性词尾时，其后的形容词作强变化，如：solch herrliches Wetter, solch schöne Stoffe。

我祝您一切顺利。

误：Ich wünsche Ihnen alles Gut.

正：Ich wünsche Ihnen alles Gute.

说明：名词化的形容词变格同形容词一样，在 all 后面弱变化，故 Gut 后面应加字尾 e。

老老少少载歌载舞。

误：Alt und Jung singen und tanzen.

正：Alt und Jung singt und tanzt. / Alte und Junge singen und tanzen.

说明：成对词作主语时其谓语应按单数第三人称变化，如：Groß und Klein kommt auf die Straße.（大人、小孩都来到大街上。）只有当两个连用的形容词加上复数字尾时，其谓语按复数第三人称变化，如：Große und Kleine kommen auf die Straße.

这里几乎没有一家没有电视机的。

误：Fast keine Familie hier hätte keinen Fernseher.

正：Fast keine Familie hat keinen Fernseher.

说明：第二虚拟式表达非现实的情况，上面的句子表达的是真实的情况，故不能用第二虚拟式。但如果主句否定了从句所表达的内容的可能性，在从句中就常用第二虚拟式。因此上述句子可译成主从复合句，即：Man kann hier keine Familie finden, die keinen Fernseher hätte.

大针指着三点，小针指着五点。

误：Der große Uhrzeiger steht auf dem Drei, der kleine auf dem Fünf.

正：Der große Uhrzeiger steht auf der Drei, der kleine auf der Fünf.

说明：基数词作名词用时冠词是 die。

这座城市有二百零一个医生。

误：Diese Stadt zählt zweihundertein Arzt.

正：Diese Stadt zählt zweihundertein Ärzte / zweihundert und einen Arzt.

说明：若 ein 前面有 und 加上一个大数（百、千、万等数）构成的复合基数词，则后面的名是单数，ein 仍与不定冠词一样，要变格。若复合基数词不分写（其中的 und 常常省去）则 ein 不变格，后面的名词采用复数形式。

126

请在这儿呆上一天或两天！

误：Bleibe hier doch einen Tag oder zwei Tage!

正：Bleibe hier doch ein oder zwei Tage!

说明：ein 和 zwei 用连词 oder, bis 连在一起时，ein 不变格。如：Er wohnte zu Hause höchstens ein bis zwei Nächte.（他在家至多住了一夜到两夜。）

今年亩产达千斤。

误：Dieses Jahr zählt der Pro-Mu-Ertrag 1000 Pfund.

正：Dieses Jahr beträgt der Pro-Mu-Ertrag 1000 Pfund.

说明：zählen = eine bestimmte Anzahl von etw. haben，即：有一定数量的人或物，如：Die Stadt zählt 530000 Einwohner.（这座城市有 53 万居民。）Er zählt ungefähr 40 Jahre.（他大约 40 岁。）用 zählen 来表达某个数目时有两点必须注意，首先，它的主语必须是人、地名、国名或组织名称；其次是它的宾语不仅有数字（及量词），数字后面还必须说明人或物的名称。另外用 zählen 表达数目的句子都可以用 haben 来代替。

这家工厂有一千个工人。

误：Die Fabrik beträgt 1000 Arbeiter.

正：Die Arbeiterzahl der Fabrik beträgt 1000. / Die Fabrik zählt 1000 Arbeiter.

说明：betragen 作“总计”解，表达某物的具体数目是多少，其宾语为数字（及数量单位），如：Der Schaden beträgt 1000 Euro.（损失达 1000 欧元。）Die Entfernung beträgt 20 Kilometer.（距离为 20 公里。）

这条街长 25 公里。

误：Die Straße ist 25 Kilometer.

127

正：Die Straße ist 25 Kilometer lang. / Die Länge der Straße beträgt 25 Kilometer.

我们村的耕地面积是一千二百亩。

误：Die Anbaufläche unseres Dorfes ist 1200 Mu.

正：Die Anbaufläche unseres Dorfes ist 1200 Mu groß. / Die Größe der Anbaufläche unseres Dorfes beträgt 1200 Mu. / Unser Dorf zählt 1200 Mu Ackerland. / Unser Dorf hat eine Anbaufläche von 1200 Mu.

说明：德语中可以用系词＋表语的形式来表达面积、体积、长度、宽度等。问题在于必须要搞清什么是句子的表语。这里以面积为例加以说明。汉语"教室的面积为 28 平方米。"这句话德语正确的译法应为：Das Klassenzimmer ist 28 Quadratmeter groß. 这句话里 groß 是表语。28qm 是 groß 要求的第四格状语，同样表达宽度时，要用 breit 作表语，如：Die Brücke ist 10 Meter breit.（桥宽十米。）

我们将扩大出四分之一的耕地面积。

误：Wir werden ein Viertel der Anbaufläche vergrößern.

正：Wir werden die Anbaufläche um ein Viertel vergrößern.

说明：原文的意思是说，在原有耕地面积的基础上再扩大出现有耕地面积的四分之一。而译文 ein Viertel der Anbaufläche vergrößern 表达的是"把现有耕地面积的四分之一扩大了。"句中错把 ein Viertel 当成第四格宾语。实际上，动词 vergrößern 的宾语是 die Anbaufläche, ein Viertel 是指扩大了的数额，就用 um 带起的介词词组表达。

通知上写着……

误：Auf der Mitteilung steht geschrieben, dass ...

正：In der Mitteilung steht geschrieben, dass ...

这我是在报上看到的。

误：Das habe ich auf der Zeitung gelesen.

正：Das habe ich in der Zeitung gelesen.

说明：介词 auf 表示"在……之上"，如：auf dem Tisch, auf dem Sofa 这里"通知上"，"报上"指的并不是"在报纸上面"或"在通知上面"，而是指在通知的内容或报上登载的内容里，故应用介词 in。

院墙上有个洞。

误：Auf / An der Wand ist ein Loch.

正：In der Mauer ist ein Loch.

说明：这句话里有两个错，首先是 die Wand 与 die Mauer 这两个词弄混了。die Wand 指的是房间的墙壁，die Mauer 的广义是指围墙，故院墙的德译为 die Mauer。第二个是介词用错了。auf der Mauer 指的是"在墙头上"，介词 an 表达的是"紧挨着，靠着"，表达一个物体位于另一个立着的物体侧面上时用 an，如：Die Leiter lehnt an der Mauer.（梯子靠在墙上。）Das Bild hängt an der Wand.（画挂在墙上。）"墙上有个洞。"这句话里不是指在墙头上，也不是指靠墙的地方，而是墙里边有窟窿，故应用 in der Mauer。

我们常常在阳光下散步。

误：Wir gehen oft unter der Sonne spazieren.

正：Wir gehen oft in der Sonne spazieren.

说明：介词 unter 表达的是"在……之下"。这里"在阳光下"实际上指的是"在阳光之中"，而不是指"在太阳下面"，因为我们即使在阴影之中，仍然是位于太阳的下面，故此处应用 in der Sonne。

他想到泰山去。

误：Er möchte nach Tai-Berg fahren.

正：Er möchte zum Tai-Berg fahren.

说明：介词 nach 作"向、朝……方向去"解时，其后只能是不用冠词的国名和地名，如：nach Berlin, nach Europa, nach China 等。其后也可以跟表示方位、即表示东、西、南、北等的名词或副词，如：nach Osten / Westen / Süden / Norden, nach oben /unten / rechts / links ...。其他表示去向的名词都应用介词 zu。

学生们都自己学自己的，好像他们之间没有来往似的。

误：Die Studenten studieren für sich, als ob sie keinen Kontakt zwischeneinander hätten.

正：Die Studenten studieren für sich, als ob sie keincn Kontakt miteinander hätten.

说明：和动词一样，德语中某些名词也需要和一定的介词连用，支配一个介词短语。名词 Kontakt 要求介词 mit, 这不是能随意更换的。另外，介词 zwischen 作"在……之间"解，指的是"在两个人或两个物体之间"，而句中的"他们之间"即学生们之间，指的不是地理位置的概念，故不能用介词 zwischen。

青年男子后面站着一位姑娘。

误：Nach dem jungen Mann steht ein Mädchen.

正：Hinter dem jungen Mann steht ein Mädchen.

说明：介词 nach 表达的是时间的先后，hinter 则表示位置的前后，如：nach der Arbeit（下班后），nach dem Unterricht（下课后）。也可以说 Nach Ihnen komme ich an die Reihe.（您后面就轮到我了。）这句话里 nach Ihnen 指的仍是时间概念，即"您在先，我在后"的意思。上面句子中"青年男子后面"是指地点而言。

他们当中有很多人是外国人。

误：Von ihnen sind viele Ausländer.

止：Unter ihnen sind viele Ausländer.

北莱茵 — 威斯特法伦是各州中人口密度最大的州。

误：Nordrhein-Westfalen hat die größte Bevölkerungsdichte in / zwischen den Bundesländern.

正：Unter allen Bundesländern ist Nordrhein-Westfalen ein Land mit der größten Bevölkerungsdichte. / Nordrhein-Westfalen ist das größte bevölkerungsdichte Land von / unter allen Bundesländern. / Die Bevölkerungsdichte von Nordrhein-Westfalen ist am größten von / unter allen Bundesländern.

说明：汉语的"在…中间"，"在…之中"有多种意义，它可以指"在…里面"，如："腹中"、"书中"；亦可指两个人或两个物件的中间，还可指很多人或事物当中。表达这种意义时，德语中要用不同的介词。"在…里"用 in；"在两人或两物中间"用 zwischen；表达"在很多人或事物中"则要用 unter。上面两个句子中的"他们之中"指的是很多人中，即人群中。"各州中"指的是"很多事物中"，故应用介词 unter。由 unter 构成的介词词组可以作状语，亦可做定语。介词 von 表示"整体中的部分"，由它所构成的介词词组只能作定语，因此 unter 构成的作定语用的介词词组也可以用由 von 带起的介词词组来代替。

由于这个原因我给您寄去几本书。

误：Auf diesem Grund habe ich Ihnen einige Bücher geschenkt.

正：Aus diesem Grund habe ich Ihnen einige Bücher geschenkt.

说明：Grund 与不同的介词构成不同的介词词组，其意义也不尽相同。auf diesem Grund 作"根据……"解，aus 作"由于"解，表达的是句中主语由于某种原因而采取的某种行动。

魔术师能够把球藏到自己身后。

误：Der Zauberer konnte den Ball *hinter ihn* verstecken.

正：Der Zauberer konnte den Ball *hinter sich* verstecken.

说明：这里不能用人称代词，因为这个 ihn 是指与主语无关的另外一个人。如果"他把球放到你身后，我身后，她身后等"，就可以用人称代词 hinter dich, hinter mich, hinter sie。所以这里（放到他自己身后）必须用反身代词。只有这样才能体现反身代词与主语一致的特点。

请您把本人的照片寄给我们老师！

误：Senden Sie unserem Lehrer bitte ein Foto von selbst!

正：Senden Sie unserem Lehrer bitte ein Foto von sich / von Ihnen.

说明：反身代词与介词连用，紧接在名词之后作定语，反身代词一定与主语同一。当然这里也可以用人称代词替代，因为 Sie 和 du 是第二人称，不可能与另一个第三者混淆。用 selbst（或 selber）强调反身时必须与反身代词连用，即 von sich selbst，而不能用 von selbst，因为 von selbst 是固定词组，乃"自动，主动"的意思。

照顾生病的孩子们是我本人的要求。

误：Es ist meine Forderung, sich der kranken Kinder anzunehmen.

正：Es ist meine Forderung, mich der kranken Kinder anzunehmen.

说明：不定式词组中的行为主体要到主句中去寻找。这里反身代词与物主代词 (mein) 指的是同一的行为主体。

他听见检票员向他喊了几句。

误：Er hörte den Schaffner sich etwas zurufen.

正：Er hörte den Schaffner ihm etwas zurufen (der Schaffner rief ihm etwas zu).

说明：不定式词组中的逻辑主语 Schaffner 不是向自己喊，而是向他 (er) 喊，因此不能用反身代词。注意区别下面两句的意思：

Hans sah Peter *sich* erschießen (Peter erschoss sich).

汉斯看见彼得开枪自杀。

Hans sah Peter ihn erschießen (Peter erschoss Hans).

汉斯看见彼得向他开枪。

病人听到医生和他说话。

误：Der Kranke hörte den Arzt *mit sich* sprechen.

正：Der Kranke hörte, dass der Arzt mit ihm sprach.

说明：用了反身代词反而使句子产生歧义：是"医生和病人说话"，还是"医生自言自语"？像这样的句子最好采用从句表达。分析这类句型除了从结构上着眼外，还必须考虑语义内容，以避免句子意义出现模棱两可的现象。

自私的人总是爱自己，却很少彼此相爱。

误：Die Egoisten lieben stets sich, aber selten sich einander.

正：Die Egoisten lieben stets sich selbst, aber selten einander.

说明：einander 可以代替反身代词表示"互相、彼此"等相互关系，但不能与反身代词或 gegenseitig 连用。如：Wir müssen uns einander helfen. 就是错误的句子，因为 einander 已起着反身代词的作用了。

他们自己欺骗自己。

差：Sie belügen sich.

正：Sie belügen sich selbst (selber).

说明：Sie belügen sich. 这句话所表达的意思含糊不清：是"他们自己欺骗自己"，还是"他们互相欺骗"？为了区别这两种关系，在反身代词之后加 selbst（或 selber）表示自身、自己；加 gegenseitig 或用 einander 代替，sich gegenseitig 表示相互。如：

Wir trösteten *uns selbst.*（我们自我安慰。）

Sie trösteten *sich gegenseitig.* / Sie trösteten *einander.*（他们互相安慰。）

Sie belügen *sich gegenseitig.* / Sie belügen *einander.*（他们互相欺骗。）

他们互相关心。

误：Sie kümmern umeinander.

正：Sie kümmern sich umeinander.

说明：einander 与介词连用时，要同介词连写，这种连写词与反身动词一起连用表示相互关系，这里反身代词不能省略。如：(aneinander, füreinander, gegeneinander. miteinander, voneinander, umeinander)

Wir freuen *uns* übereinander.（我们彼此都感到高兴。）

Sie verlieben *sich* ineinander.（他们彼此钟情。）

一场决定性的战役

误：eine *sich* entscheidende Schlacht

正：eine entscheidende Schlacht

说明：作为第一分词形式出现的 entscheidend 已经形容词化，不再具有反身动词的性质，只具备与一般形容词一样的特点，因此不能与反身代词连用。这种情况并不多见，可视为一种例外现象。

她俩穿一样的连衣裙。

误：Sie tragen beide dasselbe Kleid.

正：Sie tragen beide das gleiche Kleid.

说明：指示代词 derselbe (dieselbe, dasselbe, dieselben) 表示人或事物的同一性，即同一人、同一事、同一物。dasselbe Kleid 说的是同一件连衣裙，显然，俩人不能同时穿一件连衣裙。如果说：Sie trägt dasselbe Kleid wie gestern. 那就对了。而 der (die, das) gleiche 表示两个或两个以上的人或事物的相似性。das gleiche Kleid 正是这句话里所要表达的颜色、式样相同的两件衣服。不过现在口语中也常将 dasselbe 与 das gleiche 混用，从修辞上来说，das gleiche 要更好些。

他和我在同一个进修班。

误：Er ist im demselben Kurs wie ich.

正：Er ist im selben / in demselben Kurs wie ich.

说明：der (die, das) selbe 由 der (die, das) 和 selb- 两部分组成，der

(die, das) 具有冠词的功能，selb 则按形容词在定冠词后面的情况变化词尾。由于 im 是 in dem 的融合形式，因此 im demselben 实际上就等于 in dem demselben，冠词就重复了。本句中"在同一个班"应译成 in demselben Kurs。若采用介词与冠词的融合形式，则必须与 selb- 分开来写，im selben Kurs。

我的笔记本在桌子上，你的在哪儿呢？

误：Mein Heft liegt auf dem Tisch. Wo hast du dein?

正：Mein Heft liegt auf dem Tisch. Wo hast du deins / das deine?

说明：物主代词作动词 sein, werden 和 bleiben 的表语或作动词 nennen 与 heißen 的宾表语时不作词形变化，如：Das Haus wird morgen mein.（明天这座房子就是我的了。）Endlich kann ich es mein nennen.（我终于可以说这是我的了。）这里的物主代词相当于作表语用的形容词。其他情况下，物主代词作为一个句子成份，即宾语时，则应作词形变化，因此这句话应改 Wo hast du deins / das deine ?

桌上有两本书，这是你的，那儿的那本是他的。

误：Auf dem Tisch liegen zwei Bücher. Es ist dein, das dort ist sein.

正：Auf dem Tisch liegen zwei Bücher. Es ist deins, das dort ist seins.

说明：这句话里物主代词作 sein 的表语，但句中的主语不是名词，而是 es 和 das。在这种情况下作表语的物主代词相当于名词，需标明其所指名词的语法属性。这里一定要注意作表语用的物主代词究竟是作形容词还是作名词用的，如 Die Tasche ist mein.（这个包是我的。）这句话里物主代词作形容词用，不变词尾。而 Hier liegt eine Tasche, es ist meine.（这儿放着一个包，这是我的包。）这句话里的物主代词作名词用，其词形变化与形容词强变化相同。

病句：Folgender kurzer Text ist sehr schwer zu verstehen.

治疗：Folgender kurze Text ist sehr schwer zu verstehen.

分析：folgend- 可作代词，它后面的形容词是弱变化，例如：

mit folgendem kurzen Text

folgendes deutliche Zeichen

如果 folgend- 前面有一冠词，则 folgend- 当形容词用，例如：

der folgende kurze Text

mit dem folgenden kurzen Text

如果在复数名词前，folgend- 一般作形容词用，例如：

folgende kurze Texte

mit Hilfe folgender interessanter Versuche

病句：Der Philosoph, mit dessen neuesten Buch ich mich gerade beschäftige, wird hier einen Vortrag halten.

治疗：Der Philosoph, mit dessen neuestem Buch ich mich gerade beschäftige, wird hier einen Vortrag halten.

分析：第二格关系代词后面的名词前面若有形容词定语，那么该形容词应为强变化，例如：

Der Lastwagen, dessen gefährliche Giftstoffe in den Graben geflossen waren, ...

Der Flughafen, gegen dessen großen Lärm die Anwohner protestieren, ...

病句：Er kann Schlittschuh nicht laufen.

治疗：Er kann nicht Schlittschuh laufen.

分析：当用 nicht 否定整个句子时，若该句子中动词与名词宾语构成固定搭配，那么 nicht 应置于该固定搭配之前，例如：

Der Taucher konnte nicht Atem holen.

Der Kleine wollte mir nicht die Hand geben.

病句：Wenn man rauchen will, muss er ins Raucherabteil gehen.

治疗：Wenn man rauchen will, muss man ins Raucherabteil gehen.

分析：若主从复合句中主句与从句的主语一致时，常可使用代词来避免重复，例如：

Wenn Herr Lotz spazieren geht, nimmt er seinen Hund mit.

Wenn jemand noch Fragen hat, kann er nachher zu mir kommen.

但是，man 是个例外，若主句和从句的主语都是它，则只能让它重复出现，例如：

Wenn man nicht viel Geld hat, muss man sparsam leben.

Wenn man die Sicherheitsvorschriften im Bergwerk nicht beachtet, braucht man sich über Unfälle nicht zu wundern.

病句：Sie hat das Gewicht von 42 Kilogramm.

治疗：Sie hat ein Gewicht von 42 Kilogramm.

分析：在表示度量衡的词前用不定冠词，例如：

Das Zimmer hat eine Länge von 6 Metern und eine Breite von 4 Metern.

Die Wolken haben eine Höhe von 2000 Metern.

Das Netz hat eine Spannung von 220 Volt.

Das Mondjahr hat eine Dauer von 336 Tagen.

Das Auto hat eine Geschwindigkeit von 180 Kilometern in der Stunde.

病句：Benzin wird aus dem Erdöl gewonnen.

治疗：Benzin wird aus Erdöl gewonnen.

分析：物质名词前不加冠词，即使该名词前有形容词定语，也不要加冠词，例如：

Das Kleid ist aus reiner Seide.

Die Figur ist aus echtem Silber.

但若是特指一种物质，则在该名词前加冠词，例如：

War die Seide, die du gekauft hast, teuer?

Die Suppe ist ja schon kalt.

病句：Er hat sich bestimmt geärgert, weil er nicht kommen können hat.

治疗：Er hat sich bestimmt geärgert, weil er nicht hat kommen können.

分析：一般而言，从句中变位动词置于句尾。但是若从句中有情态助动词构成现在完成时或过去完成时，那么情态助动词用不定式形式，变位的时间助动词 haben 置于主要动词之前，例如：

Nachdem Harald die Schule hatte verlassen müssen, ging er in eine Lehre.

该规则也适用于 lassen, hören, sehen 等动词，例如：

Nachdem wir das Auto hatten reparieren lassen, konnten wir unsere Reise fortsetzen.

Ich glaube, dass ich sie wirklich habe singen hören.

病句：Je Sie fahren, schneller, desto mehr Benzin verbrauchen Sie.

治疗：Je schneller Sie fahren, desto mehr Benzin verbrauchen Sie.

分析：在"je + 比较级"和"desto + 比较级"句子中，je 与比较级、desto 与比较级中间不能置入其他成分。此外，je 带起的是从句，变位动词须在句末；desto 带起的是主句，变位动词置于"desto + 比较级"结构之后，例如：

Je mehr ich arbeite, desto müder bin ich am Abend.

Je leiser der Lehrer sprach, desto ruhiger wurde es in der Klasse.

病句：Ich habe mich den Finger verbrannt.

治疗：Ich habe mir den Finger verbrannt.

分析：下面这些动词：sich waschen, sich anziehen, sich kämmen 等等，如果没有第四格宾语，则反身代词用第四格，例如：

Ich ziehe mich an.

Ich habe mich verbrannt.

但如果有第四格宾语，则反身代词用第三格，例如：

Ich ziehe mir die Handschuhe an.

Ich habe mir den Fuß verbrannt.

病句：Nachdem wir gegessen haben, gingen wir in die Stadt.

治疗：Nachdem wir gegessen hatten, gingen wir in die Stadt.

分析：在有 nachdem 从句的复合句中，主从句中时态的对应关系如下：

nachdem 从句	主句
现在完成时	现在时或将来时
过去完成时	过去时（现在完成时）

例如：

Nachdem ich ausgeschlafen habe, gehe ich unter die Dusche.

Nachdem wir angekommen sind, werden wir zuerst nach einem Hotelzimmer suchen.

病句：Ich warnte ihn davor, nicht soviel zu rauchen.

治疗：Ich warnte ihn davor, soviel zu rauchen.

分析：动词 warnen 本身已含有否定的意思，若它支配一个从句或不定式结构，那么就不能再对这个从句或不定式结构进行否定，例如：

Der Vater warnte seinen Sohn davor, den Hund anzufassen.

Ich warne dich davor, dich darauf einzulassen.

情况类似的词还有 vermeiden, abraten, sich hüten, verbieten 等。

病句：Du schmerzt mich.

治疗：Du tust mir weh.

分析：动词 schmerzen 不能以人作主语，只能以表示事物的词作主语，例如：

Der Abschied von ihr schmerzte ihn.

Die Wunde schmerzt mich.

Es schmerzt mich, dass ...

病句：Ich komme am Ostern.

治疗：Ich komme zu Ostern.

分析：宗教节日前不加冠词，作时间状语时前面用介词 zu（加 an 是地区性用法）。

例如：zu Ostern; zu Weihnachten

但是，也可以不加介词，例如：

Ich komme euch Pfingsten besuchen.

Was machst du Silvester?

若用介词 über, 则表示一段时间，例如：

Über Ostern (= über die Dauer der Osterfeiertage) fahren wir zu Verwandten.

但是需特殊说明的是，若节日名称以 -tag 或 -fest 结尾，则必需加冠词，例如：

Am Reformationstag sind die Geschäfte geschlossen.

病句：Kannst du mir einen Gefallen machen?

治疗：Kannst du mir einen Gefallen tun?

分析：tun 与 machen 在一些固定搭配中不能互换，可庆幸的是，必须用 tun 的固定搭配较少，所以，遇到以后记住就是了。下面举几个必须用 tun 的例子：

Nehmen Sie die Medizin regelmäßig, dann wird sie ihre Wirkung tun.

Wenn du achtzehn bist, kannst du tun und lassen, was du willst.

Du tust ihm Unrecht! Er ist unschuldig.

Ein heißer Tee tut dir gut bei der Kälte.

病句：Wenn der Zweite Weltkrieg begann, ...

治疗：Als der Zweite Weltkrieg begann, ...

分析：用 wenn 或 als 带起时间从句时，其规则可以归结如下：als 表示过去一次性的行为或事件，而 wenn 则表示现在、将来和过去重复性的行为或事件，及现在或将来一次性的行为或事件，例如：

Wenn du gehst, mach bitte das Licht aus!

Jedes Mal, wenn er Alkohol getrunken hatte, fing er zu streiten an.

Als sie zurückkam, brannte das Licht immer noch.

Tausende fuhren hinaus ins Grüne, als das Wetter am Sonntag endlich einmal wieder schön war.

若列个表的话，那就是：

	现在时或将来时	过去时
重复性	wenn	wenn
一次性	wenn	als

病句：Die Geldsorgen von Herrn Müller als leitender Angestellter sind gering.

治疗：Die Geldsorgen von Herrn Müller als leitendem Angestellten sind gering.

分析：用 als 带起的同位语在第一、第三、第四格时必须与它的相关词保持格的一致性，例如：

Ich rate dir als meinem Freund.

Wir haben ihn als Kandidaten gewählt.

但是，当相关词处于第二格时，如果 als 带起的同位语有冠词，那么，这个同位语也必须用第二格；如果 als 带起的同位语没有冠词，那么，它就用第一格。例如：

das Wirken des Herrn D. als des eigentlichen Führers

Die Belohnung A. Müllers als eines guten Angestellten ist sicher.

Die Belohnung A. Müllers als guter Angestellter ist sicher.

这个男人请求守门人让他进入法庭。

Der Mann bat um den Türhüter, er ins Gericht zu eintreten.

这句话里有四个错：

（1）bitten 支配一个第四格宾语和一个介词宾语，第四格为人，介词宾语为愿望，这里混淆了两上宾语的意义，后半句才是 bitten 的介词宾语；

（2）在宾语短语中，不允许出现主语；

（3）eintreten 是可分动词，如果用 zu，它应位于前缀 ein 的后面；

（4）后半句不完整，der Mann 并非请 Türhüter 进入法庭，而是他自己，缺少动词 lassen。

本 句 应 改 为：Der Mann bat den Türhüter (darum), ins Gericht (eintreten) zu lassen.

我们没有料到，一句玩笑会被当真。

Wir vermuten nicht, dass ein Scherz wahr genommen wird.

这句话有两个用词错误：

（1）vermuten 表示推测，涉及的是尚未发生的事情，"料到"是指已过去的事；

（2）wahr 和 sein 搭配时，表示"真实的"，但当它和 nehmen 在一起时，就有了其他概念，例如：觉察。因此这里的用法是错误的。

正确译法是：Wir haben damit nicht gerechnet, dass ein Scherz ernst genommen wird.

陪同我们游览市容的人是一位有教养的男人。

Unser Begleiter, mit uns das Stadtbild zu besichtigen, ist ein ausgebildeter Mann.

这句话有三类错误：

（1）逻辑错：Begleiter 是参观市容的陪同者，不是同行者；

（2）语法错：mit uns ... zu besichtigen 不能作为定语短语，因为

Begleiter 没有带定语短语的能力，这里只能用从句。

（3）用词错：Stadtbild besichtigen 是中文式表达，让人弄不清参观什么，是城市图片，还是参观城市。

ausgebildet 是指技能培训，应选用 gebildet。

正确的译法例如是：Es war ein gebildeter Mann, der uns bei der Stadtbesichtigung begleitete.

别害怕，爸爸不会生气的!

Sei beruhigt. Vater wird nicht böse.

这里有两个用词不当：

（1）beruhigen 产生于 ruhig，表示使某人安静下来，一般用来叙述动作，直接安慰别人时，要用 ruhig。

（2）Vater 是属名称，不是称呼，这里要用 Papa：

„Sei ruhig, Papa wird nicht auf dich böse.“

私人企业对这里经济快速发展，市场繁荣，成为富裕地区做出了贡献。

Die privaten Betriebe tragen dazu bei, die Wirtschaft zu entwickeln, den Markt zu blühen und reich zu machen.

错误 1：动词 blühen 是不及物动词，市场繁荣：Der Markt blüht；

错误 2：reich zu machen 缺少第四格宾语。

根据原文，"成为富裕地区"应为"经济发展，市场繁荣"的结果，最好译成结果句。可译成：Die privaten Betriebe tragen dazu bei, die Wirtschaft schnell zu entwickeln, den Markt anzukurbeln, so dass es hier zu einem reichen Gebiet geworden ist.

记者拍照后，大会主席要求他们离开会场。

Nachdem sie fotografiert hatten, forderte der Vorsitzende die Journalisten, die Halle wegzugehen auf.

错误 1：auffordern 的前缀 auf 位于名词或代词宾语的后面，如果宾语短语较长，则可把前缀提到短语之前，目的是便于理解。

143

错误 2：代词应该出现在名词之后，而不是它的前面。

错误 3：weggehen 不能支配宾语。

建议翻译成：Nachdem die Journalisten fotografiert hatten, forderte der Vorsitzende sie auf, die Halle zu verlassen.

他是足协成员之一。

Er gehört einem des Fußballvereines.

(1) 选词不当：gehören 指物品归某人所有，某人属于某一组织要用 angehören。

(2) 用词不当：angehören 表示个人属于某个组织，是个别和整体的关系。这里多余用了 einem。

可以译成：Er gehört dem Fußballverein an. 或 Er ist ein Mitglied des Fußballvereins.

我们应该帮他找到工作，使他能自食其力。

Wir sollen ihm helfen, um eine Arbeit zu finden, so dass er auf eigenen Beinen stehen kann.

(1) um ... zu 使用不当，这里 helfen 通过介词 bei 支配的是介词宾语，而不是目的从句。

(2) 将 so ... dass 和 damit 的用法混淆了，前者表示的是结果句，在中文中相当于补语，即补充说明前面动词带来的结果，例如：高兴得跳起来，吓得不敢出声，"得"后面的部分表示"高兴"和"吓"的结果；后者表示主句的目的。

正确的译法例如是：Wir sollen ihm dabei helfen, eine Arbeit zu finden, damit er auf eigenen Beinen stehen kann.

你们学校有操场吗？

误：Hat eure Schule Sportplatz?

正：Hat eure Schule einen Sportplatz.

析：初学者由于受汉语的影响，往往漏掉名词前的冠词。其他如 Er liest Buch. Links ist Telefonzelle. 等诸如此类的错误都需要初学者特别加以注意。

这个词德语怎么说？

误：Was sagt man das Wort auf Deutsch?

正：Wie sagt man das Wort auf Deutsch? 或者

Wie heißt das Wort auf Deutsch?

析：sagen 作为及物动词后面不能支配两个第四格补足语。

星期六晚上我大多看电视，有时去看电影或下棋。

误：Samstagabend sehe ich meistens fern, manchmal gehe ich auch ins Kino oder spiele ich Schach.

正：Samstagabend sehe ich meistens fern, manchmal gehe ich auch ins Kino oder spiele Schach.

析：连词 oder 引起句子须用正语序，如前后主语一致，oder 后面的主语可以省略。

A: 你们得到了一套三居室住房，是不是？

B：是的。

误：– Ihr bekommt doch nun eine Dreizimmerwohnung, nicht?

– Doch.

正：– Ihr bekommt doch nun eine Dreizimmerwohnung, nicht?

– Ja.

析：如 nicht 放在正句后，作为修辞问句，作肯定回答时不用 doch, 而用 ja。

您先乘 71 路有轨电车到卡尔广场。

误：Nehmen Sie zuerst die Straßenbahn Linie 71 bis zum Karlsplatz.

正：Fahren Sie zuerst mit der Straßenbahn Linie 71 bis zum Karlsplatz.

析：nehmen 作"乘坐"讲时不能与 bis zu ... 连用。

您顺着这条街一直往前走，到邮局往右一拐就到。

误：Gehen Sie diese Straße geradeaus, bis zur Post biegen Sie nach rechts ab, dann kommen Sie an.

正：Gehen Sie diese Straße geradeaus, und biegen Sie bei der Post nach rechts ab, dann sind Sie da.

析：abbiegen 为瞬时性的动作，不能与 bis zu ... 连用。ankommen 用在此处不太符合德国人的语言习惯。

我昨天晚上在电视上看了一场足球比赛。

误：Ich habe gestern Abend ein Fußballspiel im Fernseher gesehen.

正：Ich habe gestern Abend ein Fußballspiel im Fernsehen gesehen.

析：der Fernseher 为可数名词，意思是"电视机"，das Fernsehen 为不可数名词，意思是"电视"。

我从姐姐那儿听说过她。

误：Ich habe sie von meiner Schwester gehört.

正：Ich habe von meiner Schwester von ihr gehört.

析：von etw. hören 表示听说，耳闻某事，而 hören 则表示听，听见。

咬文嚼字

Ende oder Schluss?

Ende：末端，终局，多指时间的终结，或表示空间、地点的末端。

Ende Juli beginnen die Ferien. 假期七月底开始。

Er wohnt am anderen Ende der Stadt. 他住在城市的另一头。

Schluss：则多指一件事情的完结。

Er hat mit dem Trinken Schluss gemacht. 他戒酒了。

Übungen: Ende oder Schluss?

1. „Ich bin müde", sagte er, „machen wir ...!"

2. Mein Urlaub nähert sich seinem ...

3. Auch der schönste Urlaub geht einmal zu ...

4. Der Roman hat ein... schwach... ...

5. Am ... der Straße liegt die Post.

6. Er hat die Geschichte von Anfang bis ... erfunden.

7. „... jetzt", sagte sie, „ich will hier keinen Streit."

8. Ich bin am ... meiner Kräfte.

9. Der Speisewagen befindet sich am ... das Zuges.

10. Gegen ... der Woche fahre ich zu meinen Eltern.

11. Ich habe mit dem Rauchen ... gemacht.

Lösungen:

1. Schluss   2. Ende   3. Ende   4. einen schwachen Schluss
5. Ende   6. Ende   7. Schluss   8. Ende   9. Ende   10. Ende
11. Schluss

grüßen oder begrüßen?

grüßen 表示向某人致意、问候、打招呼。

Beim Abschied sagte Uri zu Monika: „Grüß deine Eltern von mir!"
分别时乌里对莫尼卡说："代我向你父母问好！"

begrüßen 则表示欢迎某人。

Die Textilarbeiterinnen begrüßten herzlich die ausländischen Gäste.
纺织女工热烈欢迎外宾。

Übungen: grüßen oder begrüßen?

1. Er kam mir auf der Straße entgegen und ... mich schon von weitem.
2. Er schüttelte mir die Hände und ... mich mit herzlichen Worten.
3. Als er den Laden betrat, vergaß er zu ...
4. Der Hausherr ... die Gäste.
5. Es ist mir eine große Ehre, Sie bei mir ... zu dürfen.
6. Seit unserem Streit ... wir uns nicht mehr, wenn wir uns unterwegs begegnen.
7. Mein Bruder hat mir aufgetragen, dich herzlich von ihm zu ...
8. Wenn du deinen Bruder wieder triffst, dann sage ihm, ich lasse ihn ebenfalls ...
9. Der Vorsitzende ... die Delegierten des Kongresses.
10. Die ausländische Delegation wurde von den Kongressteilnehmern mit Beifall ...
11. Zum 1. Mai ... wir die Werktätigen der ganzen Welt.

Lösungen:

1. grüßte   2. begrüßte   3. grüßen   4. begrüßt   5. begrüßen
6. grüßen   7. grüßen   8. grüßen   9. begrüßt   10. begrüßt
11. grüßen

词义易于混淆的形容词

德语中有些形容词是由其他词类加上后缀派生出来的。由于后缀不同，因而词义也迥然而异。但同一词干带 -ig（或 -isch）与 -lich 后缀的形容词，词义往往易于混淆。

例如：

Er hat ein gütiges Herz. 他有一颗善良的心。

Dieser Streit wurde schließlich gütlich beigelegt.

这场争端终于和平解决了。

Ich bin als Lehrer tätig. 我是当教员的。

Er ist tätlich geworden. 他动武了。

ein launiger Mensch 一个很风趣的人

ein launischer Mensch 一个喜怒无常的人

所以在使用时要多加小心，以免用错。现将比较常用而又易于混淆的形容词按字母顺序列举于下：

geistig	精神的；脑力的	geistlich	宗教的；教会的
geschäftig	勤劳的；忙碌的	geschäftlich	商务的，业务的
gläubig	信教的，信赖的	glaublich	可信的
kindisch	幼稚的（可笑的）	kindlich	天真烂漫的
künstlerisch	艺术家的；艺术上的	künstlich	人造的
niedrig	低矮的；卑鄙的	niedlich	可爱的
tätig	致力于；努力的	tätlich	使用暴力的
traurig	悲伤的	traulich	舒适的
verständig	体谅人的；明智的	verständlich	明白易懂的
zeitig	及时的；早早地	zeitlich	有时间性的
sprachig	语言的	sprachlich	语言上的
...tägig	（若干）天的	täglich	每天的
...wochig	（若干）周的	wöchentlich	每周的
...monatig	（若干）月的	monatlich	每月的
...jährig	（若干）年的	jährlich	每年的

Übungen: 请将合适的形容词填入下列例句中：

(1) a) Sowohl körperliche als auch ... Arbeit wird bei uns geschätzt.

    b) In der Kirche singen die Leute ... Lieder.

    (geistig oder geistlich?)

(2) a) Lao Wang verweilt zurzeit ... in Shanghai.

    b) Beim Großreinemachen laufen die Kinder ... hin und her.

    c) Der Minister ist ... verhindert und kann leider nicht zum Bankett erscheinen.

    (geschäftig oder geschäftlich?)

(3) a) Die Schüler hören der Lehrerin ... zu.

    b) Was die Lehrerin sagt, ist ... .

    c) Der alte Herr ist sehr ... . Er geht jeden Sonntag in die Kirche.

    (gläubig oder glaublich?)

(4) a) Für sein Alter finde ich sein Benehmen ein bisschen zu ... .

    b) Manchmal folgen auch die Erwachsenen mit ... Freude dem Puppenspiel.

    (kindisch oder kindlich?)

(5) a) Die Schuhe sind aus ... Leder.

    b) Diese Lackarbeit ist von ... Wert.

    (künstlerisch oder künstlich?)

(6) a) Er zeigt sich in dieser unangenehmen Sache stets ...

    b) Das Kind ist für sein Alter sehr ...

    c) Was der Lehrer erklärt, ist leicht ... .

    (verständig oder verständlich?)

(7) a) Zum Glück hast du mich ... daran erinnert. Ich hätte es beinahe vergessen.

    b) Die Besichtigung der Großen Mauer ist leider ... nicht mehr möglich.

    (zeitig oder zeitlich?)

(8) a) Der Artikel ist zwar ... gut, aber arm an Inhalt.

    b) Das ist eine acht-... Zeitschrift.

    (sprachig oder sprachlich?)

Lösungen:

1. a) geistige   b) geistlich

2. a) geschäftlich   b) geschäftig   c) geschäftlich

3. a) gläubig   b) glaublich   c) gläubig

4. a) kindisch   b) kindlicher

5. a) künstlichem   b) künstlerischem

6. a) verständig   b) verständig   c) verständlich

7. a) zeitig   b) zeitlich

8. a) sprachlich   b) (acht-) sprachige

feierlich oder festlich?

feierlich 和 festlich 都有隆重的意思。它们是词义相近的形容词，但有着细微的区别：

feierlich 还有庄严的、肃穆的、严肃的意思；festlich 还有盛大的、节日的、华丽的意思。所以在运用这两个形容词时，要注意词义的准确，不要混淆了它们的用法。

这两个形容词都可以作名词的定语：

feierliche Stille 肃穆的宁静；die festliche Kleidung 节日的服装； ein feierlicher Augenblick 庄严的时刻； ein festlicher Empfang 盛大的接待；in feierlichem Ton 以严肃的语调； eine festliche Stimmung 节日的气氛

feierlich 还可以与 sein 连用，作表语：

Die Versammlung war sehr feierlich. 大会很隆重

要注意 festlich 很少用作表语。

这两个形容词都可以当作状语：

Die Delegation wurde feierlich empfangen. 代表团受到隆重接待。

Die Stadt wurde festlich geschmückt. 城市披上节日盛装。

Übungen: feierlich oder festlich?

1. Das hat er doch ... versprochen. Der Gast wurde ... bewirtet. Sie wurden ... verabschiedet. Er schüttelt mir ... die Hand. Der Chor zog ... Schrittes über die Bühne. Das Kaufhaus wurde ... eingeweiht. Der Jahrestag der Republik wurde ... begangen. Die Halle war ... geschmückt. Die Geburtstagsgäste waren ... gekleidet. Die Urkunden wurden ... überreicht.

2. ein ... Konzert, mit ... Geste, mit ... Miene, in ... Worten, der ... gedeckte Tisch, die ... Beisetzung, der ... ausgestaltete Raum, die ... Kleidung

Lösungen:

1. feierlich – festlich – feierlich – feierlich – feierlichen – feierlich – feierlich / festlich – festlich – festlich – feierlich

2. festliches – feierlicher – feierlicher – feierlichen – festlich – feierliche – festlich – festliche

bunt oder farbig?

bunt 的基本词义是"各种颜色的"、"彩色的"、"五颜六色的"。如：

Von ihrem Spaziergang brachte sie einen bunten Blumenstrauß mit. （她散步回来带回一束五彩缤纷的鲜花。）

In dieser Gegend tragen die Bäuerinnen sonntags noch heute ihre bunten Trachten. （在这一带，农村妇女至今每逢星期天还穿花花绿绿的衣裳。）

bunt 可同一些具体的物质名词搭配。如：bunte Fahne （彩旗），bunte Bänder （彩带），bunte Tücher （彩巾）。

bunt 的派生词义表示"花样繁多的"，"丰富多彩的"。如：

Die Studenten gestalten die Neujahrsfeier mit einem bunten Programm. （大学生在新年联欢会上安排了丰富多彩的节目。）

此外 bunt 的派生词义还可表示"杂乱"的意思。如：

Nach seiner überstürzten Abreise lag alles bunt durcheinander im Zimmer. （他匆忙动身出发，房间里的东西弄得乱七八糟。）

还可以说 es herrscht ein buntes Treiben （熙熙攘攘），ein buntes Gewühl （一片纷乱），ein buntes Durcheinander （杂乱无章）。由 bunt 可组成常用成语: etw. wird jm. zu bunt （使某人感到无法忍受），es zu bunt treiben （行为过分），如：

Jetzt wird mir 's aber bunt. （我可无法忍受了。）

Er treibt es zu bunt. （他折腾得太过分了。）

farbig 的基本词义和 bunt 相近，表示"彩色的"，但没有 bunt 的意思强烈，如 farbige Stoffe （色布）。farbige Kleider （色布衣服）即不是黑白或灰色的，但也不一定是色彩鲜艳的，可能是黑白之外某一单色的衣料或衣服。中文说"彩色"常用 farbig 而不是 bunt，如：farbiger Druck （彩色印刷），eine farbige Postkarte （彩色明信片），ein farbiges Bildnis （彩色肖像）：

Er fragte die Verkäuferin, ob sie auch farbige Ansichtskarten habe. （他问女售货员，是否也有彩色风景明信片。）

Die Zimmerdecke ist farbig abgestrichen. （房间的天花板涂上了颜色。）这里的颜色绝对不会是黑白的。

farbig 还表示有色人种，常常指黑人，如：

In Amerika lebt die farbige Bevölkerung bei weitem nicht so gut wie die weiße.（在美国，黑人远远不如白人生活得好。）

由 farbig 的这个词义派生出来的名词是 der Farbige（黑人）：

In den Laufdisziplinen waren die Farbigen besonders erfolgreich.

（在赛跑项目上，黑人的成绩卓著。）

farbig 的其他派生词义表示"生动"（lebendig）、"活泼"（lebhaft）：

Die Fußballfreunde dürfen am Sonntag mit einem farbigen Spiel rechnen.（足球爱好者星期天可望看一场精彩的表演。）

Sie gab eine farbige Schilderung von ihrer Chinareise.

（她对中国之行作了有声有色的描述。）

Übungen: bunt oder farbig?

1. Im Winter lohnt es nicht, _____ zu photographieren.

2. Zum Neujahrsfest ist die Aula mit _____ Bändern geschmückt.

3. Das Badezimmer ist mit _____ Kacheln（瓷砖）ausgelegt.

4. Die Schüler sollten den Plakatentwurf _____ ausführen.

5. Im Herbst begannen sich die Blätter _____ zu färben.

6. Er kaufte in dem Kunstgewerbeladen eine Vase aus _____ Glas.

7. Zum Schluss der Feier bekam jedes Kind einen _____ Teller (einen Teller mit Gebäck, Obst und Süßigkeiten).

Lösungen:

1. farbig　2. bunten　3. farbigen　4. farbig　5. bunt　6. farbigem
7. bunten

keiner 与 niemand 有什么区别?

keiner 与 niemand 都是否定代词，但它们之间有细微的区别。niemand 只能否定人，含义是泛指多数人中没有一个人，男女性属不限，人数多少不定。而 keiner 既可否定人，也可否定事，是指在一定的范围、一定数量内没有人或没有什么东西，这个范围或数量说话者心中是有所指的，另外 keiner 有示性词尾，即阳性是 keiner，阴性是 keine，中性是 keines，复数是 keine。

为了区别得更清楚起见，我们可以与其相应的肯定形式作对比：

niemand 的反义词是 jemand，泛指任何一个人。例如：

Jemand klopft an die Tür. 有人敲门。

Er muss **jemanden** suchen, der ihm helfen kann. 他得找一个能帮助他的人。

keiner 的反义词是 einer，是指一定范围或一定数量当中的一个人或一件事物。例如：

Wer hat das getan? Es kann nur **einer** von den beiden gewesen sein. 这是谁干的？这肯定是那两个人当中的一个人干的。

Eines von den Bildern habe ich geschenkt bekommen. 这些图片中有一张是别人送给我的。

niemand 和 keiner 与 jemand 和 einer 用法相同，只是表达相反的意思。在语言的实际运用中 keiner 与 niemand 亦有相通之处，请看下面的前两组例句：

1. a) Das kann niemand anders als er. 这除了他，不可能是别人。（这里是泛指没有任何人。）

   b) Das kann kein anderer als er. 这除了他，不可能是别人。（这里强调的是说话者心目中已知人数中没有一个人。）

2. a) Niemand von uns hat es bemerkt.

   b) Keiner von uns hat es bemerkt.

这种情况下两个词的用法可以通用。这是指在"我们"这个范围内没有人，但其数量并未限定。

3. a) Niemand von beiden würde das tun. (x) 这个句子之所以不能成立，是因为 beide 是两个限定的已知数，因此只能用 keiner。

   b) Keiner von beiden würde das tun. 这两个人当中没有人会去干这件事。

leider 和 schade 的正确使用

在低年级德语教学过程中，发现一些初学者在使用 leider 和 schade 两词时往往容易弄错。这两个词在意义上虽然相近，都是"可惜"或"遗憾"，但他们不属同一词类，使用时不能互相替换。

1. Oh, das ist schade!（哦，这真可惜！），不能说 Oh, das ist leider!

2. Leider ist sie krank.（遗憾的是她病了。），不能说 Schade ist sie

krank.

3. Ich habe leider keine Zeit.（可惜我没时间。）不能说 Ich habe schade keine Zeit.

使用时要弄清楚：schade 是形容词，它只能与动词 sein 连用，构成系表结构，而 leider 是副词，作状语，能同其他动词连用。

Übungen: leider oder schade?

1. Der Karton ist zu _____ zum Wegwerfen.

2. Das ist mir _____ nicht bekannt.

3. Das Buch ist _____ nicht da.

4. Es ist _____, dass du nicht kommen kannst.

5. Wie _____, dass ich so wenig Zeit habe.

6. Er hat sich beim Sturz _____ verletzt.

7. „Er kann nicht mitgehen." „O wie _____!"

8. Da können wir ihnen _____ nicht helfen.

9. „Ich kann nicht kommen." „Das ist aber _____!"

10. _____ ist das Wetter so schlecht.

Lösungen:

1. schade 2. leider 3. leider 4. schade 5. schade
6. leider 7. schade 8. leider 9. schade 10. Leider

Erziehung – Bildung – Ausbildung

这三个词有一个共同的含义，即对人的"培养"、"教育"，但它们在使用上又有区别。下面试分析一下这三个词。

Erziehung（包括动词 erziehen）指对未成年人，即精神、道德或体质上未成熟的人的教育，多用在儿童或青少年。我们所讲的德育、智育、体育、美育即：moralische, geistige, körperliche und ästhetische Erziehung。它是外来的指导或影响，如父母、学校、教会、国家的影响，目的是教育人们学会一种行为方式。比如可以说 jn. zur Höflichkeit, zur Pünktlichkeit, zur Toleranz, zum Gehorsam, zur kritischen Haltung ... erziehen。如果一个孩子学会了教育者所规定的行为，就可以说 Das Kind ist gut erzogen. 这个词用于成年人，往往带有教训的意味，如：Hier müssten erst einmal die Eltern erzogen werden.

Bildung 指较高等的教育。特指成年人精神气质上的教养，知识和能力以及判断和分析水平的培养。中文可译成"修养"和"教养"。人们可以说 eine vielseitige, umfassende Bildung（多面的，全面的教育），das gehört zur allgemeinen Bildung（这属于一般性知识），ein Mann von Bildung（一位有教养的人）。Bildung 可以是外来的，也可以是自授的，如：eine Bildungsreise machen, durch das Selbststudium zur Bildung gelangen。

Ausbildung（包括动词 ausbilden）特指培养和传授某种知识技能，培养某类专门人材，以便为将来的职业作准备。如：jn. im Zeichnen, zum Facharzt ausbilden, Kader oder Lehrlinge ausbilden 等等。现在德国对中学毕业生进行职业技能训练，受训练者（即学徒工）叫 Auszubildender，培训者叫 Ausbilder。Lehrling 这个词今天已少用。一九六九年八月十四日开始实行新的职业训练法，其中特规定取消这个古老概念，对学徒工一律称作 Auszubildender，简称 Azubi。

Übungen: Erziehung, Bildung oder Ausbildung?
1. Er wurde in einem Internat ...

2. Er wurde zu einem Schlosser ...

3. Dieser Diplomat hat eine vorzügliche ... erhalten.

4. Als Professor muss er das wissen, das gehört doch zur allgemeinen ...

5. Ich bin als Sekretärin ...

6. Er ist ein Mann von ...

7. Der Vater eines unehelichen Kindes hat die ...skosten zu tragen.

8. Sie lässt sich zur Tänzerin ...

Lösungen:
1. erzogen   2. ausgebildet   3. Bildung   4. Bildung   5. ausgebildet
6. Bildung   7. Erziehung   8. ausbilden

nächst 一词的基本用法

形容词 nah(e) 的最高级形式 nächst 解释为"靠得最近的（地点）、紧接着的（时间）"。比如：der nächste (kürzeste) Weg 最近的路；die nächsten Verwandten 近亲；Er steht mir am nächsten. 他和我最亲近，即：他是我的密友。

上面几个例子中 nächst 都是指一种直接的、可感觉到的空间的接近。

nächst 修饰时间时，意为"紧接着"，例如：

dieses Jahr 今年　　　　　　nächstes Jahr 明年

diesen Monat 本月　　　　　nächsten Monat 下个月

an diesem Tag 当天　　　　 am nächsten Tag 第二天，次日

同样，nächst 也用于表达次序，例如：

das nächste Mal 下一次；das nächste Kapital 下一章；Als Nächstes (= nächste Aktivität) ist ein Museumbesuch geplant. 下一次活动安排参观博物馆。

上面几种用法，意思都十分明了，但是，nächst 有时也会引起一些误解，比如：

Im Februar schrieb die Mutter seinem Sohn, dass sie ihn im nächsten Sommer besuchen will.

这句中的 nächst 应是指明年的夏天，但容易被误解为今年的夏天。

从上面这个例句中我们可以看出，nächst 不能单纯理解为"紧接着"的意思，否则的话，im nächsten Sommer 就会被误解成今年的夏天。因此，我们要把"一年"理解成一个整体，这一整体中的每个季节都用 dieser，既使在修饰还未到来的夏天时，我们也只能用 dieser，而不能用 nächst。又如，nächsten Sonntag 如理解成"紧接着来到的那个星期日"的话，那就要误解成"本星期日"，其实，nächsten Sonntag 应该与 diese Woche 相比较而言，指"下星期日"。

nächst 在修饰地点时也要注意区别，如：diese Station 指火车正停靠的车站，nächste Station 指火车即将停靠的车站。

当然，如果在文章中同时出现 dieser 和 nächst 的话，就不会产生任何误解，比如：

Wir wollen uns nicht diesen, sondern nächsten Freitag (Freitag der folgenden Woche) treffen. 我们不是在本星期五，而是在下星期五见面。

Wir fahren im diesjährigen Urlaub nach Oberwiesenthal und im nächsten an die Ostsee. 我们今年去上魏森谷度假，明年去波罗的海度假。

有时为了让意思更明确，我们还可以用一个定语，作进一步解释，比如：am Sonntag nächster Woche 下周星期日；im Sommer nächsten Jahres 明年夏天。

如何表达"与……相比"？

德语中除 wie（等值比较）和 als（不等值比较）及（sich）mit ... vergleichen, sich mit ... an ... (D.) messen 等动词外，还有一些介词及词组可表示比较，如：

gegenüber

Gegenüber einer Dampflok hat eine Elektrolok viele Vorzüge.
与蒸汽机车相比，电气机车有很多优点。

Gegenüber dem vergangenen Jahr ist die Produktion um 10% gestiegen. 与去年相比，生产增加了 10%。

gegen

Gegen die Sonne ist die Erde nur ein kleiner Ball.
与太阳相比，地球只是一个小星球。

Gegen seinen Bruder ist er sehr still.
与他兄弟相比，他很文静。

neben

Neben dieser Sängerin verblassen alle anderen.
与这位女歌唱家相比，其他人都大为逊色。

Neben diesem Unternehmer kann er nicht bestehen.
与这位企业家相比，他可能不行。

im Vergleich zu (mit)

Im Vergleich mit dem vorigen Jahr haben wir große Erfolge erzielt.
与去年相比，我们取得了巨大成就。

Im Vergleich zu dir tanzt er viel besser.
与你相比，他舞跳得好多了。

im Verhältnis zu

Der Arbeitsaufwand stand in keinem Verhältnis zu dem erzielten Ertrag. 消耗的劳动与所取得的成果无法相比。

Befestigungsklemmen sind im Verhältnis zum Werkstoff zu groß.

紧固装置与工件相比要大得多。

an ... gemessen

Am Dom in Köln gemessen ist die Frauenkirche nur klein.

与科隆教堂相比，圣母教堂就算小的了。

An diesem Maßstab gemessen ist es nicht zu erlauben, dass die Geräte das Werk verlassen.

用这个标准来衡量，这些仪器不允许出厂。

verglichen mit

Verglichen mit der bildenden Kunst ist die Musik die abstrakte Kunst.

与造型艺术相比，音乐是抽象艺术。

表示时间重复（Wiederholung）和持续（Dauer）的形容词

表示时间的名词，如 Stunde，Tag，Woche，Monat，Jahr 等一般加后缀 -lich 就构成表示时间重复的形容词，在句中通常作副词或形容词用，加后缀 -ig 则构成表示时间持续的形容词，在句中总是作形容词用，例如：

stündlich	Schwester Monika misst stündlich die Temperatur der Kranken. （护士莫尼卡每小时给病人量体温。）
-stündig	In der einstündigen Mittagspause geht er essen. （他在一小时的午休期间去吃饭。）
täglich	Sie begleitet den Arzt bei seinem täglichen Besuch der Kranken. （她每天陪同医生查病房。）
-tägig	Jedes Jahr organisiert er für seine Kollegen eine mehrtägige Reise. （他每年为他的同事们组织一次历时几天的旅行。）
wöchentlich	Seine wöchentliche Arbeitszeit beträgt im Durchschnitt 40 Stunden. （他每周的工作时间平均为 40 小时。）

-wöchig	Ihren vierwöchigen Urlaub verbringt sie meistens auf dem Lande.
	（为期四周的假期她通常在乡下度过。）
monatlich	Er verdient monatlich etwa 2500 Euro.
	（他每月大约挣 2500 欧元。）
-monatig	Sie will an einem zweimonatigen Qualifizierungslehrgang teilnehmen.
	（她要参加为期两个月的进修班。）
jährlich	Jährlich erhält er vier Wochen Urlaub.
	（他每年有四周的假期。）
-jährig	Sie arbeitet nach einem dreijährigen Studium an einer Medizinischen Schule in einem Krankenhaus.
	（她在医科学校学习三年后在医院工作。）

Übungen: -ig oder -lich?

1. Die Studenten der Technischen Hochschule hören täg- Vorlesungen.
2. Es gibt einstünd- Vorlesungen.
3. Alle Studenten erhalten ein monat- Stipendium.
4. Die wöchent- Arbeitszeit im Labor beträgt 20 Stunden.
5. In jedem Studienjahr finden mehrtäg- Exkursionen statt.
6. Am Schluss des Studienjahres nehmen die Studenten an einem mehrwöch- Betriebspraktikum teil.
7. Jähr- einmal legen sie Zwischenprüfungen ab.
8. Nach fünfjähr- erfolgreichem Studium sind sie Diplomingenieure.

Lösungen:

1. lich 2. ige 3. liches 4. liche 5. ige 6. igen 7. lich 8. igem

legen – stellen – setzen

三个动词译成汉语都叫"放、置、搁、摆"，但意思不尽相同，用法也不一样，必须注意其中的细微区别。尤其在组成固定搭配时，各自的意思相差更远。

legen

1. 指把某物平放到某处（zum Liegen bringen）：

   Ich habe den Brief auf den Tisch gelegt.

   我把信放在桌子上了。

   Die Mutter legt das Kind ins Bett.

   母亲把孩子放到床上（使之躺在床上）。

2. 放置、设置某物：

   Auf den Boden wurde ein Teppich gelegt.

   地板上铺了一块地毯。

   Gasröhren (Kabel, Minen) werden gelegt.

   铺设煤气管道（电缆，地雷）。

   Gestern wurde der Grundstein für das Kulturzentrum gelegt.

   昨天文化中心举行了奠基仪式。

   Das Huhn legt jeden Tag ein Ei.

   这只鸡每天下一个蛋。

3. 固定搭配的用法：

   die Hände in den Schoß legen

   Jetzt kann der alte Mann die Hände in den Schoß legen.

   现在这位老人不用再干事了。

   Geld auf die hohe Kante legen

   Obwohl er nur wenig verdient, hat er schon viel Geld auf die hohe
   Kante gelegt.

   他虽说挣钱不多，但也已积攒了不少钱。

   jemandem Steine in den Weg legen

   Seine Gegner legten ihm Steine in den Weg.

   他的对手给他造成了许多困难。

   Wert auf etwas legen

   Wir legen großen Wert auf unsere Zusammenarbeit.

   我们很重视我们之间的合作。

stellen

1. 把某人或某物（直立地）放在一个地方：

   Die Mutter stellt das Kind auf den Stuhl.

   母亲把孩子放在椅子上。（站着）

162

试比较：Die Mutter setzt das Kind auf den Stuhl.（坐着）。

Ich stelle mich ans Fenster. 我站到窗边。

试比较：Ich setze mich ans Fenster. 我坐到窗边。

Er hat die Hefte in den Schrank gelegt und die Bücher ins Regal gestellt.

他把本子放到柜子里，把书摆到书架上。

Wir müssen die Tische und Stühle ins Zimmer stellen.

我们必须把桌椅都搬进房间里去。

2. 固定搭配用法：

jemanden vor ein Problem stellen

Ich hoffe nur, dass Sie mich damit nicht vor ein Problem stellen.

我只希望您不要以此给我出难题。

sich hinter jemanden stellen

Immer, wenn ich Schwierigkeiten bekomme, stellt er sich hinter mich. 只要我遇到困难，他总是支持我的。

jemandem etwas zur Verfügung stellen

Wenn du bei uns Urlaub machst, können wir dir unser Auto zur Verfügung stellen.

要是你到我们这里来度假，可以用我们的汽车。

setzen

1. 指使人坐下或把某物放到一个比较精确的位置：

Setzen Sie sich bitte! 请坐！

Er setzt sich in den Sessel. 他坐到沙发上。

Der König setzt den Becher an den Mund.

国王把杯子举到嘴边。

Der Koch setzt den Topf auf das Feuer.

厨师把锅放在火上。

Er hat den Hut auf den Kopf gesetzt.

他把帽子戴到头上。

2. 有放置的意思，但在不同的用法中，译成中文时都不一样：

Der Student hat eine Wohnungsanzeige in die Zeitung gesetzt.

学生在报纸上登了一则住房广告。

Lesen Sie den Vertrag genau durch, bevor Sie Ihren Namen darunter setzen.

请在签名之前先仔细看一遍合同。

Im Frühjahr haben wir zwei Bäume in unserem Garten gesetzt.

今年春天，我们在院子里栽了两棵树。

Wie wird diese Maschine in (außer) Betrieb gesetzt?

这台机器怎么开（关）？

3. 固定搭配的用法：

jemanden unter Druck setzen

Er versuchte, mich unter Druck zu setzen.

他企图向我施加压力。

etwas in (außer) Kraft setzen

Das Gesetz wurde in (außer) Kraft gesetzt.

法律生效（失效）了。

jemanden von etwas in Kenntnis setzen

Haben Sie Ihren Chef von Ihrem Entschluss in Kenntnis gesetzt?

您已经把决定告诉了您的领导了吗？

Übungen: legen, stellen oder setzen?

1. Die Mutter ... den Stuhl an den Tisch, ... ein Kissen auf den Stuhl und ... den kleinen Sohn darauf.

2. Nach der Arbeit ... er den Besen in die Ecke.

3. ... bitte den Topf mit Kartoffeln aufs Feuer!

4. Die Mutter ... die bunten Ostereier auf einen Teller.

5. Wir haben eine Leiter an den Apfelbaum ...

6. Wohin hast du die Servietten ...?

7. Sie ... eine Vase mit Rosen auf das Tischchen.

8. ... Sie bitte den Zettel auf meinen Schreibtisch!

9. Bitte ... Sie die Lexikonbände in einer Reihe in den Schrank!

10. Er ... mir die Hand auf die Schulter.

11. Er ... das Glas an den Mund und trank es leer.

12. Sie hat den Hut schief auf den Kopf ...

Lösungen:

1. stellt, legt, setzt   2. stellt   3. setz   4. legt   5. gestellt   6. gelegt
7. stellt   8. Legen   9. stellen   10. legt   11. setzt   12. gesetzt

als, wie, denn

德语的细腻之处，往往被人忽略，有时连德国人也难免失误。柏林《每日镜报》刊登 Walter Krathwohl 的一篇语法讲座中，谈到连接词 als, wie, denn 用法上的细微差别：

一位德国中学生对他的同学说：„Du hast doppelt soviel Fehler in der Klausurarbeit als ich!" 那位同学立即回答：„Mit diesen Worten hast du gleich einen gravierenden Fehler gemacht, denn es heißt nicht doppelt soviel Fehler als, sondern doppelt soviel Fehler wie!"

后者的回答是正确的。因为根据现代德语语法，doppelt soviel wie 是正确的，而 doppelt soviel als 是错误的。过去情况却不一样，那时 als 往往紧随在"原级"（Positiv）后面，而在 wie 之前既可使用"原级"，也可使用"比较级"（Komparativ），如：Er ziert ihn schön, als ihn der Lorbeer selbst nicht zieren würde" (Goethe). 又如 „... Wenn ich ihr Handwerk einst besser begreife wie jetzt" (Goethe).

现代的德语语法对这类连接词的使用作了明确规定：在"原级"之后使用 wie；"比较级"之后使用 als。即使这样，差错依然不能避免。Walter Krathwohl 提到他不久前从电台的广播中听到 Der Herr Minister ist ebenso klug als sein Vorgänger. 这样的句子。他认为，这句话应该是：Der Minister ist so (ebenso) klug wie sein Vorgänger.

至于连接词 denn 则和"比较级"连用。如遇上 als als 情况时，可使用 denn 以避免这类别扭的词句。例如：Nietzsche ist als Denker bedeutender **als als** Dichter. 如果使用 denn，则更为通顺，而且符合规范：Nietzsche ist als Denker bedeutender, **denn als** Dichter. （尼采作为思想家比他作为诗人更重要。）

由此可见，我们应注意德语的细腻之处。

zu 和 für 与名词表示目的

德语中常用动词不定式 um … zu（同主语）或带连词 damit 的从句表示目的，但是为了使句子简练，这类句子可以用 zu 和动名词（或其他名词）代替。

如：Der Lehrer gibt uns zwei Wochen Zeit, damit wir uns auf die Prüfung vorbereiten.

Der Lehrer gibt uns zwei Wochen Zeit *zur Vorbereitung auf die Prüfung.*
（老师给我们两星期的时间准备考试。）

Die Studenten machen viele Vorschläge, um den Unterrichtsplan zu verbessern.

Die Studenten machen viele Vorschläge *zur Verbesserung des Unterrichtsplans.*（为了改进教学计划，学生们提了许多建议。）

如果某些动词（如 ausgeben, geben, arbeiten, kämpfen, studieren, wiederholen, bekommen 等）本身能支配介词 für，那么用 für 和动名词（或其他名词）表示目的，可以替代上述几种形式。

如：Die Eltern geben dem Kind jeden Monat 20 Euro *für Kinobesuch.*
Die Eltern geben dem Kind jeden Monat 20 Euro, damit es das Kino besucht.（父母每月给孩子 20 欧元看电影。）

Für die Renovierung alter Häuser wurde viel Baumaterial verbraucht.

Um alte Häuser zu renovieren, wurde viel Baumaterial verbraucht.

Zur Renovierung alter Häuser wurde viel Baumaterial verbraucht.（为了修理旧的房屋使用了许多建筑材料。）

wenigstens 和 mindestens

wenigstens 和 mindestens 同为副词，两词都有"至少"这层含义，但却不尽相同。

例：Wenigstens / Mindestens drei Tage will er bleiben.（他至少要呆三天。）

在这一例句中，wenigstens 和 mindestens 都适用，但我们只需将这句话念一遍，就会发现：有 wenigstens 的这句话中，句子重读在 drei Tage，有 mindestens 的这句话中，句子重读在副词 mindestens 上。这说明，句中使用 mindestens，强调的是最低限度，即还存在进一步延伸的可能性，使用 wenigstens 也有"至少"的意思，也可以表达延伸的可能性，但由于重读在时间词上，人人往往只想到时间，而忽略了延伸的可能性。所以，wenigstens 和 mindestens 都可表达"至少"的意思，但在理解上是不同的。

在表达"至少"这层含义，需强调最低限度时，最好使用副词 mindestens。因为使用 wenigstens 口气不及 mindestens 强烈，人们难以理解为最低极限。只有使用 mindestens，才更确切。

其次，wenigstens 除了"至少"这层含义外，还有别的含义。wenigstens 有时等同于 immerhin 或 jedenfalls。

例：Er hat sich wenigstens entschuldigt.（他毕竟已经道歉了。）

此句表达的是 immerhin 的意思，即"毕竟，总还是"，所以 mindestens 不能代替 wenigstens。

我们再来看另一个例句：Wenigstens muss er ins Krankenhaus.（不管怎样，他必须去医院。）

在此处，wenigstens 表达的是 jedenfalls 的意思，即"不管怎样，无论如何"，这也是 mindestens 不能代替的。

由于 wenigstens 具备 jedenfalls, immerhin 的意思，我们在表达"至少"这一含义时，也应尽量避免使用 wenigstens，以防混淆。

例：Du hättest dich mindestens entschuldigen sollen.（你起码也该道歉的。）

例句表达的是，当事人除了道歉以外，还得做点别的事。在此使用 wenigstens 当然也可以，但却容易让人误解为等同于 immerhin，那么它表达的意思就不一样了。

hin oder her?

1. 德语中表达人或事物的运动有两种可能性。一种只是单纯说明施动者位置的移动，如：

Herr Meier überquert die Straße.（麦耶尔先生过马路。）

Ein alter Mann betrat die Gaststube.（一位老人走进餐厅。）

Schon nach wenigen Minuten verließ er die Gaststube.（过了短短的几分钟他就离开餐厅了。）

Die Quecksilbersäule steigt.（水银柱上升。）

另一种是以句子的陈述者为基点，说明施动者运动的方向是朝陈述者靠近还是离去，这就要通过副词 hin 和 her 或动词前缀 hin 和 her 以及由 hin 和 her 与表示方位的介词 (in, an, auf, über, unter, aus 等) 来表达。hin 表达作为主语的施动者离开陈述者朝某一方向运动；her 表达作为主语的施动者从某一方向朝陈述者趋近。请看下面的例句：

Herr Meier kommt zu mir herüber.

麦耶尔先生朝我走来。（朝陈述者方向运动）

Hans geht hinüber. 汉斯走过去。（离陈述者方向运动）

Ein alter Mann kam herein.

一位老人走进来。（陈述者在屋里，朝陈述者方向运动）

Eine Frau ging hinaus.

一个女子走出去。（陈述者在屋里，离陈述者方向运动）

Ein alter Mann kam hinein.

一位老人走进去。（陈述者在屋外，离陈述者方向运动）

Eine Frau kam heraus.

一个女子走出来。（陈述者在屋外，朝陈述者方向运动）

Der Mann steigt hinunter.

男人下去了。（陈述者在上面，离陈述者方向运动）

Er brachte einen Eimer voll Wasser herauf.

他提了满满一桶水上来。（陈述者在上面，朝陈述者方向运动）

另外，vor ... her 或 hinter ... her 则指带领……或跟随……运动，如：

Der Kleine zog ein Holzpferdchen hinter sich her.

（小男孩拉着木马走。）

Er lief hinter dem Ball her.（他跟在球后面跑。）

Mein Freund fuhr vor mir her, um den Weg zu zeigen.

（我的朋友在我前面开车，给我带路。）

Die Kinder liefen neben unserem Wagen her.

（孩子们跟在我们的车旁跑。）

2. hin 和 her 与其他词（动词、介词等）构成的词还可以表达时间概念：

1) Die Verhandlungen zogen sich bis zum Frühjahr des darauffolgenden Jahres hin.（谈判一直拖到次年春天。）

2) Er arbeitet immer bis tief in die Nacht hinein.

（他总是干到深夜。）

3) Seither hat sich daran kaum etwas geändert.

（自此以后几乎毫无改变。）

4) Durch viele Jahrhunderte hindurch war dies das Hauptziel der britischen Außenpolitik.（这在许多世纪里一直是英国外交的主要目标。）

5) Bis dahin wird noch viel Wasser den Rhein hinunterfließen.

（要等到那时还早着呢！）

6) Ich hoffe, dass wir auch <u>weiterhin</u> zusammenarbeiten werden.

（希望我们今后继续共事。）

7) Ich weiß das noch von früher <u>her</u>. （这我早就知道了。）

8) Ich habe Sie doch <u>vorhin</u> schon einmal danach gefragt.

（这事我早就问过您了。）

9) Können Sie <u>nachher</u> noch einmal anrufen?

（您以后能再来个电话吗？）

Übungen: hin oder her?

1. Können Sie mir helfen, den schweren Koffer vom Schrank _____ unterzuholen?

2. Die Schublade ist schon ganz voll, es geht wirklich nichts mehr _____ ein.

3. Die Flugzeuge rasten mit Überschallgeschwindigkeit über die Dächer _____ weg.

4. Sie dürfen über solche Feinheiten nicht einfach _____ weglesen.

5. Regenmäntel zu _____ abgesetzten Preisen!

6. Wir haben Millionen _____ eingesetzt, _____ ausgesprungen ist so gut wie nichts.

7. Na, hören Sie mal! Diese Argumente sind aber sehr weit _____ geholt.

8. Er konnte das alles auswendig _____ sagen.

9. Darf ich noch etwas _____ zufügen?

10. Dieser Politiker soll ins andere Lager _____ übergewechselt sein.

11. Ach was! Er redet manchmal so dummes Zeug da_____. Das dürfen Sie nicht ernst nehmen.

12. Ich habe keine Lust mehr, am liebsten möchte ich alles _____ werfen.

13. Dieses Gasthaus ist wegen seiner ausgezeichneten Küche weit _____ bekannt.

Lösungen:

1. her 2. hin 3. hin 4. hin 5. her 6. hin, her 7. her
8. her 9. hin 10. hin 11. her 12. hin 13. hin

formell, formal, formalistisch, förmlich

formell 作"按照规定的","正式的","官方的","礼节性的","形式上的"解：

Er hat dem Freund seines Vaters einen formellen Besuch gemacht.

他对父亲的朋友进行了礼节性的拜访。

Sein Antrag ist formell abgelehnt worden. 他的申请被正式拒绝。

formal 意思是"外表的","形式上的"：

Die beiden Wörter sind formal verschieden, bedeuten aber das gleiche. 两个词形式不同，词义却一样。

formal 作"形式上的"解时与 formell 有些细微的区别。formal 强调的是外形给人的印象，而 formell 指的是官方写成的东西。如果说 formalen Widerstand leisten 意思是看上去是抵抗，而实际上却没有。ein formell demokratischer Staat 指的是以法律形式确定的民主国家，即宪法上写着的是民主国家。

formalistisch "形式主义的","拘泥于形式的","过分强调形式的"，其涉及的主要不是形式或外表（formal），也不是规定（formell），而是行为的方式，指某人干某事只注意形式，不管实质如何。

förmlich 与 formell 意思相同，指"正式的","官方的"：

Er hat eine förmliche Einladung bekommen. 他得到正式邀请。

此外，förmlich 还有"死板的","简直","真的"意思：

Er erschreckte mich förmlich, als er mich rief.

他一喊，真吓我一跳。

Er benimmt sich förmlich. 他行为死板。

Übungen: formell, formal, formalistisch oder förmlich?

1. Ihm wurde die Aufenthaltsgenehmigung ... erteilt.

2. Er wurde von einer ... Angst ergriffen.

3. Die Losungen in vielen Läden wie „Freundlichkeit, Qualität" sind durch einen ... Charakter gekennzeichnet.

4. Die Staatsbürger üben durch die Wahlen ... die Kontrolle gegenüber dem Staat aus.

5. Die Möbel sind ... sehr modern und schön.

6. Während der Diktatur Hitlers wurde das Einparteiengesetz erlassen. Dadurch wurde das parlamentarische Regierungssystem auch ... abgeschafft.

7. Er verabschiedete sich ganz ... .

8. Die beiden Wörter unterscheiden sich nicht nur ..., sondern auch inhaltlich.

9. Wenn man in eine andere Stadt umzieht, muss man sich polizeilich ... anmelden.

10. Der Bundeskanzler schlägt die Minister vor, die vom Bundespräsidenten nur noch ... ernannt werden.

11. Die Frau wird bei uns dem Mann tatsächlich, nicht ... gleichgesetzt.

12. Vor den Bekannten sind sie so vertraut wie Brüder. Aber wenn die Bekannten weggehen, sind sie wieder ... .

Lösungen:

1) formell   2) förmlichen   3) formalistischen   4) formell

5) formal   6) formell   7) formell / förmlich   8) formal

9) formell   10) formell   11) formal   12) formell

Aggression - Aggressivität

Aggression 表示对它国的进犯，侵略。用在心理学上则表示一个人的进攻性行为。Aggressivität 也表示侵略性的行为，但区别于 Aggression，它指的是行为。Aggressivität 则指的是一种天性，一种侵略态度，一种心理状态。

Übungen: Aggression oder Aggressivität?

1) Viele Staaten verurteilten damals scharf die ... des Iraks auf Kuwait.

2) Der Arzt meint, dass seine ... von der Scheidung der Eltern verursacht wird.

Lösungen:
1) Aggression 2) Aggressivität

akut – aktuell

一件事已迫在眉睫，不得不马上处理，就用 akut。akut 用来形容病时则和 chronisch 相对，表示急性发作的病。

aktuell 与时事有关，是符合当前形势或目前情况的。试比较：

In allen Ländern ist das Problem der Umweltverschmutzung akut.

所有国家的环境污染问题都亟待解决。

Im Bundestag wurde über das aktuelle Thema der Asylbewerber aus anderen Ländern debattiert.

联邦议会对来自其他国家避难者的现实问题进行过辩论。

总而言之，aktuell 与时间有关，而 akut 指此时此刻出现的情况或需要及时解决的问题。

Übungen: akut oder aktuell?
1) Die Krise am Golf ist ein … Thema geworden.
2) Die Aufrüstung der Großmächte bedeutet eine … Bedrohung für den Weltfrieden.
3) Das Problem der Bevölkerungsexplosion wird jetzt …
4) Die 29. Olympiade war ein … Ereignis für uns alle.
5) Wegen einer … Blinddarmentzündung wurde er operiert.

Lösungen:
1) aktuelles 2) akute 3) akut 4) aktuelles 5) akuten

abschlagen – ablehnen – verweigern – sich weigern

这几个词都作"拒绝"讲，不同的是宾语不一样或用法有所区别。

jm. etwas abschlagen 常用在对请求或愿望的拒绝：

Die Mutter hat ihm die Bitte abgeschlagen. 母亲拒绝了他的要求。

Der Direktor schlug ihm den Antrag ab. 厂长拒绝了他的申请。

如果没有第三格间接宾语，那么就用 ablehnen。官方的正式拒绝一般用 ablehnen:

Sein Gesuch wurde unbegründet abgelehnt.

他的申请没讲什么理由就被拒绝了。

verweigern 往往表示有某种权力或理由拒绝什么，宾语可以是一件东西，一笔款项或一个答复等:

Er hat vor Gericht die Aussage verweigert. 他在法庭上拒绝作证。

Unsere Nachbarn verweigern uns nie Hilfe, wenn wir uns an sie wenden. 如果我们求助于我们的邻居，他们从来没有拒绝过我们。

sich weigern 和 ablehnen 意思相同，但一般来说跟带个 zu 的不定式:

Der Vermieter weigert sich, die Heizung reparieren zu lassen.

房主拒绝修理暖气。

Übungen: abschlagen, ablehnen verweigern oder sich weigern?

1. Du darfst _____ nicht _____, den Befehl auszuführen.

2. Er hat vor Gericht die Aussage _____.

3. Ich kann ihr diese Bitte nicht _____.

4. Ihm wurde das Visum _____.

5. Die Behörde _____ der Frau die Steuerermäßigung.

6. Mein Vater hat uns noch nie einen Wunsch _____.

7. Sie _____ _____, diese Arbeit zu übernehmen.

8. Er hat das Unterschreiben des Briefes _____.

9. Das Kind _____ _____ immer, in den Kindergarten zu gehen.

10. Mein Antrag wurde unbegründet _____.

11. Ich habe die Annahme des Päckchens _____.

12. Sie _____ _____, uns eine Auskunft zu geben.

Lösungen:

1) dich weigern   2) verweigert   3) abschlagen   4) verweigert

5) verweigerte   6) abgeschlagen   7) weigert sich   8) verweigert

9) weigert sich   10) abgelehnt   11) verweigert   12) weigert sich

bedenklich – nachdenklich

如果一件事令人担忧，让人不相信或使人怀疑，那么就用
bedenklich:

Die Zahl der Jugendkriminalität ist bedenklich gestiegen.

青少年犯罪的数字增长令人担忧。

如用 bedenklich 形容人，则表示带着怀疑的态度：

Warum machst du so ein bedenkliches Gesicht? 你为何呈怀疑神色？

nachdenklich 意为思考的，爱动脑筋的：

Der Mann schaut nachdenklich zum Fenster hinaus.

这个人若有所思地从窗子往外瞧。

我们来看下面两个词组的区别：

ein nachdenkliches Gesicht machen 意思是说露出一副陷入沉思的面
目表情

ein bedenkliches Gesicht machen 则指面有担忧、害怕、怀疑的神色

Übungen: bedenklich oder nachdenklich?

1. Mein kleiner Bruder macht immer eine _____ Miene, als ob er vor einer großen Entscheidung stände.

2. Ihr Mann liegt seit zwei Wochen im Krankenhaus. Sein Gesundheitszustand ist _____.

3. Die Wirtschaftslage in diesem Land hat eine _____Wendung genommen.

4. Als er ihre Entscheidung erfuhr, wurde er _____.

5. Als er hörte, dass sein Freund monatlich 7000 Yuan verdiente, machte er ein _____ Gesicht.

6. Dass ihre Tochter keine Arbeit finden kann, macht die Mutter sehr _____. Sie muss ihrer Tochter irgendwie helfen.

7. Als ich ins Zimmer kam, fand ich ihn _____ vor sich hinsehend.

8. Ich glaube, er macht _____ Geschäfte.

Lösungen:

1) nachdenkliche   2) bedenklich   3) bedenkliche   4) nachdenklich
5) bedenkliches   6) nachdenklich   7) nachdenklich   8) bedenkliche

bekannt - berühmt

这两个词都作"有名的"、"著名的"解，它们之间有着细微的差别。berühmt 包含着"取得了很大的成就而被大家公认"的意思，而 bekannt 可以用于贬义，坏得出名，如：

Er ist als Lügner bekannt. 他是臭名昭著的骗子，在这里 bekannt 就不能用 berühmt 代替。此外，bekannt 作"熟知的"、"熟悉的"讲时，也不能用 berühmt 替换：

Ist dir dieser Roman bekannt? 你知道这本小说吗？

Übungen: bekannt oder berühmt?

1. Die Nanjing-Straße in Schanghai ist allgemein _____ in China.
2. Der Roman „Die Hälfte des Mannes ist Frau" hat Zhang Xianliang mit einem Schlag _____ gemacht.
3. Der Arzt ist für sein ärztliches Können _____.
4. Der Grund für die Ablehnung seines Antrags ist mir nicht _____.
5. Er ist durch diesen Artikel über Nacht _____ geworden.
6. Sie ist dafür _____, dass sie sehr geizig gibt.
7. Lei Feng ist eine _____ Person in China.

Lösungen:

1) bekannt   2) bekannt / berühmt   3) bekannt / berühmt
4) bekannt   5) bekannt / berühmt   6) bekannt
7) bekannte / berühmte

unterschiedlich – verschieden

unterschiedlich 只是程度上的差异。被比较的对象在总的方面是一致的，有区别的只是在具体方面。而 verschieden 则不同，被比较的对象相互之间没有一点共同之处，在所有方面都不一样。如果说 unterschiedlich 只是程度上有所差别的话，verschieden 则有本质的不同，甚至是对立的。verschieden 还有"一些"，"有些"的意思：

Sie haben über verschiedene Probleme diskutiert.
他们讨论了一些问题。

Übungen: unterschiedlich oder verschieden?

1. Die Beiden haben grundlegend _____ Weltanschauung.

2. Wegen der Meinungs_____heit sprechen sie miteinander nicht mehr.

3. Die Prüfungsleistungen dieses Studenten sind _____ von Semester zu Semester.

4. Die Studenten _____ Universitäten haben an dem Sportfest der Hochschulen teilgenommen.

5. Manche Krankenschwester behandeln die Patienten _____.

6. Sie hatten _____ Interessen und gingen schließlich auseinander.

Lösungen:

1) verschiedene   2) -verschieden-   3) unterschiedlich

4) verschiedener   5) unterschiedlich   6) verschiedene

schaffen – erreichen

首先应该区分的是 erreichen 不能有带 zu 的不定式作宾语，不能说 Er hat es erreicht, Bürgermeister zu werden. 这句话应改为：Er hat es geschafft, Bürgermeister zu werden.

erreichen 只能有个第四格的宾语。erreichen 往往包含着一种目的或愿望：ein Ziel, einen Zweck erreichen 达到目的。

schaffen 加 zu 的不定式表示成功。

schaffen 后跟一个第四格的宾语，表示完成、实施：Er hat die Prüfung nicht geschafft. 他考试没及格。

Übungen: schaffen oder erreichen?

1. Wenn wir unser Ziel _____ wollen, müssen wir die Voraussetzungen _____.

2. Er kann die Arbeit nicht allein _____.

3. In der Nacht haben wir das Dorf _____.

4. Der Brief hat mich nicht _____.

5. Wenn wir uns beeilen, können wir es bis heute Abend noch _____.

6. Ich brauche das Kleid am Sonntag. Werden Sie es bis dann _____?

7. Deine Absicht kannst du nie _____.

8. Ich kann es nicht _____, heute mit der Arbeit fertig zu werden.

9. Mein Sohn kann den Tisch noch nicht _____.

10. Ich bin telefonisch nicht zu _____. Bitte schreib mir, wenn du mich besuchen willst.

11. Er kam zu spät und konnte den Zug nicht _____.

Lösungen:

1) erreichen, schaffen   2) schaffen   3) erreicht   4) erreicht

5) schaffen   6) schaffen   7) erreichen   8) schaffen

9) erreichen   10) erreichen   11) erreichen

austauschen – eintauschen – tauschen – umtauschen

austauschen, eintauschen, tauschen 和 umtauschen 都有交换的意思，其中 austauschen 更强调人员、思想的交流、交换，如：

Die beiden Staaten haben ihre Gefangenen ausgetauscht.

两国交换了俘虏。

Die beiden Regierungen tauschten Botschafter aus.

两国政府互换大使。

Die Universität Beijing und die Universität Hamburg tauschten Studenten aus.

北京大学和汉堡大学交换学生。

Die Kollegen tauschten bei der Sitzung ihre Meinungen aus.

开会时，同事们交流意见。

Wir sollen oft unsere Gedanken austauschen.

我们应当经常交流思想。

另外三个词一般是指物的交换。其中 tauschen 的词义比较灵活，它既可以同义于 wechseln，表示交换同类物体，也可以表示以一物换取另一物，如：

Sie tauschten schnell Blicke. 他们很快交换了一下目光。

Sie tauschten ihre Plätze. 他们换了座位。

Er möchte seine Wohnung gegen eine größere tauschen.

他想用现在的房子换一套大一点的房子。

eintauschen 也指一物换一物，或交换同样物品，但它强调物品等值，如：

Sie tauschten ihre Briefmarken ein. 他们交换邮票。

Die Bauern hier tauschen ihre Baumwolle gegen Brot ein.

这里的农民用自己的棉花换面包。

umtauschen 是指某件东西不合某人的意，被拿去调换。如：

Das Geschäft hat für ihn die Uhr umgetauscht.

这家店给他换了表。

Der Verkäufer sagt dem Kunden: „Der Fotoapparat kann innerhalb von einer Woche noch umgetauscht werden. "

售货员对顾客说："这个照相机一周内可以换。"

Übungen: austauchen, eintauschen, tauschen oder umtauschen?

1. Er hat gestern auf der Straße einen Bekannten getroffen. Sie haben Grüße _____.

2. Die Frau hat heute Vormittag einen Pullover gekauft. Aber sie hat zu Hause im Pullover einen kleinen Fleck gefunden. So wollte sie den Pullover _____.

3. Die Frau ist jetzt sehr arm. Manchmal muss sie Kleidung gegen Lebensmittel _____.

4. Die beiden Jungen haben ihre gesammelten Münzen _____.

5. Ich habe in Spanien Urlaub gemacht. Er hat eine Reise nach Ägypten gemacht. Wir wollen unsere Erlebnisse _____.

6. In der Regel werden fehlerhafte Waren nur gegen den Garantieschein _____.

7. Die beiden Techniker haben ihre Erfahrungen _____.

8. Die Leute hier wollen Zigaretten gegen Brot _____.

Lösungen:

1. getauscht   2. umtauschten   3. eintauschen   4. getauscht

5. austauschen   6. umgetauscht   7. ausgetauscht   8. eintauschen

aus – von

名词后的 aus 词组或 von 词组都可以表达一个时间概念。如：

Das ist ein Brot von voriger Woche.

这是上个星期的面包。

Das ist ein Kleid aus dem vorigen Jahrhundert.

这是一件上个世纪的连衣裙。

从以上两个句子可以看出 aus 词组和 von 词组虽然都可以表达一个时间概念，但两者有所不同。aus 词组说明的是一个历史范畴的时间概念；而 von 相对来讲是个普通的时间概念。

Übungen: aus oder von?

1. Experten zufolge stammt das Bild _____ der zweiten Hälfte des 15. Jahrhunderts.

2. Ich habe noch nicht einmal meine Schulden _____ letzten Jahr bezahlt.

3. Der Sammelband enthält 30 Kurzgeschichten _____ der Zeit nach 1945.

4. Sie erinnerte sich an das Gespräch _____ gestern Abend.

5. Die Zeitungen berichten über die Ereignisse _____ Montag.

6. Dieses Gesetz stammt noch _____ der Gründungszeit der Bundesrepublik.

7. Ich danke Ihnen für Ihren Brief _____ 12. Februar dieses Jahres.

8. Manche Kleider _____ heute könnten _____ der Zeit unserer Großmutter stammen.

9. Das sollen frische Brötchen sein! Die sehen aus, als ob sie _____ voriger Woche.

10. Das Film-Museum konnte drei weitere Stummfilme _____ den zwanziger Jahren erwerben.

Lösungen:

1. aus 2. von 3. aus 4. von 5. von 6. aus 7. vom
8. von ... aus 9. von 10. aus

ein bisschen – ein paar – ein Paar

这三个词都表示数量，但在词义和语法方面有不同。

ein bisschen 表示数量很少，当它们作为定语时，修饰的是不可数名词，如：Salz, Milch, Zucker, Zuneigung，名词是单数形式。

当 ein bisschen 修饰主语时，动词按第三人称单数变化，

Ein bisschen Schmerzen ist nicht zu vermeiden.

当它单独作为宾语使用时，ein 则要作相应变化：

Ich habe nur ein bisschen verstanden.

Sie wäre mit einem bisschen zufrieden.

在第二格时，甚至 bisschen 也要变，Er bedürfte nur noch eines Bisschens.

ein bisschen 可以和其他形容词并列修饰名词，这时，形容词按无冠词情况变化：

ein bisschen kalter Kaffee

von einem bisschen warmer Milch

ein bisschen trockenes Holz

它也可以用为句子的说明语，如：

Du kannst dich ein bisschen waschen.

ein paar 表示两个以上的少数，修饰的是可数名词。如：Leute, Häuser, Flaschen, Hefte, 后面的名词是复数形式，ein paar Birnen。

当它修饰作为主语的名词时，后面的动词为第三人称复数：

Am frühen Morgen spazieren ein paar Leute im Park.

ein paar 在变格时无词尾变化，如：

Mit ein paar Unsitten wollte er aufräumen.

当它和形容词共同修饰名词时，它后面的形容词也按无冠词情况变化：mit ein paar neuen Ideen。

ein Paar 表示一个精确数字，即两个对称的属于一个整体的东西，

如：Schuhe。它修饰主语时，后面的动词为第三人称单数：

Er Paar Würste würde schon genügen.

Übungen: ein bisschen, ein paar oder ein Paar?

1. Am Fluss standen _____ _____ Bäume im Wasser.

2. Bei ihm finde ich _____ _____ Freude.

3. Das Mädchen hat im Wald _____ _____ Johannisbeere gesammelt.

4. Jutta hat _____ _____ warm_____ Lederschuhe gekauft.

5. Die Frau bemerkt, dass _____ _____ neugierig_____ Augen ihn ansehen.

6. Zur Feier hat er _____ _____ Schnaps getrunken.

7. Hans und Inge sind ein glückliches _____.

8. Im Dorf hat er _____ _____ arm_____ Bauernfamilien besucht.

9. Mit _____ _____ höflich_____ Worten beendete er seine Rede.

10. Beim Essen möchte er immer _____ _____ lesen.

Lösungen:

1. ein paar   2. ein bisschen   3. ein paar   4. ein Paar -e

5. ein Paar -e   6. ein bisschen   7. Paar   8. ein paar -e

9. ein paar -en   10. ein bisschen

-los oder -frei

后缀 -los 和 -frei 都可以同名词构成形容词,它们都表示"无","没有"等意义。

-los:

1. 表示失去或没有该名词所指的内容，即 ohne etwas:

die Farbe 颜色，   farblos 无色的；

die Pause 休息，   pausenlos 不休息的；

das Ende 终点，结束，   endlos 无限的，没完没了的。

2. 通常与正面的受欢迎的或估计应该有的事物组合在一起，词义是消极的：

die Liebe 爱，　　　　　　　lieblos 冷酷的，无情的；

der Erfolg 成绩，　　　　　　erfolglos 无成效的；

das Wasser 水，　　　　　　 wasserlos 无水的。

-frei:

1. 表示不受该名词所指内容的约束或负担，即 frei von etwas sein，不受，免除：

die Wartung 维护，　　　　　wartungsfrei 不要维护的；

die Gebühr 收费，　　　　　 gebührfrei 免费的；

die Miete 租金，　　　　　　mietfrei 免收租金的。

2. 通常与不受欢迎的或会带来麻烦的事物组合在一起，词义是积极的：

die Sorge 忧虑，　　　　　　sorgenfrei 无忧无虑的；

der Unfall 事故，　　　　　　unfallfrei 无事故的；

der Staub 灰尘，　　　　　　staubfrei 无（灰尘）的。

有些名词即可和 los, 也可和 frei 组合。例如：

die Arbeit – arbeitslos – arbeitsfrei

die Kraft – kraftlos – kräftefrei

der Fehler – fehlerlos – fehlerfrei

要注意这二组形容词词义上的区别，它们有的意义并不完全相同。如：

arbeitsloser Tag 失业的一天（指没有工作）

arbeitsfreier Tag 无工作的一天（指休息，不必工作）

Übungen: -los oder -frei?

1. Der Himmel ist wolken_____.

2. Er spielt gern Fußball in seiner arbeits_____en Zeit.

3. Ein Mensch, der keine Gefühle hat, ist gefühl_____.

4. Es ist zweck_____, länger zu warten.

5. Der Weg schien end_____ zu sein.

6. Er ging straf_____ aus.

7. Der Verletzte lag hilf_____ auf der Erde.

8. Er hob den schweren Koffer mühe_____ auf.

9. Geschenke aus dem Ausland sind nur bis zu einem bestimmten Wert zoll_____.

10. Papier, das kein Holz enthält, ist holz_____.

Lösungen:
-los: 1, 3, 4, 5, 7, 8; -frei: 2, 6, 9, 10。

frühzeitig – rechtzeitig – vorzeitig

形容词 frühzeitig 译作"早的，提早的，早期的"，表示"相当早的，比一般情况更早的，早期的"。若指人，则表示该人是最先做某事的先行者之一。

Pierre Cardin hat sich als großer Pariser Couturier frühzeitig mit der Herrenmode beschäftigt.

身为巴黎伟大的时装大师，皮尔·卡丹很早就从事男装设计了。

形容词 rechtzeitig 译作"及时的，及早的"，表示"某事发生得很及时，为时不晚"。某人去参加一个晚会，如果他是 frühzeitig，就说明他在晚会开始前就到了，并且比其他人到的都早，如果他是 rechtzeitig，就说明他是及时赶到。

Er hob Würmer auf und tötete sie, wenn ich sie ihm noch nicht rechtzeitig aus der Hand nahm. 我还没来得及从他手里把那些虫子拿掉，他就已经捡起虫子把它们都弄死了。

形容词 vorzeitig 译作"提前的，过早的"，frühzeitig 是指某一时间段或某一发展过程的开始，而 vorzeitig 指的则是在这个时间段或这一发展过程或原先规定的一个时间点之前。

Er altert frühzeitig.

他早就在衰老了。

Er altert vorzeitig.

他过早衰老了。

Sein Vater war vorzeitig in den Ruhestand getreten.

他的父亲已经提前退休了。

在一些句子中，由于立场不同，既可以用 rechtzeitig，也可以用 vorzeitig。例如如果在一枚炸弹被引爆之前发现并排除了这枚炸弹，

183

放置炸弹者就会说：Die Bombe wurde vorzeitig entdeckt.（这枚炸弹被提前发现了。）而受到这枚炸弹威胁的人则会说：Die Bombe ist rechtzeitig entdeckt worden.（这枚炸弹被及时发现了。）

Übungen: frühzeitig, rechtzeitig oder vorzeitig?

1. Die Mutter kam gerade noch _____, um das Kind aufzufangen.
2. Sie muss _____ nach Hause zurück, weil ihre Mutter schwer krank ist.
3. Diese Angelegenheit spielte sehr _____ in meinem Leben eine Rolle.
4. Beklagt euch bei ihm, wenn ihr nicht _____ wegkommt.
5. Er hat seinen Urlaub _____ abgebrochen.
6. Jams II hat diese Entwicklung _____ erkannt.

Lösungen:

1. rechtzeitig   2. vorzeitig   3. frühzeitig   4. rechtzeitig
5. vorzeitig   6. frühzeitig

kommen – zurechtkommen – ankommen, bekommen – entkommen

kommen "来"这个德语动词在同其他副词、形容词、前缀等组合后，会形成新的词汇，具有新的涵义。下面介绍几个德语中常用的，但对我们中国人比较陌生的 kommen 家族成员的用法。

1. kommen 除了我们熟悉的"来"的含义外，常用到的还有：
   a) auf etw. kommen：想到什么
      Wir kommen noch auf die Politik zu sprechen.
      我们还要说到政治。
      Wie bist du auf die Idee gekommen, in die USA zu reisen?
      你怎么想起要去美国旅游的？
      Wie kommst du darauf? 你怎么会这么想的？
   b) zu etw. kommen：达到某一目的

Ich wollte dich besuchen, aber kam nicht dazu.

我想去看你，可是没有去成。

Ich komme nicht dazu. 我（太忙了，还）顾不上这件事。

c) kommen+ 过去分词

Kommt ein Vogel geflogen. 飞来一只小鸟。

2. zurechtkommen

在德国，初来乍到，或者到了一个新的环境，开始一项新的工作时，常会被邻居问："Kommen Sie hier zurecht?"同样的情况下，中国人会问："怎么样？习惯这儿了吗？有什么问题吗？"

请注意在这里，德国人并不像我们希望的那样问："Haben Sie sich hier gewöhnt?"

mit jm. / etw. zurechtkommen是指事情（如与他人或与环境的相处）进行得很顺利，没有问题。

类似的用法有：

Kommen Sie mit dem Computer zurecht?

你用这个计算机有问题吗？

Er kommt mit seinen Kollegen gut zurecht. 他跟同事处得很好。

mit jm. / etw. zurechtkommen 与 sich an etw. gewöhnen 意思相近，有时两者都可使用，只是侧重点有所不同，前者是主动的适应行为（对计算机的操作，与同事交往），后者强调对某一特定事物的习惯。例如：

Haben Sie sich an das Klima hier schon gewöhnt?

您习惯这儿的气候了吗？

Ich habe mich daran gewöhnt, früh aufzustehen. 我习惯了早起。

3. ankommen

对 ankommen 一词，我们熟悉的意思是"到达"：

Gestern sind wir in Berlin angekommen. 我们昨天到达柏林。

但还有一个常用的却是我们不太熟悉的引申义"受欢迎"（一个事物既然到达了，就是事实上的被接受）

a) jd. / etw. (bei jm.) ankommen:

Sein Vorschlag ist bei allen (gut) angekommen.

他的建议受到大家的欢迎。

Mein Geschenk ist bei ihr (gut) angekommen. 她很喜欢我的礼物。

Er kommt bei ihnen nicht an. 他不招他们喜欢。

注意，ankommen 在问句中只是"达到"的意思，没有"受欢迎"之意：

Ist mein Geschenk bei ihr (gut) angekommen?

她收到我的礼物了吗？

德语中，这个问句是以问话人为主语 —— 出发点的，而在汉语里没有这个习惯，只能翻译成以"她"为主语的句子。

b) es kommt auf jn. / etw. an 也较常用，意为"这要看……，这取决于……"：

Es kommt auf das Wetter an, ob wir an die See fahren.

我们去不去海边，要看天气的情况。

Es kommt darauf an, ob er die Lust hat. 这事要看他是不是有兴趣。

4. bekommen

"得到"的意思我们很熟悉：

Er hat ein neues Fahrrad bekommen. 他得到了一辆新自行车。

a) 还有一种 bekommen ＋过去分词的用法，我们比较陌生：

Ich habe den Fernseher geschenkt bekommen.

这个电视是别人送我的。

Er hat drei Zähne gezogen bekommen.

他拔了三颗牙（直译：他得到三颗拔下的牙）。

Wir bekommen das Buch zugeschickt. 这本书会寄给我们。

b) 最近还从报上读到一句在我们看来颇复杂的 bekommen 的用法：

etw. aus etw. bekommen

Es wird lange dauern, bis ich die grausamen Bilder vom Tatort wieder aus dem Kopf bekomme. 作案现场画面残忍，要将它们从我的脑海里清除掉，会需要很长时间。

5. entkommen

jm. (etw.) entkommen 是从某人某事解脱开的意思，作用方向与 kommen 的相反。

Er hat eine Frau verfolgt, die ihm jedoch entkommen konnte.

他跟踪了一位妇女，不过这位妇女成功脱身了。

Sie ist glücklicherweise dem schweren Autounfall entkommen.

在这场严重的车祸中，她幸免一难。

kürzen – kürzer machen – abkürzen – verkürzen

kürzen 一词的词义很多，在表示"将具体东西的多余长度截去、改短"时，可与 **kürzer machen** 换用。如：einen Ärmel um einige Zentimeter kürzen / kürzer machen 将袖子改短几厘米；ein Kleid, einen Rock, Gardinen 等词也同样既可与 kürzen，又可与 kürzer machen 连用。

kürzen 在表示删文章的长度时，则不能用 kürzer machen 替换。如：einen Aufsatz, eine Rede, einen Roman kürzen 删减文章、讲话、长篇小说的篇幅。

kürzen 还可以表示减少或缩减原定的支出，作此用法时也不能用 kürzer machen 替换，如：jm. den Etat, das Gehalt, die Rationen, die Rente kürzen 减少某人的家庭开支、工资、配额、退休金；Mir haben sie die Rente gekürzt. 他们缩减了我的退休金。

kürzen 与时间连用时，主要表示一次性的、暂时性的或由于主观上临时决定而缩短时间。如：eine Pause kürzen 表示缩短休息时间、提前结束休息；Sie haben sich wohl mit einigem Staunen gefragt, warum ich Ihnen Ihren Schlaf kürze. 他们颇有些惊讶地问我为什么缩短了他们的睡眠时间。这种时间上的缩短往往令人不快。因此不能说：die Zeit der Strafe kürzen 缩短受惩罚的时间。也不能说 Rauchen kann die Lebensdauer kürzen. 吸烟会缩短寿命。因为这不是主观行为，而只是受一定影响之后的结果。

在数学用语中，kürzen 表示约分，如：Wenn man den Bruch 2/4 mit 2 kürzt, erhält man 1/2. 分数 2/4 用 2 约，得 1/2。

abkürzen 可以与 Wort, Weg, Gespräch 等名词连用，abkürzen 与 kürzen 的区别在于：kürzen 使连用的名词确实发生了量的变化，或被改短，或被缩减，而 abkürzen 并未让连用的名词发生量的变化。如：ein Wort abkürzen 缩写单词；einen Weg abkürzen 抄近路，抄近道；当 abkürzen 与 Gespräch, Rede, Prozess, Besuch 等词连用时则表示"主动缩短……的时间"，"主动提前结束某事"。

verkürzen 主要指缩短原本规定的时间。事实上，这种时间上的缩短往往并不是真的缩短，而只是给当事人一种印象，仿佛时间被缩短了。如：Sie wolle uns eine Geschichte vorlesen, um die langen Stunden zwischen Mittagessen und Tee zu verkürzen. 她想给我们读

一个故事，好让午饭与下午茶之间那漫长的几个小时显得短一些。Diese Linie erscheint auf dem Bild stark verkürzt. 这根线在图上看显得短多了。

verkürzen 与 abkürzen 以及 kürzen 的区别在于：verkürzen 强调（由于其他因素）缩短原本规定的时间，如：verkürzte Arbeitszeit 表示原定的工作时间被缩短了。如果是 abgekürzte Arbeitszeit 则是一次性或偶然性的行为，而 gekürzte Arbeitszeit 则指（由于企业开工不足而导致的）工作时间上的损失。

verkürzen 除了指时间上的缩短之外，也可指空间长度上的缩短，意为"比习惯的短"，"比希望的短"。如：das durch eine Operation stark verkürzte rechte Bein 由于手术被截去一大截的右腿。

verkürzen 还可作为反身动词，表示"变短"：Die Schatten hatten sich verkürzt. 影子变短了。

Übungen: kürzen, verkürzen, kürzer machen oder abkürzen?

1. „Sozialdemokratische Partei Deutschlands" wird mit „SPD" _____ .

2. „Verliebt – verlobt – verheiratet" – diese Reihefolge im Zusammenleben von Mann und Frau _____ _____ in Deutschland oft auf „Liebe Zusammenleben".

3. Können Sie mir die Nägel etwas _____?

4. Er weiß nicht, ob die Rente im nächsten Jahr _____ wird.

5. Um die Wartezeit ein wenig zu _____, erzähle ich dir eine Geschichte.

6. Er hat sein Leben durch übermäßiges Rauchen _____ .

7. Der Brief ist zu lang. Kannst du ihn _____?

8. Um an der Hochzeit seiner Tochter teilzunehmen, muss er seinen Aufenthalt in Beijing _____?

9. Das Ziel der Gewerkschaften ist es, die wöchentliche Arbeitszeit auf 35 Stunden zu _____?

Lösungen:

1. abgekürzt　2. verkürzt sich　3. kürzen / kürzer machen
4. gekürzt　5. verkürzen　6. verkürzt　7. kürzen　8. abkürzen
9. verkürzen

Welle 和 Achse 的区别

Welle 和 Achse 在汉语里都有"轴"的意思。在许多译文中，特别在汉译德的译文中，经常看见有人不加区别将二者混用。其实它们的含义是有很大区别的。

Achse 的定义为：

Achsen sind Elemente zum Tragen und Lagern von Seilrollen, Laufrädern, Hebeln und ähnlichen Bauteilen. Sie übertragen kein Drehmoment.

Achse 是一种用来支撑和装置滑轮、转动轮、杠杆等类似的机器零件的部件，它不用来传递扭矩。

Welle 的定义是：

Wellen sind Elemente zur Übertragung von Drehmomenten.

Welle 是一种用来传递扭矩的零件。

从受力情况看：

Achsen werden hauptsächlich durch Querkräfte auf Biegung, seltener durch Längskräfte auf Zug oder Druck beansprucht.

Achse 主要在横向力的作用下，承受弯曲压力，而很少在轴向力的作用下承受拉伸或压缩应力。

Wellen werden wesentlich auf Verdrehung, seltener auf Biegung beansprucht.

Welle 主要用来承受扭矩，而很少承受弯曲应力。

总之，从它们的定义和受力情况都可以看出，Achse 的意思应为：芯轴、轮轴或轴（只作为旋转件的支承，而不传递动力），而 Welle 应为传动轴或转轴（如齿轮轴、内燃机的曲轴，作传递动力用）。

Recht – Gesetz – Jura – Justiz

Recht，如果用单数则作"法制"，"法"解。Recht是一个综合概念，是一个国家或部门的总的法。复数形式Rechte则意为"法律"，"法学"，是有关法的学说，研究法的科学。

Jura 本身是复数形式，与 Rechte 意思相同。

Justiz：司法，是依据法律进行审判的意思。

Gesetz：法律、法令、条例。Gesetz 与 Recht 有相同之处，比如说 die Gesetze verletzen, das Recht verletzen：违法。Gesetz与Recht之间的区别在于Gesetz不是笼统讲的法，而是具体的法令。

我们从下面的一句话里即可看出两者间的不同：

Das Recht der Bundesrepublik Deutschland ist ganz überwiegend geschriebenes Recht. Der größte Teil davon ist Bundesrecht; dieses umfasst über 4000 Gesetze und Rechtsverordnungen.

德国的法律主要是成文法，其中主要部分是联邦法。联邦法包括 4000 条法令及法规。

文中的 Bundesrecht 是总称，在这个 Bundesrecht 里，人们可以例举出 4000 多条具体的法令。

总而言之，Recht 是抽象概念，Gesetz 是具体的。

Übungen: Recht, Gesetz, Jura oder Justiz?

1. _____ buch, _____ entwurf, _____ bruch, _____ staat, _____ berater.

2. Das _____ zum Schutz der Jugend tritt am 1. Oktober in Kraft.

3. Alle _____ vorbehalten.

4. Alle Staaten müssen das internationale _____ befolgen.

5. Das _____ über Ehe und Scheidung wurde neu erlassen.

6. Er hat gegen das _____ verstoßen.

Lösungen:

1) Gesetzbuch, Gesetzentwurf, Rechtsbruch, Rechtsstaat, Rechtsberater 2) Gesetz 3) Rechte 4) Recht 5) Gesetz
6) Gesetz / Recht

schwer – schwierig

schwer 和 schwierig 如作"困难的"解时，两者可以互换：

eine schwere / schwierige Aufgabe 一项很艰巨的任务

ein schwerer / schwieriger Artikel 一篇很难的文章

下面情况两词不能互换：

schwer:

1) 费力的：

   Diese Arbeit ist für ein Kind zu schwer.

2) 沉的，重的：

   ein schwerer Koffer

3) 规模大的，严重：

   eine schwere Krankheit

4) 难消化的：

   Das Essen ist schwer.

5) 严肃的：

   die schwere Musik

schwierig:

1) 尴尬的：

   Er muss mit der schwierigen Lage fertig werden.

   他得应付这种难堪的局面。

2) 难于打交道的：

   Er ist ein schwieriger Mensch.

   他是个性格古怪的人。

Übungen: schwer oder schwierig?

1. Sie hat ein Paket mit _____ Gewicht von der Post abgeholt.

2. Ihr Kleid aus _____ Seide sieht wunderbar aus.

3. Wie _____ bist du?

4. Aus den Prüfungsthemen hat er ein _____ Thema ausgewählt.

5. Heute müssen wir eine _____ Lektüre behandeln.

6. Im Alter wurde er immer _____.

7. Er ist _____ betrunken.

191

8. Durch den Hausbrand haben wir einen _____ Materialverlust erlitten.

9. Er hat ein _____ Amt übernommen.

10. Es ist _____, ihn dazu zu überreden.

11. Für diesen _____ Stoff musst du ein dickes Garn nehmen.

Lösungen:

1) schwerem   2) schwerer   3) schwer   4) schweres / schwieriges

5) schwere / schwierige   6) schwieriger   7) schwer

8) schweren   9) schweres   10) schwer / schwierig   11) schweren

nicht - nichts

初学德语的人往往搞不清楚 nicht 和 nichts 的区别，常常混淆两者的使用，例如：

误：Leider wussten die Eltern nicht davon.

正：Leider wussten die Eltern nichts davon.

可惜父母对此一无所知。

下面举例说明 nicht 和 nichts 两词的区别及不同用法：

一、副词 nicht 可以否定（a）一个单词、（b）一个句子成分、（c）一个句子。

　　(a) Nicht er, sondern sie hat gewonnen.

　　　　不是他，而是她取得了胜利。

　　(b) Wir sind nicht mit der Bahn, sondern mit dem Bus gefahren.

　　　　我们没有乘火车，而是乘汽车去的。

　　(c) Ich habe das Buch nicht gelesen.

　　　　我还没有读过这本书。

二、不定代词 nichts 只涉及一些事物或是抽象的东西。如：

　　Es gibt nichts zu essen.

　　没有什么东西可吃。

　　Es gibt nichts Neues in seiner Rede.

　　他的讲话没有什么新东西。

　　nichts 还可以带起一个由关系代词 was 引导的关系从句：

Es gibt nichts, was du nicht hören darfst.

还没有什么你不应该听的事情。

同 nichts 相对应的词是 etwas (alles)：

Sie hat mir nichts gesagt. → Sie hat mir etwas (alles) gesagt.

她什么也没有告诉我。→她把一些（所有的）事情告诉了我。

Übungen: nicht oder nichts?

1. Sprich bitte lauter! Ich kann _____ verstehen.

2. Ich habe dich _____ verstanden.

3. Die beiden haben sich _____ zu sagen.

4. Das wird mir so leicht _____ noch mal passieren!

5. Ich kann deine Schrift _____ lesen.

6. In der Zeitung steht _____ von dem Unfall.

7. Mach bitte das Licht an! Ich sehe _____ mehr.

8. Der Angeklagte kann sich an _____ erinnern.

9. Das Kind ist taubblind, das heißt, es hört und sieht _____.

10. Warum sagen Sie denn _____ die Wahrheit?

Lösungen:

1. nichts   2. nicht   3. nichts   4. nicht   5. nicht   6. nichts

7. nichts   8. nichts   9. nichts / nicht   10. nicht

genug 在句中的位置

副词 genug（足够地，够多地）与名词、形容词、副词连用时，有以下规律：

1. 与名词连用时，可置于名词前或后：

Er hat genug Geld. / Er hat Geld genug.

他有足够的钱。

Hast du genug Zeit? / Hast du Zeit genug?

你有足够的时间吗？

Er hat nicht genug Geduld dafür. / Er hat nicht Geduld genug dafür. 他对此没有足够的耐心。

2. 与形容词连用时，置于形容词之后：

Der Schrank ist groß genug.

这柜子够大的了。

Das ist für ihn gut genug.

对他来说这已经够好的了。

Er ist für diesen Posten noch nicht gewandt genug.

他担任这项工作还不够熟练。

3. 与副词连用时，置于副词之后：

Ich habe lange genug gewartet.

我等得够久了。

Wir kommen sicher pünktlich genug.

我们肯定来得够准时的。

Du hast dich nicht deutlich genug ausgedrückt.

你说得不够清楚。

Übungen: 请在恰当的地方填入 genug

1. Hast du Geld bei dir, um den Eintritt zu bezahlen?

2. Ist das Bier kalt?

3. Wahrscheinlich war das Bier nicht lange im Kühlschrank.

4. Er müsste mich eigentlich verstanden haben, denn ich habe laut gesprochen.

5. Hat er zu Hause Platz und Ruhe für seine Arbeit?

6. Haben die Eltern Interesse an seiner Leistung in der Schule?

7. Geht er abends früh ins Bett?

8. Schläft er lange, so dass er am nächsten Tag frisch ist?

9. Ist das bequem für dich?

10. Er arbeitet hart, um seinen Plan zu erfüllen.

Lösungen:

1. Hast du genug Geld bei dir / Hast du Geld genug bei dir, um . . .

2. Ist das Bier kalt genug?

3. Wahrscheinlich . . . nicht lange genug . . .

4. ..., denn ich habe laut genug gesprochen.

5. ... genug Platz und Ruhe für ... / ... Platz und Ruhe genug für ...

6. Haben die Eltern genug Interesse an ...

7. Geht er abends früh genug ins Bett?

8. Schläft er lange genug, so ...

9. Ist das bequem genug für dich?

10. Er arbeitet hart genug, um ...

von – durch

德语被动句中，若要表明动作的行为主体时，可用 von 或者 durch，但何时用 von, 何时用 durch 呢？下面通过例子来说明其区别：

1. von 表述行为的直接发出者、事主或原因：

Das kranke Kind wird von der Nachbarin gepflegt.

Der Patient wurde von dem Chefarzt operiert.

Der Baum ist vom Blitz getroffen worden.

Er wurde von einem Auto überfahren.

上面几个句子中的 von 都不能用 durch 来代替。

2. durch 说明非直接的行为发出者、中间人、手段、方式方法或原因：

Der Patient wurde durch eine erfolgreiche Operation gerettet.

Der Mann wurde durch einen Anschlag verletzt.

Die Stadt wurde durch feindliche Bomben zerstört.

3. 下面几句话中既可用 von 也可用 durch, 但侧重点却不同：

Die Straße wurde von dem Regen überschwemmt.

这句话强调街道是被雨水淹的，der Regen 是直接的行为发出者。

Die Straße wurde durch den Regen überschwemmt.

这句话强调街道是怎样被淹的，der Regen 是街道被淹的原因。

Das Gebäude wurde von Polizisten gesichert.

这句话用 von, 表示警察是动词 sichern 的行为发出者。

Das Gebäude wurde durch Polizisten gesichert.

这种话用 durch, 表示警察只是受委托来保障这个楼的安全，动词 sichern 的行为发出者可能是当局或政府等。

4. 下面再举两个例子来说明 von 和 durch 在被动句中语义的区别：

Das Schiff wurde von einem Flugzeug durch Bomben zerstört.

这句中的 Flugzeug 是投弹者，是直接事主，而 Bomben 则是一种破坏手段，是一种工具。

Ich wurde von meinem Freund durch einen Boten verständigt.

von meinem Freund 说明 Freund 是行为的直接发出者，durch einen Boten 表示 Bote 是中介，是一种方式或手段。

以上两句话中的 durch 都不能用 von 来代替，从这两个例子可以看出 durch 和 von 的区别。

Übungen: von oder durch? (auch mit Artikel, wenn nötig)

1. Der Brief wurde _____ _____ Post geschickt.

2. Das Dach wurde _____ Sturm beschädigt.

3. Die ganze Stadt wurde _____ _____ Erdbeben zerstört.

4. Die Fabrik wurde _____ _____ Brand vernichtet.

5. Er wurde _____ _____ Schuss getötet.

6. Der Hund wird _____ _____ Jungen geschlagen.

7. Das Land wurde _____ Touristen überschwemmt.

8. Ich bin _____ _____ guten Arzt behandelt worden.

9. Er wurde _____ _____ Präsidenten ausgezeichnet.

10. Der Mann wurde _____ _____ Lastkraftwagen verletzt.

11. Er wurde _____ _____ Staatsanwaltschaft _____ _____ Polizei gesucht.

12. Herr Maier wird _____ _____ Polizei gesucht.

13. Der Kanzler wird _____ Parlament gewählt.

14. Das Buch wurde ihm _____ _____ Freund geschenkt.

15. Deutschland wurde _____ _____ Dreißigjährigen Krieg verwüstet.

16. _____ _____ Verkäuferin wird man sehr höflich bedient.

17. Er wurde _____ _____ Freund überzeugt.

Lösung:

1. durch die   2. vom   3. durch ein   4. durch einen

5. durch einen　6. von einem　7. von　8. von einem

9. durch den　10. von einem　11. von der, durch die

12. von der/durch die　13. vom　14. von seinem

15. durch den　16. Von dieser　17. von seinem / durch seinen

说文解字

略谈 man

不定代词 man 泛指一般或不定数量的人，man 在句中只能作主语，其谓语只能用第三人称单数形式。

例：Bei uns arbeitet man am Sonntag nicht.

我们这儿星期天不工作。

Heute diskutiert man über die Weltlage.

今天讨论世界形势。

man 没有第二格形式，其他格的形式如下：

N（第一格）man

A（第四格）einen

D（第三格）einem

G（第二格）–

例：Was man gern tut, das fällt einem nicht schwer.

喜欢干的事是不会感到困难的。

Wenn man nicht schreit, hört einen keiner.

不大声喊叫的话是没有一个人会听见的。

Übungen:

Setzen Sie den fehlenden Dativ und Akkusativ von „man" ein!（将 man的第三格和第四格形式填入句中！）

1. Man kann sich nicht alles gefallen lassen, sonst tanzen ... die Leute auf der Nase herum!

2. Man muss sich wehren, sonst lacht ... jeder aus.

3. Man muss sich wehren, sonst macht sich jeder über ... lustig.

4. Wenn man sich nicht selbst hilft, hilft ... niemand.

5. Es geht ... schlecht, wenn man nicht genau so frech ist wie die anderen.

6. Kein Mensch gibt ... etwas, wenn man es nicht fordert.

7. Man weiß ja, wie man ... behandelt, der kein Geld hat.

8. Wer gibt ... etwas, wenn man nicht selbst etwas dafür geben kann?

Lösungen:

1. einem 2. einen 3. einen 4. einem 5. einem 6. einem

7. einen 8. einem

介词 auf 表示 "到……里面去"

介词 auf 在表示方向和地点时通常指在某地的上面或到某地的上面去，如：Er sitzt auf dem Pferd. （他坐在马上。）Er geht auf den Platz. （他到广场上去。）但 auf 也可表示到一座建筑物或到饭店的房间里面去，如：

Er geht auf sein Zimmer.

他到他的房间去。

Die Gäste lassen sich das Frühstück aufs Zimmer bringen.

客人让把早点送到房间里（旅馆）。

Man brachte den Dieb auf die Wache.

人们把小偷送到警署。

Er will heute etwas auf dem Rathaus erledigen.

他今天要在市政府办点事。

Er arbeitet auf dem Gericht.

他在法院工作。

据 Duden-Taschenbücher 介绍，有的专家认为，介词 auf 之所以有 "到……里面去" 的含义是由于去政府机关办事要上楼梯和旅馆的房间大都在楼上的缘故，而 auf 用在到某建筑物中去时一般以政府机关为多，而且是指到那儿去办事，因此 Er geht auf sein Zimmer. 的原意是：他到楼上他的房间中去，而 Er geht aufs Rathaus. 的原意是：他去市政府办事。

下面再引用 Hans Fallada 在他的小说 Kleiner Mann, was nun? （小人物，怎么办？）的一句话来说明 auf 的这个用法：

Der Angestellte Lauterbach ist am frühesten auf das Büro gekommen.

职员劳特巴赫最早来到办公室。

德语代副词的构成与运用

代副词是一种重要的语言手段，用它可以避免许多概念上的混乱，达到语言准确和简洁的目的。

代副词有两种，一种是疑问代副词，另一种是指示代副词。

疑问代副词的构成是由 wo（代表 was）+ 介词

如：wo + bei = wobei, wo + durch = wodurch, wo + für = wofür, wo + gegen = wogegen

如介词以元音开始，则需在 wo 与介词之间加 r：

如：wo + an = woran, wo + auf = worauf, wo + aus = woraus, wo + in = worin

指示代副词的构成是由 da（代替 das）+ 介词

如：da + bei = dabei, da + durch = dadurch, da + für = dafür, da + hinter = dahinter

同样，如介词以元音开始则需在 da 与介词之间加 r：

如：da + an = daran, da + auf = darauf, da + aus = daraus, da + in = darin

支配第二格的介词，以及介词 gegenüber, ohne 和 seit 不能构成代副词。

一般来说，代副词是用来替换介词词组的，如果在并列复合句或其他两个以上彼此相关的句子当中使用同一名词，就会显得非常累赘。如：

Mein Vater hat ein Auto gekauft und ist mit dem Auto in die Stadt gefahren. 我父亲买了一辆小汽车并开车进了城。

再如：Dort ist ein Tisch, hinter dem Tisch sitzt eine Frau.

那儿是一张桌子，桌子后面坐着一位妇女。

在这种情况下，为了语言的简洁，都可把后面句子里的介词词组改成为代副词，上面两句因而就成：

Mein Vater hat ein Auto gekauft und ist damit in die Stadt gefahren.

我父亲买了一辆小汽车并开它进了城。

Dort ist ein Tisch, dahinter sitzt eine Frau.

那儿是一张桌子，（在它的）后面坐着一位妇女。

代副词既可代替一个句子成分，也可代替整个句子，既可代替前面的成分，也可代替后面的成分。

如：Ich bin damit zufrieden, dass meine Studenten die Hausaufgaben gut erfüllt haben. 我满意的是，我的学生很好地完成了作业。

Die Studenten haben die Hausaufgaben gut erfüllt. Damit bin ich zufrieden. 学生们很好地完成了作业，对此我很满意。

Ich danke ihm dafür, dass er meine Maschine sehr gut gepflegt hat. 我感谢他把我的机器维修得很好。

Ich weiß nicht, wofür er ihr dankt. 我不知道他为什么感谢她。

指示代副词和疑问代副词只能指代物而不能指代人。

如：Womit schreiben Sie? 您用什么写字？

Ich schreibe mit dem Füller. 我用钢笔写字。

= Ich schreibe damit. 我用它写。

Worüber sprecht ihr? 你们在谈论什么？

Wir sprechen über die Reise. 我们在谈论旅游。

= Wir sprechen darüber. 我们在谈论它。

提问时，如果指人，要用疑问代词 wem 或 wen。

如：Mit wem（指人）fährst du? 你和谁一道乘车走？

Ich fahre mit Pater. 我和彼得。

Über wen（指人）sprecht ihr? 你们在谈论谁？

Wir sprechen über dich. 我们在谈论你。

疑问代副词可用在疑问句中作疑问词。

如：Wofür danken Sie ihm? 您为什么要感谢他？

Wodurch haben sie viele Erfahrungen gemacht?
他们通过什么取得了许多经验？

也可用在从句中作关系代副词。

如：Ich weiß, wofür er ihr dankt. 我知道，他为什么感谢她。

Wir prüfen das Material, woraus man den Apparat gemacht hat.
我们检验用来制造这台仪器的材料。

指示代副词可作介词宾语、状语、定语和表语。

如：Er hat heute Besuch. Er freut sich darüber.（介词宾语）
今天他有客人，对此他很高兴。

In der Mitte steht ein Tisch. Darauf（状语）liegen verschiedene Bücher.
中间是张桌子，桌子上面放着各种书籍。

In der Mitte ist ein Tisch. Die Bücher darauf gehörten Peter.（定语）

203

中间是张桌子，桌子上的书是彼得的。

Dort ist unsere Uni. Die Post ist daneben.（表语）

那儿是我们大学，邮局就在它的旁边。

代副词的选择要取决于与动词固定搭配的介词。如：

sprechen über (A), von (D)   sich gewöhnen an (A)

erzählen über (A), von (D)   fragen nach (D)

sich freuen über (A)   warten auf (A)

sich freuen auf (A)   anfangen mit (D)

容易混淆的词

德语词汇中许多词，因词干相同，词义易于混淆，初学者不注意往往用错。现举数例加以说明。

1. *dialektal – dialektisch*

   dialektal 方言的；土语的

   dialektisch 辩证法的：der dialektische Materialismus 辩证唯物主义

2. *einträchtig – einträglich*

   einträchtig 和睦的；融洽的：Einträchtig wie Brüder leben sie zusammen. 他们亲如手足般地生活在一起。

   einträglich 能获利的，有利的：ein einträgliches Geschäft 有利可图的生意（或店铺）

3. *gewaltig – gewaltsam – gewalttätig*

   gewaltig 强有力的；巨大的；超出常规的：Aber noch immer zögern sie, den gewaltigsten Mann Frankreichs anzugreifen. 对抨击法国这位最有权势的人物这件事，他们仍在迟疑不决。

   Sophie saß hinter einem gewaltigen Schreibtisch. 索菲坐在一张大写字台后面。

   Es ist hier gewaltig kühl. 这儿特别地凉。

   gewaltsam 暴力的：Nur durch gewaltsame Revolution kann man das reaktionäre Regime stürzen. 只有通过暴力革命才能推翻这一反动政权。

   Der gewaltsame Tod des Mannes hat alle bestürzt. 这个人的暴死使

大家深感震惊。

gewalttätig 暴行的，残暴的：ein gewalttätiger Mensch 残暴的人；herrisch und gewalttätig sein 专横暴虐

4. *herzlich – herzig – herzhaft*

herzlich 衷心的：Herzlich willkommen! 热烈欢迎！

herzig 可爱的，逗人喜爱的：ein herziges Kind 一个可爱的孩子

herzhaft 有劲的；尽情的，大胆的：Sie küsst mich herzhaft auf den Mund. 她热情如火地吻我的嘴。

Er brach in ein herzhaftes Lachen aus. 他放声大笑。

Er fasste einen herzhaften Entschluss. 他作出一个果敢的决定。

Ich esse gern etwas Herzhaftes. 我喜欢吃味道浓厚（或：实实在在）的食物。

5. *kostspielig – kostbar – köstlich*

kostspielig 费用巨大的，所费不菲的：Diese kostspielige Reise kann sie sich leider nicht leisten. 可惜她付担不起这么昂贵的旅游。

kostbar 宝贵的；贵重的（指价值高）：Ein Pelzkragen gibt diesem Modell ein kostbares Aussehen. 毛皮衣领使这种款式显得华贵。

Meine Zeit ist mir zu kostbar, um sie mit unnützen Dingen zu vergeuden. 我的时间太宝贵了，不能无谓地浪费掉。

köstlich 美味可口的；精美的；使人高兴的：

Die Studenten haben sich köstlich amüsiert.

学生们痛痛快快地娱乐了一番。

Es war eine köstliche Zeit. 那是一段美好的时光。

eine köstliche Szene 一个很滑稽的场面

ein köstlicher Mensch 一个语言风趣、招人喜欢的人

6. *offiziell – offiziös – offizinell*

offiziell 官方的（指来自官方的消息，政府部门对事实情况的评价。）offiziell 的反义词是 inoffiziell（非官方的，非正式的）和 privat（私人的，私下的）。

offiziös 半官方的（指间接地受当局的影响，表示言论或行动虽然是官方人士所为，符合其观点或意愿，可是确实不是当局直接发布的通告。）

如：Die herbe Enttäuschung in Bonn über die von den

Amerikanern an der Jahreswende offiziös bekundeten Vorbehalte.

波恩对美国人在新年到来之际半官方宣布的保留意见感到很失望。

offiziell 由 "官方的" 含义引伸为 öffentlich 公开的

如：Wir wollen unsere Verlobung nicht offiziell bekannt geben.

我们不想公开宣布我们订婚一事。

offiziell 还有 "隆重的"，"正式的" 含义

如：Er hatte eine offizielle Einladung bekommen. 他收到一份正式的邀请。

而 offiziös 没有这样的细微含义色彩。

offizinell 药用的（源自 Offizin 药房）：

offizinelle Kräuter 药草

一个有趣的语言现象

同一个单词在某一短语中重复出现是德语中一个有趣的现象。现举一些例子略加归纳如下：

I、与时间、次数有关的

1. von Mal zu Mal 一次又一次地；逐渐地

   Von Mal zu Mal hat er sich verändert. 他渐渐地有所改变。

2. von Zeit zu Zeit 有时，偶尔

   Er schreibt mir von Zeit zu Zeit. 他偶尔有信来。

3. Stunde um Stunde 一小时又一小时地

   Die Zeit ist so Stunde um Stunde verronnen.

   时间就这样一小时又一小时地消失了。

   与此相同的还有：

   Tag für Tag 一天又一天地

   von Tag zu Tag 一天天地

   Monate für Monate 月复一月地

   Jahr für Jahr 每年

   von Jahr zu Jahr 年年

   von Augenblick zu Augenblick 瞬时间

II、与人体部位有关的

1. Arm in Arm 臂挽臂地

Bei der Demonstration sind die Arbeiter Arm in Arm auf der Straße vorangegangen. 在示威游行中，工人们挽着胳臂在大街上向前走去。

2. Hand in Hand 手拉手

Sie beiden gingen Hand in Hand hin und her auf dem Sportplatz spazieren. 他们俩手拉手在操场散步。

mit jm. Hand in Hand arbeiten 与某人密切协作

mit jm. Hand in Hand gehen 与某人志同道合

von Hand zu Hand geben 多次转手

3. Rücken an Rücken 背靠背地

Aus Angst sind sie beiden Rücken an Rücken dort gestanden. 由于害怕，他们俩背靠背站在那里。

4. Schulter an Schulter 肩并肩地

Die Soldaten kämpften Schulter an Schulter für das Vaterland bis zu ihrem letzten Atemzug. 战士们为祖国肩并肩地战斗到生命最后一息。

5. von Gesicht zu Gesicht 面对面，当面

Ich habe ihm von Gesicht zu Gesicht gesagt, was ich von ihm halte. 我对他有什么看法，都当着他面说了。

6. von Mund zu Mund 很快地

Die Nachricht ging schnell von Mund zu Mund.
这消息很快就传开了。

7. Kopf an Kopf 头碰头，人群拥挤

Die Zuschauer standen Kopf an Kopf. 观众拥挤不堪。

8. Auge um Auge, Zahn um Zahn 以眼还眼，以牙还牙

Der Feind hat unseren Kollegen gefühllos ermordet. Wir müssen Auge um Auge, Zahn um Zahn den ärgsten Feind bekämpfen.
敌人无情地杀害了我们的同事。我们要以眼还眼，以牙还牙，同这些最凶恶的敌人斗争。

III、其他

1. alles in allem 总的看来，总共

（1）Alles in allem ist das Buch doch erzieherisch.
总的来说，这书还是有教育意义的。

（2）Alles in allem macht es 150 Yuan aus.

总共是人民币一百五十元。

2. Schritt für (vor) Schritt 一步一步，逐步

Schritt für Schritt tastete er sich vorwärts.

他一步一步地摸索前进。

3. Wort für Wort 逐字地，一字不变地

Du darfst den Text nicht Wort für Wort übersetzen.

这篇课文你不可逐字地翻译。

4. Satz für Satz 逐句地

Er hat den Text Satz für Satz ins Chinesische übertragen.

他已把这篇课文逐句地译成汉语。

5. nach und nach 逐渐，逐步

Nach und nach füllt sich der Saal. 大厅里逐渐挤满了人。

6. aber und abermals 一次又一次

Ich frage ihm aber und abermals die gelernten Aufgaben ab.

我一次又一次地向他提问学过的东西。

7. hundert und aber hundert 一百又一百，数百

Tausend und aber Tausend 成千上万

Tausend und aber Tausend Arbeitslose demonstrierten für Arbeit und Brot.

成千上万名失业者为工作和面包进行了示威游行。

8. Seite um Seite 一页又一页地

Das Buch liest sich schwer, trotzdem liest er es Seite um Seite weiter.

这本书难以读懂，尽管如此，他还是一页一页地继续读下去。

9. Schlag auf Schlag 紧接着，接二连三

Die schlechten Nachrichten kamen Schlag auf Schlag.

坏消息接踵而来。

10. immer und immer wieder 一而再，再而三

wieder und immer wieder 一而再，再而三

Sie haben sich in der letzten Zeit immer und immer wieder um nichts gestritten. 前段时间他们一而再，再而三地平白无故地争吵。

11. für nichts und wieder nichts 纯属徒劳

Er hat es für nichts und wieder nichts getan. 他白干了。

请注意汉德词汇之间的语义差别

汉语和德语是两个完全独立的语言，它们的词汇自成体系，每种语言体系内部的词汇相互限制，构成它所在语言环境中的特定词义内涵（Intension）和词义范围（Extension）。在汉语和德语中，相对应词义的范围常常不相等，就是说，一个汉语词义可能包括几个德语词，反之亦然。而我们学习外语时往往忽略这个问题，容易按照母语的固定思维模式去理解和运用外语词汇，以致造成语言交流的障碍。

为纠正这一习惯，建议大家从出发语的词义和它的上下文出发，首先搞清这个词在它的语言环境中的确切含义，然后再斟酌目的语中的对应词，如果没把握，需要查字典时，则建议尽量使用单语词典，考查两者的语义是否对应，选出恰当的词句，避免因双方语言差异而造成查双语词典时的错误理解。

下面的练习供读者体会汉德词汇范围的差别。

I、费 = Beitrag, Gebühr, Kosten …?

　1、党费　2、学费　3、保险费　4、养路费　5、水电费

　6、生活费　7、垃圾费　8、差旅费　9、管理费

II、表 = Uhr, Zähler, Liste …?

　1、电表　2、煤气表　3、申请表　4、压力表　5、温度表

　6、价格表　7、火车时刻表　8、电子表

III、有关 = betreffend, betroffen, zuständig, einschlägig?

　1、有关文献　2、有关部门　3、有关问题　4、有关消息

　5、与事故有关的伤员　6、有关规定

Lösungen（仅供参考）

I. 1.der Beitrag des Parteimitglieds　2. die Schulkosten (das Schulgeld, die Studiengebühr)　3. der Beitrag für die Versicherung 4. die Straßengebühr　5. die Kosten für Strom und Wasser / die Nebenkosten 6. der Lebensunterhalt　7. die Gebühr für Abtransport und Entsorgung von Müll　8. die Reisekosten　9. die Gebühr für Verwaltung

II. 1. der Stromzähler 2. der Gaszähler 3. das Antragsformular
4. der Druckmesser 5. das Thermometer 6. die Preisliste / der Tarif
7. der Fahrplan 8. die Quarzuhr / die elektronische Uhr
III. 1. die einschlägigen Dokumente 2. die zuständige Behörde 3. die
betreffenden Fragen 4. die Meldungen darüber 5. die vom Unfall
betroffenen Verletzten 6. die Bestimmungen darüber / die dafür
festgelegten Bestimmungen

was 的用法有哪些？

在德语词法和德语句法中，我们会经常碰到有关 was 的用法。由于
有关 was 的语法点涉及的语法范围较广，因此我们在学习 was 的用
法时难以观其全貌。笔者根据教学经验把 was 的具体用法总结为以
下三点：

一、 was 作为疑问代词 (das Interrogativpronomen) 往往以第一格，
    第四格的形式出现，用来指代所提问的事物。如：

    Was ist mit dir los? （第一格）

    Was sind deine Eltern （von Beruf）？ （第一格）

    Was suchst du? （第四格）

    值得注意的是，如果 was 和动词、形容词固定搭配的介词连用时，
    一般用 "wo(r)+ 相应介词" 这种代副词 (Pronominaladverbien)
    的结构来替代。试区别：

    Was stört Sie?

    Womit sind Sie zufrieden? (不用 mit was)

    Worum machen Sie sich Sorgen? (不用 um was)

二、 was 作为关系代词 (Relativpronomen) 引导以 das 为相关词的关
    系从句，但 das 一般被省略。was 在从句中可以是主语，也可以
    是宾语。如：

    Was uns Sorgen macht, (das) ist die Tatsache, dass viele junge
    Leute Geistes- und Sozialwissenschaften studieren.

    Was da getan wird, (das) ist wirklich erstaunlich.

    除了说明主句中的相关词 das 以外，以 was 引导的关系从句
    还可以说明主句中下列不定代词以及名词化的中性最高级形容

词。 如：manches, etwas, nichts, einiges, weniges, vieles, alles, sonstiges, folgendes, mancherlei, vielerlei, allerlei, allerhand; das Schönste, das Wichtigste, das Beste 等。

Vieles, was für die Deutschen selbstverständlich ist, ist für Ausländer ungewöhnlich.

Ich werde etwas kaufen, was ich auf der Reise brauche.

Das Wichtigste, was ich erzählen sollte, habe ich vergessen.

值得注意的两点是：

1. 关系代词 was 在关系从句中的变格有第一、二、三、四格之分，其中第三格用 dem 来代替，第二格用 dessen 来代替。试比较：

   Er sagte Manches, was mich wunderte. （第一格）

   Er sagte Manches, was ich nicht wusste. （第四格）

   Er sagte Manches, dem ich nicht zustimmen konnte. （第三格）

   Er sagte Manches, dessen Sinn mir unklar war. （第二格）

2. 当 was 和关系从句中的动词、形容词固定搭配的介词连用时，我们要用 "wo(r)＋相应介词" 的形式来替代。试区别：

   Ich bleibe bei dem, was ich vorher gesagt habe.

   Ich bleibe bei dem, wovon ich überzeugt bin. （不用 von was）

   Das wäre das Erste, was ich täte.

   Das wäre das Erste, woran ich dächte. （不用 an was）

三、以 was … betrifft, was … angeht, was … anlangt, was … anbelangt 等引导的情况状语从句 (Modalsatz)。如：

Ich bin recht optimistisch, was meine Berufsaussichten angeht / anlangt / betrifft.

Was deinen Vorschlag anbelangt, so habe ich keine Einwände dagegen.

这种情况状语从句在大多数语法书中被称为限制从句，说明主句所述事物的有效范围。

巧学带前缀 "an" 的德语动词

德语初学者往往对带有前缀的德语动词感到头痛，他们觉得这些动词拼写复杂、难以记忆。其实这是因为他们没有发现其中的规律，

211

不知道德语动词前缀能够表达一定的语义，具有一定的用法。笔者想以"an"为例，谈谈自己学习带前缀德语动词的一点体会。

当带前缀"an"的德语动词词干为形容词时，该动词往往是使役动词，表述主语促使宾语进入某种状态。请看两个例子：

Er hat den Bleistift angespitzt.

= Er hat den Bleistift spitz gemacht.

他削尖了铅笔。(Jetzt ist der Bleistift spitz.)

Er trinkt etwas Wasser, um seine Lippen anzufeuchten.

= Er trinkt etwas Wasser, um seine Lippen feucht zu machen.

他喝了点水，使嘴唇湿润。(Jetzt sind seine Lippen feucht.)

类似的这类动词还有：anbräunen, andicken, angleichen, annähern, anrauen, anschwärzen, anwärmen。

当带前缀"an"的德语动词词干为表示工具的名词时，该动词往往是工具动词，表示"借助某种工具将 A 固定于 B 上"。也请看两个例子：

Er schraubt das Brett an die Wand an.

= Er befestigt das Brett mit Schrauben an die Wand.

他用螺钉将木板固定在墙上。

Er kettet den Hund an einen Laternenpfahl an.

= Er befestigt den Hund mit einer Kette an einen Laternenpfahl.

他用链子把狗锁在路杆上。

类似的这类动词还有：anleimen, annageln, anseilen 等。

德语一些前缀具有相同或相近的意思，而一些前缀则具有相反的意思。我们在记忆带前缀的德语动词时可以利用这条规律，顺带记住该动词的近义词或反义词，以扩充词汇量。

近义词缀：

前缀"an"和"fest"都可以表示"固定"：

Er band den Hund an den Zaun an / fest.

他将狗拴在篱笆上。

Wir sollen bei unserer Arbeit sorgfältig jede Schraube andrehen / festdrehen.

工作中我们应该仔细拧紧每一个螺丝。

Es ist verboten, Plakate an den Laternenpfahl anzukleben / festzukleben.

禁止把广告贴在路杆上。

Er nähte den abgerissenen Knopf wieder an den Mantel an / fest.

他将大衣上被扯掉的扣子重新缝上。

前缀"an"和"ein"都可以表示"开启"：

Er hat eine Lampe angeschaltet / eingeschaltet.

他打开了一盏灯。

前缀"an"和"zu"都可以表示方向：

Sie lächelt ihre Mutter an / zu.

她笑望着母亲。

反义词缀：

当"an"表示"加上并固定"时，"ab"是它的反义前缀：

Ein Schlafwagen wurde an den Zug angehängt.

火车挂上了一节卧车。

Ein Schlafwagen wurde vom Zug abgehängt.

一节卧车从火车上卸下。

当"an"表示"开启"时，其反义词缀是"aus"或"ab"：

Mach bitte den Ofen an! 请把炉子生起来！

Mach bitte den Ofen aus! 请把炉子熄灭！

Er hat die Lampe angeschaltet. 他把灯打开了。

Er hat die Lampe ausgeschaltet. 他把灯关上。

Jetzt wird es ziemlich kalt. Wir Können die Heizung anstellen.

现在很冷，我们可以打开暖气了。

Jetzt wird es schon warm. Wir sollen die Heizung abstellen.

现在已经变暖，我们应该关掉暖气了。

小议 es 和 das 的用法

初学德语可以知道，德语代词的分类较汉语复杂、详细而缜密。汉语一共只有三类代词，即人称代词、指示代词及疑问代词。而德语代词通常可以分为六类：人称代词、关系代词、指示代词、物主代词、疑问代词和不定代词。也有人认为德语代词可以分为八类，即从人称代词中又分出两类 —— 反身代词和无人称代词。在此讨论的 es 可作为人称代词，也可作为无人称代词，das 可作为关系代词和指示代词。作为关系代词的 das 和无人称代词的 es 不易混淆。可令初学者感到困难的是，如何正确使用人称代词的 es 和指示代词 das？譬如：翻译句子"今年夏天，我的一部分假期是在德国南部一个农民家里度过的。那是几天非常愉快的日子。"中，我们一看到"那"字就联想到德语中对应的指示代词das。即"Das waren sehr schöne Tage."。但参考答案却是"Es waren sehr schöne Tage."。我们知道无人称代词es可以作形式主语，在表示时间的无人称结构中使用，因此es用在此是勿庸置疑的。但是，das是否也可行呢？本文所探讨的正是人称代词es和指示代词das的异同。

es作为人称代词，有以下几种情形：

代替语法性为中性的名词，在句中可作第一格和第四格。需要注意的是作为第四格的es不能位于句首，如果es代替的是一非生物，并且句中要求的是介词＋第四格补足语的结构，此时，只能采用介词＋das（必须放在句首）或代副词形式。

Deutschland zählt rund 81 Millionen Einwohner. Es ist nach Russland der bevölkerungsreichste Staat Europas.

德国有八千一百万居民，是除俄罗斯之外欧洲人口最多的国家。

Das Buch ist sehr interessant. Er hat es zu Ende gelesen.

这本书很有意思。他读完了这本书。

Erinnerst du dich noch an das schöne Erlebnis von unserer Reise?

你还记得我们旅途中的美妙经历吗？

Ja. An das erinnere ich mich noch sehr gut.

记得，那次经历我记忆犹新呢。

或是 Ich erinnere mich noch sehr gut daran.

如果动词sein在句中有名词作表语，此时，es可以代替er或sie作主语，而句中谓语动词随该名词进行变位。

Da kommt jemand. Es ist Herr Lehmann. 有人来了，是雷曼先生。

Ich kenne sie alle. Es sind meine Studienkollegen. 他们我全都认识，他们是我的大学同学。es表示援引上文所述的句子的内容。

Er hat sein Versprechen nicht gehalten.Ich habe es nicht anders erwartet.

他没有遵守诺言。我就料到这样。

Er treibt keinen Sport. Es ist ganz schrecklich mit ihm.

他不搞体育活动，真差劲。

Die anderen waren erkältet. Nur Monika war es nicht.

其他人都感冒了。只有莫尼卡没有感冒。

由此可见，作为人称代词的 es 不仅可以代替人或事物名称的词，也可以代替词组和句子。

德语中的指示代词的功能相当于人称代词，不仅可以照应上文或下文表示人或事物，代替名词、形容词、动词和句子，在文中既可承前，也可启后。das 作为指示代词在用法上常常具有 es 所没有的强调，甚至是褒贬之意，它使受话人更加注意指代对象，而且 das 通常位于句首。

Das Bild gefällt mir sehr. Das nehme ich. 我很喜欢这幅画，我买了。

Ich hoffe, dass wir uns bald in Deutschland wieder sehen können.
Das hoffe ich auch.
我希望我们能够很快在德国见面。我也希望如此。

Genau das wollte ich sagen. 这也是我正想说的。

Das ist unmöglich, du siehst wieder fern. 真难以置信，你又在看电视。

Wie habt ihr die Musik denn finanzieren? Ja, das war nicht leicht.
你们从哪儿弄来资金做音乐？是啊，这事不好办。

在有表语的句子中使用 das：Das ist Susanne. 这是苏珊。

综上所述，在德语中，人称代词 es 和指示代词 das 的功能相似，但在具体使用时又有细微的差别。了解两者的特点后，疑惑也就迎刃而解了。

表示否定与反义的前缀

1. a- 不，无

| anormal | 不正常 | apolitisch | 非政治的 |
| apolar | 无极性 | astatisch | 不稳定的 |

2. in- (il-, ir-, im-) 不，无

indiskret	不慎重的	illegal	不合法的
indifferent	无关的；中性的	irrational	非理性的；无理的
instabil	不稳定的	irreversible	不可逆的
Indigestion	消化不良	immobil	不动的

3. dis- 不

| disharmonisch | 不和谐的 | Dissonanz | 不协调 |
| diskontinuierlich | 不连续的 | Diskrepanz | 不一致 |

4. miss- 不

misstrauen	不信任	missfällig	不合意的；不喜欢
misshellig	不协调的	misslingen	不成功

5. rück- 相反，返回

Rückstoß	反冲	rückwirkend	反作用的

6. un- 不，无

undurchsichtig	不透明的	unruhig	不安宁的
unentwickelt	不发达的	unerfahren	无经验的

7. wider- 相反

Widerstrahl	反射	Widerhall	反响；回声
widerstreben	反对	widerlegen	反驳

8. anti- 相反，抗

Antitankwaffe	反坦克武器	Antimaterie	反物质
Antifaschist	反法西斯者	Antikörper	抗体

弱变化名词的识别方法

弱变化名词只包括少数的阳性名词。因为是"少数"，所以如果不强调记忆的话，往往会把弱变化名词当作强变化来变。这里列出一些常用的弱变化名词以及提示一点识别方法。

1. 一般规律：

a) 所有弱变化名词均为阳性

b) 除第一格外，其他格的词尾 +en 或 +n

c) 复数不变音，词尾也是 +en 或 +n

d) 下列几个以 -r 结尾的弱变化名词变格词尾 +n，复数也是 +n。

der Bauer – des Bauern 农民

der Nachbar – des Nachbarn 邻居

der Ungar – des Ungarn 匈牙利人

der Herr – des Herrn – (pl) die Herren（例外）先生

2. 常用弱变化名词：

a) 以字母 -e 结尾表示人和动物的阳性名词，二、三、四格和复数都 +n

der Bote 信使   der Laie 外行

der Bursche 男孩；小伙子　　　der Lotse 领航员

der Erbe 继承人　　　　　　　der Neffe 侄子

der Experte 专家　　　　　　　der Nachkomme 后人；后任

der Gefährte 伴侣　　　　　　　der Pate 教父

der Genosse 同志　　　　　　　der Riese 巨人

der Heide 异教徒　　　　　　　der Sklave 奴隶

der Insasse 同住者　　　　　　der Zeuge 证人

der Junge 男孩　　　　　　　　der Affe 猴子

der Jude 犹太人　　　　　　　der Bulle 公牛

der Knabe 男孩　　　　　　　　der Hase 兔子

der Kollege 同事　　　　　　　der Löwe 狮子

der Komplize 帮凶；同谋　　　der Ochse 公牛

der Kunde 顾客　　　　　　　　der Rabe 乌鸦

b) 以字母 -f, -t, -d, -sch 和 -r 结尾的一些阳性名词，二、三、四格及复数词尾 +en（仅以第二格为例）

der Graf – des Grafen 伯爵

der Fürst – des Fürsten 诸侯

der Hirt – des Hirten 牧羊人

der Held – des Helden 英雄

der Mensch – des Menschen 人

der Bär – des Bären 熊

c) 所有以 -and, -ent, -ant 结尾的阳性名词，二、三、四格和复数都 +en

der Student　大学生

der Präsident　总统

der Demonstrant　示威者

der Musikant　乐师

der Produzent　制造者

der Doktorand　博士生

der Lieferant　供货者

der Elefant　大象

d) 所有以 -ist 结尾的阳性名词，二、三、四格和复数 +en

der Christ 基督徒

der Kommunist　共产主义者

der Polizist　警察

der Kapitalist　资本家

der Journalist　记者

der Sozialist　社会主义者

der Terrorist　恐怖分子

der Utopist　空想家（乌托邦）

der Idealist　理想主义者，唯心主义者

e) 不少表示职业的阳性外来词，+en 或 +n

der Biologe　生物学家

der Soziologe　社会学家

der Demokrat　民主主义者

der Diplomat　外交家

der Fotograf　摄影师

der Architekt　建筑师

der Philosoph　哲学家

der Katholik　天主教徒

f) 表示国籍的以字母 -e 结尾的阳性名词二、三、四格和复数都 +n

der Afghane　阿富汗人	der Pole　波兰人
der Brite　英国人	der Portugiese　葡萄牙人
der Bulgare　保加利亚人	der Rumäne　罗马尼亚人
der Chilene　智利人	der Russe　俄罗斯人
der Chinese　中国人	der Schotte　苏格兰人
der Däne　丹麦人	der Schwede　瑞典人
der Finne　芬兰人	der Tscheche　捷克人
der Franzose　法国人	der Türke　土耳其人
der Grieche　希腊人	der Vietnamese　越南人
der Ire　爱尔兰人	der Libanese　黎巴嫩人

g) 有一点需注意的是，一些以字母 -e 结尾的抽象名词，虽属弱变化名词，但他们的第二格 +ns，三、四格和复数 +n

der Friede – des Friedens　和平

der Gedanke – des Gedankens　思想

der Name – des Namens　名字

有趣的德语数字复合词

德语中有些名词与数词复合所组成的复合词，除了能表达数量概念外，还能说明物品的性能和特征。

Nullrelais	n.	零位继电器
Einzylindermotor	m.	单缸发动机
Zweibackenfutter	n.	二爪卡盘
Dreiphasenschalter	m.	三相开关
Viertaktdieselmotor	m.	四冲程柴油机
Fünfpolschirmregelröhre	f.	五极管
Sechswalzwerk	n.	六辊轧机
Siebensitzer	m.	七座小轿车
Achtkanteisen	n.	八角钢
Neunerprobe	f.	九验法
Zehnersystem	n.	十进制
Elfmeter	m.	十一米（点球）
Zwölffingerdarm	m.	十二指肠

德语句框结构形式

　　每个民族的语言都有其独特的语法规则和特征。德语除了有性、数、格等语法现象外，句子的句框结构亦是其最大的特征之一。一些德语初学者，尤其是有英语基础的初学者，由于受英语的干扰和影响，对德语的句框结构颇感困惑，因此，在掌握和运用中时常会出现一些英语式的德语句子。

　　德语句框结构可以归纳为以下几种形式：

a）动词句框是句中置于第二位的动词变化部分与动词不定式或过去分词，介词补足词，方向补足语等形成一个句框，许多句子成分都容纳于句框内。

　1. 将来时

　　Thomas wird morgen mit dem Auto nach Köln fahren.

　　托马斯将于明天驾车去科隆。

　2. 完成时

Ich habe ihn gestern vor der Bibliothek getroffen.

昨天，我在图书馆前遇见了他。

3. 被动态

Die Luft hier wurde von der Chemiefabrik verschmutzt.

这儿的空气被这家化工厂污染了。

4. 可分动词

Herr Müller lädt seinen Freund zum Kaffee ein.

米勒先生邀请他的朋友喝咖啡。

5. 情态动词

Das Konzert soll am Wochenende hier stattfinden.

音乐会定于周末在这里举行。

6. 准情态动词

Mein Mann versucht es mir zu erklären.

我的先生试图把这件事向我解释清楚。

7. 功能动词

Das Theaterstück kam gestern endlich zur Aufführung.

这部戏昨天终于上演了。

8. 支配介词补足词的动词

Der Ausländer dankt dem Polizisten für seine Hilfe.

这位外国人感谢警察对他的帮助。

9. 带有方向补足词的动词

Inge hängte die Landkarte von Europa über das Sofa.

英格把这张欧洲地图挂在沙发上方。

10. 动词 haben, sein + zu + Infinitiv

In diesem Semester haben wir viele Teste zu schreiben.

本学期，我们要做许多测验。

11. 动词 hören, sehen 等 + Infinitiv

Die Mutter hört ihre Tochter Klavier spielen.

母亲听她的女儿弹钢琴。

12. 固定动词搭配

Wegen des schlechten Wetters fährt Frau Krüger nicht Rad.

由于天气不好，克吕格尔太太没有骑车。

b）从句句框出现于各种从句之中，从句中位于句首的连词或关系代词等同放在句末的动词变化部分也构成了一个句框。

1. Wenn er den frühen Zug genommen hat, ...

  如果他乘早班列车，…

2. Sie kennen den Herrn, der eine Zeitung liest.

  他们认识这位正在看报的先生。

  此外，在动词首位句型中的一般疑问句和祈使句也有句框的形式，如：Sprechen wir jetzt Deutsch! 我们现在说德语吧！

  需要指出，并非所有的句子都拥有句框结构，如：

1. Ich erholte mich am Bodensee nicht.

  在博登湖我没有休息。

2. „Ist der Platz hier noch frei?", fragt die Dame einen Herrn.

  "这里的座位还空着吗？"这位女士向一位先生询问道。

  但即便如此，句中动词变化部分的位置仍在第二位。通过总结和归类，使德语初学者较全面地了解句框结构，避免语序方面的混乱，也为他们在后阶段学习中认识破框现象打好基础。

德语中绝对最高级的用法

  有一次，笔者讲完形容词的原级、比较级、最高级的构成以及用法之后，便要求同学造几个句子，借以巩固所学的内容，其中有一个同学造了以下三个句子：

Frau Zhang's Haar ist kohlschwarz.

Frau Wang's Haar ist kohlschwarzer.

Frau Xu's Haar ist am kohlschwarzesten.

乍一看，这三个句子都是对的，其实只有第一个句子是对的，其他两个则用法不妥，是错的。因为 kohlschwarz（乌黑）本身含有绝对最高意义。

Absoluter Superlativ（绝对最高级）是最高级的一种特殊形式。

它并没有比较的意义，只说明一事物在某一种性质上的极高程度。

绝对最高级不需要与定冠词连用。

Liebster Bruder! 最亲爱的哥哥！

Besten Dank für Ihre Einladung! 衷心感谢您的邀请！

Er war aufs tiefste erschrocken. 他深受震惊。

除了以上用法外，有些复合词含有最高级的意义，像本文提及的 kohlschwarz（乌黑），常见的还有：

todkrank 病危的   todmüde 极度疲劳的

totenbleich 苍白的   schneeweiß 雪白的

kerngesund 极其健康的   blitzsauber 干净明亮的

"时间"（Zeit）趣谈

"时间"按其不同的阶段可划分为Gegenwart(现在)，Vergangenheit (过去)和 Zukunft（将来），它们的形容词分别是 gegenwärtig, vergangen和zukünftig。

如果涉及到 Gegenwart (现在)，可以说 jetzt, 如：Ich lese Jetzt.（我现在正在看书。）此外还有 zurzeit, im Moment, im Augenblick 和 augenblicklich, 当然也可以说 heute, in dieser Woche, in diesem Monat, in diesem Jahr等。

如果提到 Vergangenheit（过去），可以说 damals, 如：Damals war ich noch nicht hier. (当时我还不在这儿。)此外还可以使用其他表达方式，如：vergangen, früher, schon, als 等。在童话和故事中还常常用到 es war einmal, 如：Es war einmal ein König. （从前有一个国王。）还有 einst (= in alter Zeit)，如：Einst lebte auf dieser Burg ein König. (从前在那个城堡里住着一个国王。)

如果指的是 Zukunft（将来），可以说 später, in (der) Zukunft, künftig 等。如果指 nahe Zukunft (不久的将来)，可以说 einen Augenblick, 或 einen Moment, 如：Warten Sie bitte einen Augenblick! (请稍等片刻！) 此外还可以用 gleich, bald 等。

根据"时间"的长短可划分出不同的时间单位，如：Sekunde (秒)，Minute (分)，Stunde (小时)，Tag (天)，Woche (周)，Monat (月)，Jahr (年)，Jahrzehnt (十年)，Jahrhundert (百年)，Jahrtausend (千年)等；根据"时间"的性质我们可以说 Schulzeit (求学时期)，Ausbildungszeit (培训时期)，Studienzeit (上大学时期)，Dienstzeit (兵役期)，Arbeitszeit (工作时间)，Freizeit (业余时间)，Friedenszeit (和平时期)，Kriegszeit (战争时期)等；按照人生的不同阶段则可以说 Kinderzeit (= Kindheit童年)，Jugendzeit (=

Jugend 青年)和 Alterzeit (= Alter 老年)；表示钟点用 Uhrzeit；表示一天当中的某一段"时间"用 Tageszeit，如：Morgen（早晨），Vormittag（上午），Mittag（中午），Nachmittag（下午），Abend（晚上）， Nacht（夜间）；表示星期几用 Wochentag，如：Montag（周一），Dienstag（周二），Mittwoch（周三），Donnerstag（周四），Freitag（周五），Samstag (= Sonnabend 周六)，Sonntag（周日）。

在表达"时间"时常常有多种表达可供选择，如"三天后"，除了 in drei Tagen 外，还可以说 überübermorgen, am Tag nach übermorgen, drei Tage später 等，但一定要注意其中的差异，如：in drei Tagen 和 nach drei Tagen，虽然词义相同，但在具体使用时存在着不同的语法要求，即 in 只能与现在时和将来时连用，如：Kommen Sie in einer Woche wider!（您一周后再来！）而 nach 在此只能与过去时和完成时连用，如：Nach zehn Jahren kam er wieder zurück.（十年后他又回来了。）

heute 可转换成 heutig, 如：Schreiben Sie heutiges Datum!(请您把今天的日期写上！) 依此类推，我们还可以把 gestern 转换成 gestrig, 如：Ist die gestrige Zeitung nicht mehr da? (昨天的报纸不在这儿了吗？) morgen 可转换成 morgig, 如：der morgige Tag（明天），die morgige Vorlesung（明天的讲座），das morgige Programm（明天的计划）等。值得一提的是，有时词义随词类的变化而变化，如：Am Nachmittag hat er einen Termin.（下午他有一个约会。）Nachmittags hat sie immer Unterricht.（她每天下午都有课。）am Nachmittag 在此指某一天的下午，而 nachmittags 在此指的则是每一个下午。还有 Morgen（→Abend）和 morgen (= am folgenden Tag) 的区别等等。

"时间"可以用各种不同的钟表来测定，如：Armbanduhren（手表），Taschenuhren（怀表），Wanduhren（挂钟），Standuhren（落地钟），Küchenuhren（厨房里用的钟），Turmuhren（塔楼大钟），Weckuhren 或 Wecker（闹钟），Stoppuhren（跑表），Sanduhren 或 Eieruhren（沙漏），还有 Kuckucksuhren（杜鹃挂钟）等。

当然我们还可以用 Kalender 来表示"时间"，人们可以用它来分别表示年、月、日。我们通常所指的年叫 Sonnenjahr（阳历年），此外还有 Mondjahr（阴历年），天文学中的 Lichtjahr（光年）和二月份为二十九天的 Schaltjahr（闰年）。

去一号

"去厕所"这句话，各国都有不同的隐讳语，德语亦不例外：

Ich gehe zu Tante Mazer / Meier.

Ich geh mal kurz Hände waschen.

我去洗个手。（用于社交场合）

Ich muss mal.

我得去一下。（用于朋友熟人之间）

Ich geh / muss mal für kleine Jungs.

我得去下厕所。（用于男性好朋友之间）

Ich geh / muss mal für kleine Mädchen.

我得去下厕所。（用于女生好朋友之间）

德国有个别饭馆等地方的厕所门上不写字，但画上小男孩及小女孩撒尿的图案以示区分，与上面的说法正好巧合。

Ich muss mal „Klein" / „Groß".

我得来个"小"的 / "大"的。（用于好朋友或家人之间）。从这能看出不同语言在某些地方相通的现象。

Ich geh pissen. / Ich muss mal pinkeln gehen.

我去尿尿。（用于极好的朋友之间，大多为男青年）

Ich geh scheißen. / Ich muss scheißen gehen.

我得去拉屎。（用于极好的朋友或夫妻之间）

Ich geh mal auf Toilette. / Ich geh mal aufs Klo.

我去一下厕所。（用于普通朋友之间）

小议 kein 和 nicht 用法的异同？

一、否定词 kein 和 nicht 都可以用来否定一个名词。一般说来，否定带有定冠词（或指示代词、物主代词）的名词用 nicht，否定带有不定冠词或不带冠词的名词用 kein。

下述情况用 nicht 否定：

Er hat mir den roten Bleistift gegeben.

– Er hat mir nicht den roten Bleistift gegeben.

Ich möchte diesen Anzug.

– Ich möchte nicht diesen Anzug.

Das ist mein Wörterbuch.

– Das ist nicht mein Wörterbuch.

下述情况用 kein 否定：

Er liest eine Zeitung.

– Er liest keine Zeitung.

Er hat Freunde.

– Er hat keine Freunde.

Er trank Bier.

– Er trank kein Bier.

Ich habe Angst.

– Ich habe keine Angst.

二、但是，并非所有带不定冠词或不带冠词的名词都用 kein 来否定。用 nicht 来否定的情况也是存在的。

(1) 用 nicht 来否定带不定冠词的名词。其实 ein 在这儿不再当作不定冠词，而被视为数词。如：

Er macht nicht eine Ausnahme.

(2) 不带冠词的名词用 nicht 否定，有以下几种情况：

否定固定词组（特别是那些由动词＋介词词组构成的固定词组）中的名词：

Sie hielt das Zimmer in Ordnung.

– Sie hielt das Zimmer nicht in Ordnung.

Er setzte die Maschine in Betrieb.

– Er setzte die Maschine nicht in Betrieb.

Die Bäume stehen in Blüte.

– Die Bäume stehen nicht in Blüte.

这样的词组还有：zu Ende führen，in Anspruch nehmen，in Schutz nehmen，außer Kraft setzen，in Brand setzen，in Frage stellen，in Abrede stellen，in Angst versetzen 等。

否定不是表示动作直接对象、而是表示动作所使用的工具或动作表示的状况的四格宾语：

Er fährt Auto. (= mit dem Auto fahren)

– Er fährt nicht Auto.

Er kann Flöte spielen. (= auf der Flöte spielen)

– Er kann nicht Flöte spielen.

这样的词组还有：Klavier spielen，Maschine schreiben，Schach spielen，Ski laufen，Schlitten fahren，Wort halten，Gefahr laufen 等

(3) 否定地理名词：

Er arbeitet in Peking.

– Er arbeitet nicht in Peking.

Er ist in Deutschland geblieben.

– Er ist nicht in Deutschland geblieben.

(4) 表示职业的名词也多用 nicht 否定：

Er ist Lehrer.

– Er ist nicht Lehrer.

Er arbeitet als Schlosser.

– Er arbeitet nicht als Schlosser.

三、某些不带冠词或带不定冠词的介词短语或固定词组既可用 kein 也可用 nicht 否定：

Er geht in eine Realschule.

– Er geht nicht in eine Realschule.

– Er geht in keine Realschule.

Er hat Rücksicht genommen.

– Er hat nicht Rücksicht genommen.

– Er hat keine Rücksicht genommen.

否定词 nicht 在句中的位置

否定词 nicht 一般来说否定全句时，位于句尾，否定某一句子成分时，位于被否定的句子成分之前。如：

Alle Lehrer kommen heute nicht. 全体教师今天都不来。

Nicht alle Lehrer kommen heute. 不是全体教师今天都来。

但在下列情况下，nicht 的位置基本是固定的。

1. nicht 置于复合谓语的第二分词，可分前缀及不定式之前：

Ich habe ihn nicht angerufen.

Ich werde ihn nicht anrufen.

Ich rufe ihn nicht an.

2. nicht 置于作表语或宾表语的名词、形容词之前：

Sie ist nicht jung.

Er ist nicht mein Bruder.

Ich bin nicht deiner Meinung.

Ich finde es nicht schön.

若表语是副词，nicht 则可置于副词表语的前或后：

Er ist nicht hier.（否定全句或句子成分）

Er ist hier nicht.（否定全句）

3. nicht 置于词组性的宾语之前：

Sie treibt nicht Sport.

Sie spielt nicht Klavier.

nicht 置于功能动词词组中的名词或介词 + 名词结构之前：

Sie nehmen darauf nicht Rücksicht.

Sein Wissen und Können kommt nicht zum Ausdruck.

这种功能动词词组中的介名结构不同于介词宾语，虽说一般情况下 nicht 置于介词宾语之前，但在特定的上下文中，nicht 也可置于介词宾语之后：

Er interessiert sich nicht für Literatur.（否定全句或句子成分）

Er interessiert sich für Literatur nicht.（否定全句）

4. nicht 置于以形容词、副词作状语的前面：

Er spricht nicht richtig.

nicht 置于 bald, gleich, spät, zeitig 等副词作时间状语的前面：

Er kommt nicht spät.

然而地点副词作状语，则 nicht 置于前后均可：

Er arbeitet nicht dort.（否定全句或句子成分）

Er arbeitet dort nicht.（否定全句）

nicht 置于动词所必需支配的介名结构状语的前面：

Wir gehen heute nicht ins Kino.

Sie stellt das Buch nicht ins Bücherregal.

若介名结构并非动词所必需支配的原因、地点状语，则 nicht 置于前后均可：

Er kommt nicht wegen seines Vaters.

Er kommt wegen seines Vaters nicht.

Er arbeitet nicht im Zimmer.

Er arbeitet im Zimmer nicht.

由于 nicht 在句中有时同时可以否定全句或句子成分，因此，在领会其含意时需通过下下文或说话人的语气而定。

谈谈德语中的分词短语

德语中的分词短语（Partizipialkonstruktion）可以起副句的作用，较常用的是代替：

1. 关系从句（Relativsatz）

Vor 30 Jahren gebaut, werden die ersten Arbeitersiedlungen neulich renoviert. 30 年前建造的第一批工人住宅最近在修缮。

= Die ersten Arbeitersiedlungen, die vor 30 Jahren gebaut wurden, werden neulich renoviert.

也可以代替：

2. 条件从句（Konditionalsatz）

Genau überlegt, ist der ganze Plan noch zu ändern.

3. 原因从句（Kausalsatz）

Mit der Tätigkeit gut vertraut, gewöhnte er sich bald an seinen neuen Arbeitsplatz. 他因为很熟悉这项工作，所以很快就适应了新的工作岗位。

= Da er mit der Tätigkeit gut vertraut war, gewöhnte er sich bald an seinen neuen Arbeitsplatz.

4. 时间从句（Temporalsatz）

In Beijing angekommen, suchte er sofort seinen Freund auf.

他到达北京后，立刻就去拜访他的朋友。

= Nachdem er in Beijing angekommen war, suchte er sofort seinen Freund auf.

5. 情况状语从句（Modalsatz）

Mit dem Schwanz wedelnd, ging der Hund auf das Kind zu.

这条狗摇着尾巴向孩子走去。

= Indem er mit dem Schwanz wedelte, ging der Hund auf das Kind zu.

6. 让步从句（Konzessivsatz）（必须带连词）

a) Obwohl mehrmals darauf aufmerksam gemacht, sind Sie wieder zu spät gekommen.

b) Mehrmals darauf aufmerksam gemacht, sind Sie doch (dennoch) wieder zu spät gekommen. 虽然多次向您指出，您又迟到了。

= Obwohl Sie mehrmals darauf aufmerksam gemacht wurden, sind Sie wieder zu spät gekommen.

分词短语在整个句子中究竟有什么意义，取决于上下文。分词短语多用于书面语中，特别是在科技文章和报刊文章中更是常见。一般情况下当主句和副句的主语相一致时，分词短语可以代替副句，这样文字就较简练。当分词短语代替条件副句时，主句和副句的主语可以不一致（见 2）。从上述例句中还可以看出，不仅用第一分词、第二分词可构成分词短语，用形容词也可构成分词短语（见 3）。

第一分词构成的分词短语有主动的意义，其时态同主句的时态相一致（见 5）。

不及物动词第二分词构成的分词短语也有主动的意义（见 4）。及物动词第二分词构成的分词短语常用来表达被动式（见 1，6）或状态被动式。它们的时态可以从句子的连贯意义中推导出来。

及物动词都能构成被动态吗？

德语的被动态主要是由及物动词构成的。但是否所有的及物动词都能构成被动态呢？否，我们只能说大多数及物动词可以构成被动态。凡属下列情况的及物动词不能构成被动态。

1. 某些表示状态的及物动词，如：haben, besitzen, wissen, kennen, behalten, interessieren 等不能构成被动态。例如：

Er hat viel Geld.

（误）Viel Geld wird von ihm gehabt.

Er besitzt ein Haus.

（误）Ein Haus wird von ihm besessen.

Wir kennen ihn.

（误）Er wird von uns gekannt.

2. 某些表示事物发展过程的动词，如 bekommen, erhalten（表示从无到有的过程），erfahren（表示从不知到知的过程）等不能构成被动态。例如：

Morgen bekommen wir die neuen Möbel.

（误）Morgen werden die neuen Möbel von uns bekommen.

Ich habe es schon von einem Kollegen erfahren.

（误）Es ist schon von mir erfahren.

3. 某些表示数量或容量的动词，如：kosten, wiegen, enthalten, umfassen 等不能构成被动态。例如：

Das Buch kostet zehn Euro.

（误）Zehn Euro werden von dem Buch gekostet.

Diese Ausgabe umfasst alle Werke des Dichters.

（误）Alle Werke des Dichters werden von dieser Ausgabe umfasst.

4. sehen, hören 等一类动词支配两个宾语，即一个第四格宾语及一个不定式词组时不能构成被动态。例如：

Ich sah meinen Freund kommen.

（误）Mein Freund wurde von mir kommen gesehen.

Wir hören die Kinder singen.

（误）Die Kinder werden von uns singen gehört.

但 lassen 是例外，如：

Der Lehrer ließ uns singen. – Wir werden von dem Lehrer singen gelassen.

5. 如动词与其支配的第四格宾语组成了一个固定词组，则该动词不能构成被动态。例如：

Sie treibt Sport.

（误）Sport wird von ihr getrieben.

Herr Li nimmt Platz.

（误）Platz wird von Herrn Li genommen.

6. 如功能动词与其支配的第四格宾语构成词组时，功能动词不能构成被动态。例如：

Das Buch findet Anerkennung.

（误）Anerkennung wird von dem Buch gefunden.

7. 宾语是主语身体的一部份时，该动词不能构成被动态。例如：

Du hast deinen Fuß auf den Stuhl gestellt.

（误）Dein Fuß ist von dir auf den Stuhl gestellt.

Ich habe mir das Bein gebrochen.

（误）Mir ist das Bein von mir gebrochen.

8. 动词的含义与第四格宾语内容相同时，该动词不能构成被动态。例如：

Er kämpfte einen schweren Kampf.

（误）Ein schwerer Kampf wurde von ihm gekämpft.

9. 少数动词的第四格宾语是一种工具，此类动词也不能构成被动态。例如：

Er fährt Auto.

（误）Auto wird von ihm gefahren.

Das Kind spielt Klavier.

（误）Klavier wird von dem Kind gespielt.

副词与 haben 或 sein 构成谓语

德语中有些副词常常作为谓语的一部分单独与 haben 或 sein 连用，它们中有的是可分动词的前缀。这种形式多见于口语，可使语言简练。

如：Hans *ist* gerade *hinaus*. ← Hans ist gerade *hinausgegangen*.（汉斯刚刚出去。）

Er *hat* eine Pelzmütze *auf*. ← Er hat eine Pelzmütze *aufgesetzt*.（他戴着一顶皮帽。）

sein 可以与下列前缀一起构成合成谓语，它们是：ab, an, auf, aus, hin, hinaus, weg, vorbei, vorüber, zu。

Der Knopf *ist ab*.（= abgerissen）钮扣掉了。

Das Geschäft *ist auf*.（= aufgemacht, geöffnet）商店开门了。

Das Licht *ist an*.（= angedreht）电灯开着。

Das Licht *ist aus*.（= ausgeschaltet）电灯关了。

Meine Schuhe *sind hin*.（= kaputt）我的鞋破了。

Das Kino *ist aus*.（= beendet）电影散场了。

Die Ferien *sind vorbei*.（= zu Ende）假期结束了。

Drei Stunden *sind vorbei*.（= vergangen）三个小时过去了。

Der Bus *ist weg*.（=weggefahren）公共汽车开走了。

Das Geld *ist weg*.（= ausgegeben, verloren）钱用完了 / 钱丢了。

Das Restaurant *ist zu*.（= zugemacht）饭店关门了。

haben 可以与下列副词一起构成谓语，它们是：an, auf, aus, durch, zu。

Ich *habe* noch das Licht *an*.（= es brennt noch）灯还亮着。

Sie *hat* ihr bestes Kleid *an*.（= angezogen）她穿着她最好的连衣裙。

Hast du die Zeitung *aus*?（= ausgelesen）你把报纸看完了吗?

Er *hat* das Buch *durch*.（= durchgelesen）他把书读完了。

其实，现在有的字典已经把一部分 haben + Adverb 的词组看作分离动词了：

Er hat einen neuen Anzug an.（anhaben，身上穿着）

Bis wie viel Uhr haben die Geschäfte auf?（aufhaben，开着）

状态被动式（Das Zustandspassiv）

1. 德语被动式分为过程被动式和状态被动式，状态被动式是由助动词 sein + 动词的第二分词组成。

$$\begin{array}{c} \text{ist} \\ \text{例：Das Fenster} \quad\quad \text{geöffnet.} \\ \text{war} \end{array}$$

2. 过程被动式表示动作发生的过程，状态被动式表示动作发生之后所造成的结果或状态。

Das Fenster ist geöffnet worden. 窗户被打开了。

Das Fenster ist geöffnet. 窗户开着。

3. 并不是所有能构成被动式的动词都可构成状态被动式，不能表示动作发生以后的状态或结果的动词不能构成状态被动式。动词 loben, brauchen, streicheln, erinnern, zeigen 等均属此类。

Der Schüler wird gelobt. 学生受到称赞。

232

误：Der Schüler ist gelobt.

4. 一部分要求第四格反身代词的反身动词可以构成状态被动式，如：

Der Schauspieler hat sich erkältet. 这位演员感冒了。

Der Schauspieler ist erkältet. 这位演员感冒了。

5. 由于状态被动式表示一种状态，因此在状态被动式句中可以使用表示时间延续的状语，而被动式句中有时则不能用这类状语，如：

Das Fenster ist seit gestern geöffnet. 从昨天起窗户就开着。

误：Das Fenster wird seit gestern geöffnet.

viel 作形容词时的词尾

viel 可作形容词用。它在作形容词时，通常会出现两种情况：一种是 viel 之前有定冠词；另一种是 viel 之前无定冠词（viel 一般不与不定冠词一起使用）。在 viel 之前有定冠词时，其词尾为弱变化，如：

das Ergebnis des vielen Nachdenkens ...

多次思考的结果……

Sie hat die vielen alten Bücher verkauft.

她卖了许多旧书。

这种变化有规可循，较容易掌握。

本文主要阐述后一种情况，即 viel 作形容词时，在无定冠词时的词尾。

1. viel 作形容词时，在下列情况下往往无词尾：

a) 在第一格、第四格单数阳性名词前，如：

Dazu gehört viel Mut. 为此还要有勇气。

Viel Erfolg! 祝你成功！

Viel Spaß! 祝你愉快！

Ich habe viel Kummer in meinem Leben gehabt.

我在一生中有过很多烦恼。

但有少数例外，如：

Vielen Dank!（非常感谢！）

b) 在第一格、第四格单数阴性和中性名词前，多数情况下无词尾，如：

Dazu gehört ziemlich viel Übung. 为此需要有相当多的练习。

Viel Glück! 祝你幸福！

Wo viel Licht ist, da ist viel Schatten.

有多少光亮，就有多少阴影。（谚语，意指：有利必有弊。）

c) 在不可数名词前，如：

viel Butter 许多黄油

viel Lärm um nichts 无事喧嚷

Mit viel Eifer hättest du es schaffen können.

满怀热情，你本来应该能完成它。

Er isst viel Fleisch, Gemüse und treibt viel Sport.

他吃很多肉和蔬菜，并经常进行体育锻炼。

d) 在修饰单数或不可数名词的形容词前，如：

viel frische Luft 许多新鲜空气。

viel rohes Gemüse 许多生的蔬菜

viel unnötiger Aufwand 许多不必要的开支

2. viel 作形容词时，在下列情况下往往有词尾：

a) 第二格名词前，如：

Der Kranke bedarf vielen Schlafes. 病人需要多睡眠。

Er erfreut sich vielen Beifalls. 他很高兴许多人为他鼓掌。

b) 在名词化了的形容词（中性单数名词）前，如：

trotz vieles Guten 尽管有许多好的

c) 在复数名词前，如：

in vielen wichtigen Angelegenheiten 在许多重要的事务上

Die Kleidung vieler Menschen ist dürftig. 许多人衣衫褴褛。

d) 在名词化了的形容词前，如果该名词化的形容词所涉及的内容前面已经提到过，如：

Die Partei hat vieles Unerfreuliche gehabt.

这个党派曾有过许多令人不愉快的事。

这个句子中的 Unerfreuliche 在它所出现的文章中已提到过，所以用 vieles，如果前面没有提到过，则用 viel，如：

Die Partei hat viel Unerfreuliches gehabt.

这个党派曾有过许多令人不愉快的事。

wo 的用法有哪些？

在德语中，一些教科书和语法书对 wo 作疑问副词（direktes od. indirektes Frageadverb）的用法和关系副词（Relativadverb, an welcher Stelle）的用法介绍得很详细，并且也常常作为测试点，如：

1. Lüneberg, wo ich jetzt wohne, ist eine hübsche alte Stadt am Rande der Lüneburger Heide.

2. Afrika ist der einzige Kontinent, wo das Bevölkerungswachstum größer als das Wachstum bei der Lebensmittelproduktion ist.

（以上两题分别选自《德语六级考试指南》93 年 2 月试卷第 22 题；93 年 9 月试卷 B 部分，同济大学 97 年出版，贺文威等编著）

除了以上基本用法外，笔者在教学和阅读实践中，还碰到以下用法：

一、连词（Konjunktion）

　a. 表示条件（konditional）

　　Er möge kommen, wo (wenn) nicht, wenigstens schreiben.

　　他可能会来，如果不来，他至少会写信（给我）。

　b. 表示原因（kausal）

　　Er muss sparsam leben, wo (zumal da, angesichts der Tatsache, dass) er kein Stipendium hat.

　　他不得不节约度日，因为他没有助学金了。

　c. 表示让步（konzessiv）

　　Er hat mir nicht geantwortet, wo (obwohl) ich ihm doch dreimal geschrieben habe. 虽然我给他写了三封信，他却未回信。

二、不定副词（indefinites Adverb）

　Das Buch muss hier wo (irgendwo) liegen.

　书可能放在这里什么地方了。

三、关系副词（Relativadverb, zu welcher Zeit）

　Die Zeit kommt doch, wo (da) er sein Unrecht einsehen wird.

　到时候他会认识到自己的错误。

不定式加 zu 还是不加 zu？

德语中有几个动词与情态动词一样可以支配一个不定式。如：

bedeuten, fahren, fühlen, spüren, geben (es), gehen, gelten (es), haben, heißen, heißen (es), helfen, hören, kommen, lassen, lehren, schicken, lernen 等。其中，有几个动词只能支配不带 zu 的不定式，有几个能支配带 zu 的不定式，还有几个动词既能支配带 zu 的不定式，又能支配不带 zu 的不定式。

只能支配不带 zu 的不定式的动词有：fahren, fühlen, spüren, gehen, haben, hören, kommen, lassen。例如：

fahren 能够支配许多表示想要做的动作的词，其主语与所支配的不定式的主语是一致的：Sie sind schwimmen gefahren.

fühlen, spüren：这两个词都只能支配表示"过程"的动词。不定式的主语在主句中作第四格宾语

Ich fühle die Erde beben.

Sie spürte ihn zusammenzucken.

这样的句子相当于两个简单句：

Ich fühle (, dass etwas geschieht) + Die Erde bebt.

Sie fühle (, dass etwas geschieht) + Er zuckte zusammen.

gehen 能够支配许多表示想要做的动作的词。条件与 fahren 一样，其主语与所支配的不定式的主语是一致的：

Heute Abend gehen sie baden.

haben 只能够支配那些表示"自己处于某地"的动词。不定式的主语必须以第四格宾语的形式在主句中出现：

Ich habe noch Möbel in Stuttgart stehen.

hören 只能够支配那些表示"通过听觉器官能够接收"的动词。不定式的主语通常以第四格宾语的形式在主句中出现：

Ich höre ihn kommen.

hören 可以搭配完成式使用，但其构成通常是 haben + 不定式，而很少使用 haben + 第二分词。例如：Ich habe ihn kommen hören.

kommen 能够支配许多表示想要做的动作的词。主语与所支配的不定式的主语一致：

Kommst du noch ein Glas Wein trinken?

lassen 表示"请求"或"允许"。如表示"请求"，只能支配许多表示想要做的动作的词，如表示"允许"则可支配任何动词。不定式的主语通常以第四格宾语的形式在主句中出现。例如：Die Großen lässt man laufen.

lassen 也可以搭配完成式使用，但其构成通常是 haben + lassen, 而不使用 haben + gelassen。例如：Ich habe sie laufen lassen.

能支配带 zu 的不定式的动词有：bedeuten, geben (es), gelten (es)，例如：

bedeuten 能支配表示想要做的动作的词。不定式的主语通常以第三格宾语的形式在主句中出现。所支配的不定式必须加 zu：

Man bedeutet ihm, den Hut abzunehmen.

如果使用 bedeuten 的被动式或完成式，则句中的不定式处于句子的框形结构之外。Man hatte ihm bedeutet, den Hut abzunehmen.

geben (es) 该非人称动词只能支配表示想要做的动作的词，特别是那些支配第四格宾语及第四格宾语补足语的动词：

Es gibt eine Menge zu tun.

Jetzt gibt es hier für uns nichts mehr zu tun.

gelten (es), 该非人称动词能支配许多表示想要做的动作的词，不定式的主语通常不在主句中出现：

Nun gilt es zusammenzuhalten.

但有时以介词短语的形式出现，介词通常使用 für。所支配的不定式必须加 zu：

Für Sie gilt es jetzt, Ihre Verlässlichkeit unter Beweis zu stellen.

既能支配带 zu 的不定式，又能支配不带 zu 的不定式的动词有：

heißen, heißen (es), helfen, lehren, schicken, lernen。一般情况下，不定式中的扩展成分越长，加 zu 的可能性就越大：

Wir halfen ihm Holz spalten.

Anna schickt ihren Vater einkaufen.

Für uns alle heißt es jetzt sparen.

Ihm wurde geholfen, den Schrank hinaufzutragen.

Erst als er gelernt hatte, die Welt mit ihren Augen zu sehen, konnte er seine Vorurteile gegenüber Ausländern überwinden.

如不定式为系表结构，则必须加 zu：

Du musst lernen, tolerant zu sein.

特殊的主谓语匹配

一般来说，德语句子中的谓语动词必须根据主语进行变化，即主谓语在人称、单复数上必须保持一致。但在有些情况下，句中主谓语的匹配并不遵循这一法则。下面就是几种特殊的主谓语匹配现象。

一、系表结构句型中的主谓语匹配

在"Karl ist mein Freund"这样一个系表结构的句子中，主语、表语都是第一格，就这两个词的单复数来说，这种句型有四种可能性：

主语、表语同为单数：Herr Meier ist mein Chef.

主语、表语同为复数：Herr Meier und Herr Müller sind unsere Vertreter im Betriebsrat.

主语单数，表语复数：Fast ein Fünftel der Bevölkerung Zyperns sind Türken.

主语复数，表语单数：Die beiden anderen Bewerber sind keine Konkurrenz für ihn.

上述句型中主语和谓语相匹配的法则是：主语和表语中只要有一个是复数，谓语动词就是复数形式。

这条规则同样也适用于 was 和 wer 提问的句型：

Wer ist die bessere Mannschaft?

Wer sind die besseren Spieler?

Was ist dein Bruder von Beruf?

Was sind deine Brüder von Beruf?

二、主语为"批量词＋名词"时的主谓语匹配

批量词 Menge 等＋名词作主语也有四种组合可能性：

单数＋单数：eine Menge Zeit

复数＋复数：Unmengen Zwetschgen

复数＋单数：riesige Mengen Butter

单数＋复数：eine Anzahl Reisebücher

这类组合在句子中作主语时，句子的谓语动词形式按下列公式变化：

批量词 名词 谓语形式

单数＋单数＝单数

Dazu ist eine Menge Zeit erforderlich.

复数＋复数＝复数

Unmengen Zwetschgen blieben unverkäuflich.

复数＋单数＝复数

Riesige Mengen Butter werden jährlich in Kühlhäusern eingelagert.

单数＋复数＝单数／复数（可数名词）

Ferner soll／sollen eine Anzahl Reisebücher vorgestellt werden.

三、"批量词＋G.／von"结构作主语时的主谓语匹配

这里也有四种情况：

批量词　名词

单数＋单数：ein großer Teil der Arbeit

复数＋复数：Berge von Abfällen

复数＋单数：riesige Mengen von Giftmüll

单数＋复数：ein Teil der Verbesserungsvorschläge

此外谓语动词的形式可用第二项中的公式，但第四点谓语一般用单数形式。如：

Ein Teil der Verbesserungsvorschläge war durchaus brauchbar.

四、第一／第二／第三人称同时作主语时主谓语的匹配

这里也有四种可能性：

第二人称＋第一人称，如：du und ich

第一人称＋第三人称，如：wir und sie

第二人称＋第三人称＋第一人称，如：du, er und ich

第二人称＋第三人称，如：Sie und er

在这种情况下主谓语匹配所遵循的原则是：

第一人称＞第二人称＞第三人称

即：出现第一人称时谓语动词为第一人称复数形式；第二、第三人称连用时谓语动词用第二人称复数形式。

例如：

Du und ich werden es schon schaffen.

Meine Frau und ich bleiben dieses Jahr im Urlaub zu Hause.

Du, er und ich könnten doch zusammen fahren!

Ihr, Meiers und ich sollten uns wieder mal treffen.

Übungen:

请填入 sein 的正确形式！

1. Die Leitung einer Firma _____ eine sehr verantwortungsvolle Aufgabe.

2. Wer der Auftraggeber der Entführer _____, konnte noch nicht ermittelt werden.

3. Wenn sie sich in einem Brief auch nur einmal vertippte, schrieb sie den ganzen Brief noch mal; Tippfehler _____ ihr ein Greuel.

4. Wir _____ die älteste Umzugsfirma am Platze. 0b innerhalb der Bundesrepublik oder innerhalb Europas, Sie können uns Ihren Umzug unbesorgt anvertrauen.

5. Die immer mehr überhandnehmenden Verantwortungsarbeiten _____ eine große Belastung für ihn.

6. Er _____ mein Vorbild.

7. Das Hauptkennzeichen dieser Epoche _____ Inflation und Arbeitslosigkeit.

8. Die gewöhnliche Nahrung der Pflanzen _____ Wasser, Kohlendioxyd und die Grundstoffe des Bodens.

Lösungen:

1. 6. ist   2. war   4. 5. 8. sind   3. 7. waren

请填入括号内动词的正确形式！

1. (sein) In diesem Winter _____ uns eine Menge Äpfel verfault.

2. (sein) In den letzten Jahren _____ riesige Mengen Haschisch illegal in die Bundesrepublik eingeführt worden.

3. (fehlen) Für meinen Bericht _____ mir noch eine Reihe Informationen.

4. (sein) Jeden Tag _____ eine Unmenge Briefe zu beantworten.

5. (sein) Trotz zweimaligen Korrekturlesens _____ eine Menge Druckfehler übersehen worden.

6. (sein) Auf die Lösung dieses Problems _____ eine Menge Energie verwendet worden.

7. (sein) Zur Durchführung dieses Programms _____ eine Unmenge Arbeitsstunden erforderlich.

8. (können) Schon eine Handvoll Idealisten _____ den Laden wieder in Schwung bringen.

Lösungen:

1. ist / sind   2. sind   3. fehlt / fehlen   4. ist / sind
5. ist / sind   6. ist   7. ist / sind   8. könnte / könnten

请填入括号内动词的正确形式!

1. (werden) Eine Anzahl von Buchern aus dieser Reihe _____ demnächst neu aufgelegt.

2. (sein) Ein großer Teil der Unfälle in unserem Betrieb _____ durch die Nichtbeachtung der Sicherheitsvorschriften verursacht worden.

3. (bleiben) Eine Fülle von Erkenntnissen _____ ungenutzt.

4. (werden) Bei der Durchführung des Projekts _____ eine Reihe schwerwiegender Fehler gemacht.

5. (sein) Bei den Diskussionen _____ eine Reihe ganz neuer Gesichtspunkte aufgetaucht.

6. (wirken) Schon eine geringe Menge dieses Gifts _____ tödlich.

7. (sein) Jeden Tag _____ eine Unzahl von Anträgen zu bearbeiten.

8. (sprechen) Die Mehrzahl der Anwesenden _____ sich gegen den Vorschlag aus.

Lösungen:

1. wird   2. ist   3. blieb   4. wurde   5. ist   6. wirkt
7. ist   8. sprach

请用括号内的短语的正确形式填空!

1. (sich getrennt haben) Ich habe gehört, du und Anna _____.

2. (nichts gespendet haben) Nur Sie und Meiers _____.

3. (immer die Besten in der Klasse gewesen sein) Du und Maria
_____.

4. (sich jeden Abend in dem Gasthaus treffen) Der Meier, der Huber
und ich _____.

5. (unbedingt in unseren Club eintreten müssen) Du und Karl
_____.

6. (die einzigen sein, die ihm das sagen können) Du, er und ich
_____.

7. (doch in derselben Klasse gewesen sein) Du und mein Bruder
_____.

8. (dieses Jahr gemeinsam Urlaub machen wollen) Meiers und wir
_____.

Lösungen:

1. hättet euch getrennt

2. haben nichts gespendet

3. seid immer die Besten in der Klasse gewesen

4. treffen uns jeden Abend in dem Gasthaus

5. musst unbedingt in unseren Club eintreten

6. sind die einzigen, die ihm das sagen können

7. seid doch in derselben Klasse gewesen

8. wollen dieses Jahr gemeinsam Urlaub machen

自我测试

自测 1

下表是一些常用的时间表达法。请您先认真阅读，仔细分析，从中找了它们的规律，然后做练习。

am 1. Januar	in der Nacht	um / gegen 12 Uhr
am Neujahrstag	in der Frühe	um / gegen Mitternacht
an meinem Geburtstag	in der nächsten Woche	
am Montag	im März	bei Tagesanbruch
am Morgen	im Sommer	bei Sonnenaufgang
am Vormittag	im Jahr(e) 1982	bei Sonnenuntergang
am Nachmittag	in unserem Jahrzehnt	bei Einbruch der Nacht
am Abend	im 20. Jahrhundert	
zu Neujahr	Anfang	
(zu) Ostern	Mitte } April 1982	
(zu) Pfingsten	Ende	
(zu) Weihnachten	**aber:**	
zu Silvester	zu Beginn des Monats April / des Jahres 1982	

注：上表中除介词 um 和 gegen 支配第四格外，其他介词均支配第三格。德国南部也用 an Ostern, an Pfingsten, an Weihnachten…

Übungen: 填入合适的介词、词尾和冠词：

1. ... Beginn des nächsten Jahres soll die Wohnung bezugsfertig sein. ... 1. Februar wollen wir dann einziehen.

2. ... Herbst kommt Karl in die Schule.

3. ... Weihnachten besucht uns Peter. ... zweit... Weihnachtstag wollen wir gemeinsam für ein paar Tage in die Berge fahren.

4. Wenn wir uns ... Tagesanbruch auf den Weg machen, können wir so ... 1 Uhr im Gasthof in Düsseldorf zu Mittag essen.

5. Das ist ein so genanntes Tagescafé, das nur ... Werktagen geöffnet ist.

6. ... ... kommenden Woche habe ich wenig Zeit, aber besuchen Sie mich doch mal ... August; da habe ich Urlaub.

7. Können Sie nicht ... Nachmittag kommen? Das Wäre mir lieber.

8. Sie brachen schon ... all... Frühe auf und waren erst ... Einbruch der Dunkelheit wieder zu Hause.

9. Wann beginnt die nächste Vorstellung, ... 8 Uhr oder ... halb neun?

10. ... Jahre 2020 wird die Welt anders aussehen als heute.

11. ... sein... 60. Geburtstag habe ich ihn zum letzten Mal gesehen. Das war voriges Jahr ... 19. April.

12. Unsere Firma wurde ...... zweiten Hälfte des 19. Jahrhunderts gegründet.

13. Diese Probleme werden ...... achtziger Jahren eine noch größere Rolle spielen.

14. ...... Nacht sind alle Straßen hell.

15. ... Abend wird die Faule fleißig.

16. ... Mitternacht beginnt es zu regnen.

Lösungen:

1. Zu; Am   2. Im   3. Zu; Am zweiten   4. bei; gegen   5. an

6. In der; im   7. am   8. in aller; bei   9. um; um   10. Im

11. An seinem; am   12. in der   13. in den   14. In der

15. Am   16. Um

自测 2

做练习前请先参考下表：

mögen 还是 möchte?

ich mag

etw. (nicht) gern essen / trinken （爱吃、爱喝某种食品或饮料）	Ich mag keine süßen Nudeln. Mögen Sie Bier?
jn. (un)sympathisch finden （喜欢或不喜欢某人）	Alle mögen ihn. Keiner mag ihn.
etw. gefällt jm. (nicht) （喜欢或不喜欢某物）	Ich mag große, helle Räume. Ich mag keine schwarzen Farben.

245

ich möchte

einen Wunsch äußern / haben (ich hätte gern) （表示想要有某物或想做某事）	Ich möchte einen Regenmantel, Größe 38. Was möchte der Herr? Möchtest du noch ein Stück Kuchen?

Übungen: ich mag oder ich möchte?

1. Was darf ich Ihnen anbieten? ... Sie eine Tasse Tee? – Ich ... lieber eine Tasse Kaffee, wenn ich darf.

2. ... Sie Weißwürste mit süßem Senf? – Das ist nicht mein Geschmack.

3. Und was bekommen Sie? – Ich ... ein Pfund Rindfleisch zum Braten. – Darf es sonst noch etwas sein? – Ich hätte gern noch ein Viertel Aufschnitt und 2000 g gekochten Schinken.

4. Kennen Sie das neueste Bild von Dali? – Mit Dali können Sie mich jagen; ich ... diese surrealistische Manier nicht.

5. Darf ich für Sie auch ein Bier bestellen? – Nein, danke, Ich ... jetzt kein Bier, ich muss nachher noch fahren.

6. Was für eine Platte soll ich auflegen, Jazz oder etwas Klassisches? – Grundsätzlich ... ich klassische Musik lieber, aber gegen einen guten Jazz habe ich auch nichts einzuwenden.

7. ... Sie diesen Kerl? Ich kann ihn nicht ausstehen.

8. Ich habe nichts gegen Intellektuelle, aber Arroganz und Besserwisserei ... ich nun einmal nicht.

Lösungen:

1. Möchten; möchte   2. Mögen   3. möchte   4. mag   5. möchte
6. mag   7. Mögen   8. mag

自测 3

Übungen: aus oder vor?

1. _____ juristischen Bedenken lehnte er die Unterzeichnung des Vertrages ab.

2. Seine Augen funkelten _____ Zorn.

3. _____ Eitelkeit will sie keine Brille tragen.

4. Er konnte sich _____ Schwäche kaum noch auf den Beinen halten.

5. Er überschrie sich _____ Erregung.

6. Wir waren starr _____ Verwunderung, als er uns seine Pläne zeigte.

7. Das Publikum tobte _____ Begeisterung.

8. Ich könnte _____ Freude an die Decke springen.

9. Sie müssen mir schon glauben, dass ich mich nicht _____ reiner Freude zu diesem Schritt entschlossen habe.

10. Als wir das hörten, waren wir sprachlos _____ Staunen.

11. Er beschäftigt sich mit diesen Dingen _____ Liebe zu Sache, nicht um damit Geld zu verdienen.

12. Ich glaube nicht, dass er das _____ eigenem Antrieb getan hat.

13. _____ alter Gewohnheit treffen wir uns jeden Dienstagabend zum Kegeln.

14. Er schäumte _____ Wut.

15. _____ Enttäuschung zog er sich aus der Parteipolitik zurück.

Lösungen:

1. Aus 2. vor 3. Aus 4. vor 5. vor 6. vor 7. vor 8. vor
9. aus 10. vor 11. aus 12. aus 13. Aus 14. vor 15. Aus

自测 4

Übungen: 请将下列句子译成德语！

1. 哪里有森林，哪里空气就新鲜。

2. 哪里行驶的车辆多，哪里就容易出交通事故。

3. 他到哪里，哪里就充满欢乐。

4. 人民需要我在哪里，我就在哪里工作。

5. 你们去的地方也是我要去的地方。

6. 顾客让把货运到哪儿，他们就运到哪儿。

7. 坐火车能去的地方，坐汽车也能去。

8. 你去哪儿就把他带到哪儿。

9. 你们从哪儿把书拿来的，还把书放到哪儿去。

10. 工人们从哪儿来的，机器也就从哪儿运来的。

11. 你们从哪儿来的，就回到哪儿去。

12. 到我站着的地方来！

13. 喧闹声正是从踢足球的地方传过来的。

14. 这些桌子是从放了很多木板的地方搬来的。

Lösungen:

1. Wo Wald liegt, dort ist die Luft frisch.

2. Dort, wo viele Wagen fahren, passieren leicht Verkehrsunfälle.

3. Wo er bleibt, dort herrscht Freude / dort ist voller Freude.

4. Ich arbeite dort, wo das Volk mich braucht.

5. Ich will auch dorthin gehen, wohin ihr geht.

6. Sie transportieren die Waren dorthin, wohin die Kunden liefern lassen.

7. Dorthin, wohin man mit dem Zug fahren kann, kann man auch mit dem Auto fahren.

8. Nimm ihn dorthin mit, wohin du gehst!

9. Legt die Bücher dorthin, woher ihr sie geholt habt!

10. Die Maschinen sind von dorther transportiert, woher die Arbeiter gekommen sind.

11. Geht dorthin zurück, woher ihr gekommen seid!

12. Komme hierher, wo ich jetzt stehe!

13. Der Lärm kommt von dort her, wo Fußball gespielt wird.

14. Die Tische wurden von dorther getragen, wo viele Holzbretter liegen.

自测 5

Übungen:

I. Suchen Sie bitte die richtigen Adjektive aus, die als Gegensatz zu den Ausdrücken in den Sätzen passen!

    a. schlecht   b. altmodisch   c. feindlich

    d. zögernd   e. ausführlich   f. ungünstig

    g. schmächtig   h. schwierig   i. sicher

    j. ernst

    1. Frau Geither ist *modisch* angezogen.

    2. Die Fischer haben einen *guten* Fang gehabt.

    3. Die Situation ist für uns *günstig*.

    4. Möchte er einen *lustigen* Film sehen?

    5. Er hat einen *athletischen* Körperbau.

    6. Sie hat ihm eine *knappe* Antwort gegeben.

    7. Das Kind hat ihm gegenüber eine *friedliche* Haltung.

    8. Sie antwortet *prompt*.

    9. Herr Schwarz hält das Geschäft für *riskant*.

    10. Sie beide sind keine *einfachen* Charaktere.

II. Welche Verben bedeuten das Gegenteil?

    a. einsetzen   b. tadeln   c. nützen

    d. verbieten   e. zurücksetzen   f. sich heraushalten

    g. importieren   h. erschweren   i. erwachen

    j. in Ruhe lassen

    1. ... deinen Vater ...! Niemand darf ihn stören.

    2. Das Kind ist schnell eingeschlafen, aber bald ist es wieder ... .

    3. Das Gespräch hat die Entscheidung nicht erleichtert, sondern ... .

    4. Hat man den alten Direktor abgesetzt und einen neuen ...?

    5. Das Land exportiert Industriewaren und ... landwirtschaftliche Produkte.

    6. Herr Müller will sich in die Sache einmischen. Seine Frau mahnt ihn, ...

    7. Der Lehrer lobt viel und ... wenig.

    8. In seiner Klasse wird kein Kind bevorzugt und keins ... .

9. Vieles ist erlaubt und wenig ... .

10. Er weiß, dass Strenge mehr schadet als ... .

Lösungen:

I. 1. b 2. a 3. f 4. j 5. g 6. e 7. c 8. d 9. i 10. h

II.

1. j. Lass ... in Ruhe   2. i. erwacht

3. h. erschwert   4. a. eingesetzt

5. g. importiert   6. f. sich herauszuhalten

7. b. tadelt   8. e. zurückgesetzt

9. d. verboten   10. c. nützt

自测 6

Übung I.

a. end- oder ent-

...los, ...fernt, ...summe, ...gelt, ...station, ...eignen, ...behrlich,

...spiel, ...decken, ...arten,

...lich, ...gültig, ...fliehen, ...lassen, ...ziel, ...ziffer, ...nummer,

...färben, ...brennen, ...punkt

b. -ig oder -lich

freund..., zufäll..., kräft..., glück..., led..., jähr..., zuständ..., fried...,

stünd..., täg...,

traur..., freud..., lächer..., gesetz..., hungr..., lieb..., pünkt...,

mächt..., morg..., läst...

Übung II.

Setzen Sie den richtigen Artikel ein!

Erlebnis, Ereignis, Erlaubnis, Verständnis, Gedächtnis, Bedürfnis,

Erkenntnis, Hindernis, Gefängnis, Ersparnis, Verhältnis, Finsternis,

Fäulnis

Übung III.

Wie viele Möglichkeiten der Schreibung gibt es in diesem Satz?

Haben (s)ie (i)hr Buch gelesen?

Lösungen:

Übung I.

a. end   ent   End   Ent   End

   ent   ent   End   ent   ent

   end   end   ent   ent   End

   End   End   ent   ent   End

b. lich   ig   ig   lich   ig

   lich   ig   lich   lich   lich

   ig   ig   lich   lich   ig

   lich   lich   ig   ig   ig

Übung II.

   das   das   die   das   das

   das   die   das   das   die

   das   die   die

Übung III.

Es gibt in diesem Satz vier Möglichkeiten.

1. Haben sie ihr Buch gelesen?

2. Haben sie Ihr Buch gelesen?

3. Haben Sie ihr Buch gelesen?

4. Haben Sie Ihr Buch gelesen?

自测 7

Übungen: In jedem Satz ist mindestens ein Fehler. Berichtigen Sie!

1. Die Verbreitung und Ursachen des Krebses sucht die Medizin schon lange zu ergründen.

2. Verlässt ein Junge oder Mädchen das Elternhaus, dann beginnt der Ernst des Lebens.

3. Die Pflege der Wäsche und Böden ist sehr viel leichter.

4. Jeder Hersteller will seine Sachen an den Mann bzw. Frau bringen.

5. Ob im Fernsehen, Radio oder Zeitung - überall wird man von Werbung berieselt.

6. Das bedeutet ein Mehrverbrauch an Energie.

7. Wird bei einem Betrieb, Geschäft oder Firma eine Stelle frei, so bewerben sich sehr viele.

8. Viele Leute sind mit dem Lohn oder Gehalt nicht zufrieden.

9. Über den Lautsprecher und Radio wurde bekannt gegeben, dass die Schule ausfällt.

10. Der Kunde wird hier von einem netten Verkäufer bzw. Verkäuferin bedient.

Lösungen:

1. und <u>die</u> Ursachen	2. oder <u>ein</u> Mädchen
3. und <u>der</u> Böden	4. bzw. <u>an die</u> Frau
5. oder <u>in der</u> Zeitung	6. <u>einen</u> Mehrgebrauch
7. <u>einem</u> Geschäft oder <u>einer</u> Firma	8. oder <u>dem</u> Gehalt
9. und <u>das</u> Radio	10. bzw. <u>einer netten</u> Verkäuferin

自测 8

Übungen: Wie heißt der Plural?

1. Hast du die _____ (Dank) für all die Glückwünsche abgeschickt?

2. Bei Sportkämpfen müssen die verschiedenen _____ (Alter) berücksichtigt werden.

3. Die _____ (Streit) und _____ (Zank) eurer Kinder gefallen mir nicht.

4. Er wurde wegen mehrerer _____ (Raub) und _____ (Betrug) angeklagt.

5. Durch verschiedene _____ (Glück) konnte er sein Vermögen vergrößern.

6. Sie wurde rot bei so vielen _____ (Lob).

7. Haben Sie meine _____ (Rat) nicht befolgt?

8. Wie viele _____ (Versprechen) wird er noch machen?

9. In den Tropen gibt es oft heftige _____ (Regen).

10. Manche _____ (Schmuck) lassen sich gut verkaufen, manche nicht.

11. Sie klagt jeden Tag über neue _____ (Kummer).

12. Hast du alle _____ (Vergnügen) schon ausprobiert?

13. Für die Automaten brauchen Sie zwei einzelne _____ (Mark).

Lösungen:

1. Danksagungen,   2. Altersstufen   3. Streitigkeiten, Zänkereien

4. Räubereien, Betrügereien   5. Glücksfälle   6. Lobsprüche

7. Ratschläge   8. Versprechungen   9. Regenfälle

10. Schmucksachen / Schmuckstücke   11. Kümmernisse

12. Vergnügungen   13. Markstücke

自测 9

Übungen: auf oder für?

1. Die Völker kämpfen _____ ihre Freiheit.

2. Die Belegschaft dieses Betriebes hat immer _____ ein gutes Arbeitsklima gesorgt.

3. Wir haben heute viel zu tun; wir müssen _____ unsere Pause verzichten.

4. Er hat sich geirrt; er hat mich _____ einen alten Bekannten gehalten.

5. Wir danken unseren Freunden _____ ihre Unterstützung.

6. Die Kinder haben _____ den Rat ihres Vaters gehört.

7. Bist du _____ eine Betriebsfeier? – Nein, ich bin dagegen.

8. Wir hoffen _____ eine gute Zusammenarbeit.

9. Ich kann mich _____ den Vorfall überhaupt nicht mehr besinnen.

10. Wenn man das Wetter vorherbestimmen will, muss man genau _____ die Wolkenbildung achten.

11. Dieser Politiker garantiert _____ Freiheit, Gerechtigkeit und Wohlstand.

12. Gut, dass ihr mir helfen wollt! Ich verlasse mich _____ euch.

13. Die Mehrzahl der Wähler hat _____ den bisherigen Bürgermeister gestimmt.

14. Ich kenne Sie, aber ich kann nicht _____ Ihren Namen kommen.

15. Hunde reagieren _____ Laute, die Menschen nicht wahrnehmen können.

16. Sie hat sich ihr ganzes Leben lang _____ die Emanzipation der Frau eingesetzt.

17. _____ deinen Einsatz bist du schlecht belohnt worden.

18. In seinem Brief bezieht er sich _____ unser letztes Gespräch.

19. Mein Bruder vertritt eine Firma; er ist fast das ganze Jahr über _____ Reisen.

20. Dieses Buch ist _____ Schüler bestimmt, die Deutsch lernen wollen.

Lösungen:

1. für 2. für 3. auf 4. für 5. für 6. auf 7. für 8. auf
9. auf 10. auf 11. für 12. auf 13. für 14. auf 15. auf
16. für 17. Für 18. auf 19. auf 20. für

Sagt man „auf" oder „für"?

1. Wir hoffen _____ besseres Wetter.

2. _____ meine Freunde kann ich mich immer verlassen.

3. Die Eltern sorgen _____ ihre Kinder.

4. Ich freue mich sehr _____ deinen Besuch.

5. Wir bedanken uns bei unseren Freunden _____ ihren Besuch.

6. _____ wen wartest du?

7. Autofahrer müssen _____ die Verkehrszeichen achten.

8. Ich danke ihm _____ das schöne Geschenk.

9. Wir bereiten uns _____ die Prüfung vor.

10. Wir setzen uns _____ unsere politischen Ziele ein.

11. Ich kann _____ deine Mitarbeit nicht verzichten.

12. Wir kämpfen _____ unsere Rechte.

13. Er macht uns _____ die Gefahren aufmerksam.

14. Ich muss euch _____ eure Pflichten hinweisen.

15. Er gibt viel Geld _____ Bücher aus.

16. Bist du böse _____ mich?

17. Er ist _____ einem Auge blind.

18. Sei nicht so neidisch _____ ihn!

19. Du eignest dich bestimmt gut _____ einen technischen Beruf.

20. Ich bin _____ diese Aufgabe nicht geeignet.

21. Wer ist in diesem Betrieb zuständig _____ Bewerbungen?

22. Du kannst _____ deinen Erfolg stolz sein!

23. Ich muss mich _____ meine neue Aufgabe einstellen.

24. Wollt ihr mich _____ den Schaden verantwortlich machen?

25. Bist du _____ sie eifersüchtig?

Lösungen:

1. auf　2. Auf　3. für　4. auf　5. für　6. Auf　7. auf　8. für

9. auf　10. für　11. auf　12. für　13. auf　14. auf　15. für

16. auf　17. auf　18. auf　19. für　20. für　21. für　22. auf

23. auf　24. für　25. auf

自测 10

Übungen: nach oder über?

1. Die Fremden erkundigen sich _____ dem Weg.

2. Die Schüler informieren sich _____ Ausbildungsmöglichkeiten in der Industrie.

3. Wir fragen _____ der nächsten Bushaltestelle.

4. Die Polizei sucht _____ dem Täter.

5. Wir schimpfen _____ die steigenden Preise.

255

6. Das Baby greift _____ dem Spielzeug.

7. Habt ihr _____ mich gesprochen?

8. Der Zeuge musste vor Gericht _____ seine Beobachtungen aussagen.

9. Er berichtete _____ seine Ostasienreise.

10. Der Lehrer beurteilt die Schüler _____ ihren Leistungen.

11. _____ den Preis konnten wir uns noch nicht einigen.

12. Ich sehne mich _____ meiner Familie.

13. Ich habe _____ meinem Notizbuch gesucht.

14. Ich hatte mir Notizen _____ meine Beobachtungen gemacht.

15. Was weißt du _____ die Europäische Gemeinschaft?

16. Wir staunen _____ seine Erfolge.

17. Er hat _____ Erfolg gestrebt.

18. Mache dich nicht _____ mich lustig!

19. Ich wundere mich _____ deine Ausdauer im Sport.

20. _____ sein schlechtes Aussehen war ich sehr erschrocken.

21. Die Lehrerin ist erstaunt _____ die guten Fortschritte ihrer Schüler.

22. _____ diese Angelegenheit muss ich noch einmal nachdenken.

23. Was hat er euch _____ uns erzählt?

24. Der Patient klagt _____ heftige Kopfschmerzen.

Lösungen:

1. nach 2. über 3. nach 4. nach 5. über 6. nach 7. über
8. über 9. über 10 nach 11. Über 12. nach 13. nach
14. über 15. über 16. über 17. nach 18. über 19. über
20. Über 21. über 22. Über 23. über 24. über

Sagt man „über", „auf" oder „für"?

1. Wir freuen uns _____ die nächste Reise.

2. Das Kind freut sich _____ das Spielzeug, das es zum Geburtstag bekommen hat.

3. Ich staune _____ deinen Erfolg.

4. Er ist sehr eifersüchtig _____ sie.

5. Du darfst _____ mich nicht neidisch sein.

6. _____ diese Nachricht sind wir sehr traurig.

7. Dieses Klima ist _____ mich sehr gut.

8. Er ist _____ diese schwere Arbeit nicht geeignet.

9. Alkohol ist schädlich _____ unsere Gesundheit.

10. Du kannst _____ deine Leistungen sehr stolz sein.

11. Wir sind froh _____ die neueste Entwicklung.

12. Die Touristen sind verärgert _____ die hohen Preise.

13. Die Schüler sind gespannt _____ ihre neuen Lehrer.

14. Die Aufenthaltserlaubnis ist _____ mich sehr wichtig.

15. Ärgere dich nicht _____ die unfreundliche Behandlung!

Lösungen:

1. auf   2. über   3. über   4. auf   5. auf   6. Über   7. für   8. für

9. für   10. auf   11. über   12. über   13. auf   14. für   15. über

自测 11

Übungen: an, für oder über?

1. Ich freue mich _____ deinen Brief.

2. Wir ärgern uns _____ den Straßenlärm.

3. Denkst du noch oft _____ unseren gemeinsamen Urlaub?

4. Sie leidet oft _____ Kopfschmerzen.

5. Die Hamburger klagen _____ das regnerische Wetter.

6. Wir danken euch _____ eure Hilfe.

7. Die Hausfrau sorgt _____ ihre Familie.

8. Erinnerst du dich noch _____ unseren alten Lehrer?

9. Ich kann leider nicht _____ eurer Party teilnehmen.

10. Die Verbraucher schimpfen _____ die steigenden Preise.

11. Glaubst du _____ deinen Erfolg?

12. Sie bedankt sich _____ die Blumen.

13. Wir sprechen _____ unsere Pläne.

14. Ich kann mich _____ dieses Klima nicht gewöhnen.

15. Er erzählt mir viel _____ seine Heimat.

16. Interessierst du dich _____ Technik?

17. Zweifelst du _____ meinem guten Willen?

18. Wenn ich Unterstützung brauche, wende ich mich _____ meine Freunde.

19. Ich bin _____ eine fortschrittliche Politik.

20. Er regt sich _____ die schlechte Behandlung auf.

21. Er beschwert sich _____ die schlechte Behandlung.

22. Lachst du _____ mich?

23. Wir wundern uns _____ das Wahlergebnis.

24. Ich entscheide mich _____ eine handwerkliche Ausbildung.

25. Stimmst du _____ den älteren Kandidaten?

Lösungen:

1. über 2. über 3. an 4. an 5. über 6. für 7. für 8. an
9. an 10. über 11. an 12. für 13. über 14. an 15. über
16. für 17. an 18. an 19. für 20. über 21. über 22. über
23. über 24. für 25. für

自测 12

Übungen: „noch nicht" oder „nicht mehr"?

1. Das Kind ist erst fünf Jahre alt. Es geht _____ zur Schule.

2. Ich muss jetzt nach Hause gehen. Ich kann _____ hier bleiben.

3. Fährst du in diesem Jahr nach Griechenland?

 – Vielleicht. Ich weiß es _____ genau.

4. Wir hatten einen Streit. Nun spricht er _____ mit mir.

5. Früher schwamm er täglich eine Stunde. Jetzt kann er das _____ .

6. Sind die Gäste schon gekommen? – Nein, sie sind _____ hier.

7. Spricht er schon Deutsch? – Nein, _____ .

8. Arbeitet dein Vater noch?

   – Nein, er ist schon 65 Jahre alt und kann _____ arbeiten.

9. Wann bist du nach Deutschland gekommen?

   – Das weiß ich _____ genau.

10. Spielen Sie gern Schach? – Früher ja, aber jetzt _____ .

11. Hast du dich schon auf die Prüfung vorbereitet? – Nein, _____ .

12. Das Flugzeug hat schon eine Stunde Verspätung; es ist immer _____ gemeldet; ich befürchte, es kommt _____ .

Lösungen:

1. noch nicht   2. nicht mehr   3. noch nicht   4. nicht mehr

5. nicht mehr   6. noch nicht   7. noch nicht   8. nicht mehr

9. nicht mehr   10. nicht mehr   11. noch nicht

12. noch nicht; nicht mehr

自测 13

Übungen: dir oder dich?

1. Deine Eltern haben _____ vom Bahnhof abgeholt.

2. Sie haben _____ begrüßt.

3. Hat er _____ geholfen?

4. Ich erinnere _____ an dein Versprechen.

5. Meine Freunde bewundern _____ sehr.

6. Hat sie _____ aus dem Urlaub geschrieben?

7. Wir danken _____ für den ausführlichen Bericht.

8. Ich möchte _____ bitten, mich anzurufen.

9. Ich kann _____ nur bitten, zwingen kann ich _____ nicht.

10. Er hat _____ nichts zu befehlen.

11. Unterstützen _____ deine Verwandten?

12. Das kann ich _____ nicht glauben.

13. Wer hat _____ bei der Berufswahl beraten?

14. Dein Vater hat _____ Grüße bestellt.

15. Wie fühlst du _____ heute?

16. Geht es _____ schon besser?

17. Wasch _____ !

18. Wasch _____ die Hände!

19. Ich benachrichtige _____, wenn ich angekommen bin.

20. Ich gebe _____ Nachricht, sobald ich angekommen bin.

21. Ich werde _____ nicht verraten.

22. Ich werde _____ den Wunsch erfüllen.

23. Was schenkt sie _____ zum Geburtstag?

24. Haben _____ deine Kollegen gratuliert?

25. Ich werde _____ in deiner Heimat besuchen.

Lösungen:

1. dich   2. dich   3. dir   4. dich   5. dich   6. dir   7. dir   8. dich
9. dich; dich   10. dir   11. dich   12. dir   13. dich   14. dir
15. dich   16. dir   17. dich   18. dir   19. dich   20. dir   21. dich
22. dir   23. dir   24. dir   25. dich

自测 14

Übungen: ihr oder sie?

1. Er hat seine frühere Kollegin lange nicht gesehen; neulich traf er _____ auf der Straße.

2. Er hat _____ herzlich begrüßt.

3. Er ist _____ ganz zufällig begegnet.

4. Er hat _____ die Hand gegeben.

5. Er hat _____ zu einer Tasse Kaffee eingeladen.

6. Er hat _____ gefragt, wie es _____ geht.

7. Er hat _____ gebeten, ihn zu besuchen.

8. Er hat _____ den Weg zu seiner Wohnung beschrieben.

9. Er hat _____ noch ein Stück begleitet.

10. Dann hat er sich von _____ verabschiedet.

11. Ihr Vater hat _____ genügend Taschengeld gegeben.

12. Ihre Eltern machen sich Sorgen um _____ .

13. Wir haben _____ für die schnelle Hilfe gedankt.

14. Alle haben _____ zum Geburtstag gratuliert.

15. Ich habe _____ einen riesigen Blumenstrauß geschenkt.

16. Alle bewundern _____ .

17. Einige beneiden _____ sogar.

18. Wir wünschen _____ alles Gute.

19. Wenn sie Schwierigkeiten hat, helfen wir _____ gern.

20. Ich habe _____ alles geglaubt, was sie erzählt hat.

21. Ihre Verwandten unterstützten _____ während ihrer Ausbildung.

22. Wir haben _____ bei der Arbeit zugesehen.

23. Ihre Eltern können sich auf _____ verlassen.

24. Wie gefällt _____ die Arbeit?

25. Grüße _____ von mir, wenn du _____ siehst.

Lösungen:

1. sie 2. sie 3. ihr 4. ihr 5. sie 6. sie; ihr 7. sie 8. ihr

9. sie 10. ihr 11. ihr 12. sie 13. ihr 14. ihr 15. ihr

16. sie 17. sie 18. ihr 19. ihr 20. ihr 21. sie 22. ihr 23. sie

24. ihr 25. sie; sie

自测 15

Übungen: ihm oder ihn?

1. Wo hast du _____ getroffen?

2. Bist du _____ in der Stadt begegnet?

3. Wo habt ihr _____ gesehen?

4. Ich werde _____ zu meiner Party einladen.

5. Er ist im Ausland. Weißt du, wie es _____ geht?

6. Grüße _____ von mir.

7. Gib _____ bitte dieses Buch zurück.

8. Ich werde mich nach _____ erkundigen.

9. Wir gratulieren _____ zum Geburtstag.

10. Ich musste _____ versprechen, _____ bald wieder zu besuchen.

11. Wir freuen uns auf _____.

12. Wann hast du _____ zuletzt gesprochen?

13. Zeigst du _____ die Stadt?

14. Wir warten auf _____.

15. Wir werden _____ bitten, länger zu bleiben.

16. Verratet _____ nicht!

17. Wir hören _____ gespannt zu.

18. Wir sind _____ dankbar für die Hilfe.

19. Du hast _____ gut beraten.

20. Du hast _____ einen guten Rat gegeben.

21. Ich habe _____ den Brief vorgelesen.

22. Sein Pass war in Ordnung; die Beamten ließen _____ durch.

23. Seine Frau begleitet _____ immer auf seinen Reisen.

24. Ich habe _____ einen langen Reisebericht geschrieben.

25. Was hast du _____ gesagt?

Lösungen:

1. ihn   2. ihm   3. ihn   4. ihn   5. ihm   6. ihn   7. ihm   8. ihm

9. ihm   10. ihm; ihn   11. ihn   12. ihn   13. ihm   14. ihn   15. ihn

16. ihn   17. ihm   18. ihm   19. ihn   20. ihm   21. ihm   22. ihn

23. ihn   24. ihm   25. ihm

自测 16

Übungen: Ihnen oder Sie?

1. Ich möchte _____ einen Vorschlag machen.

2. Ich möchte _____.

3. Wir wollen _____ helfen.

初

4. Ich möchte _____ um Ihre Unterstützung bitten.

5. Wir danken _____ für Ihre Unterstützung.

6. Darf ich _____ etwas anbieten?

7. Ich kann _____ leider keinen besseren Rat geben.

8. Vielleicht kann Ihr Kollege _____ beraten.

9. Hat Ihr Arzt _____ schon untersucht?

10. Hat Ihr Arzt _____ behandelt?

11. Hat Ihr Arzt etwas _____ verschrieben?

12. Wie geht es _____ heute?

13. Wer hat _____ das gesagt?

14. Wo hat man _____ diese Auskunft gegeben?

15. Zu Ihrem Examen wünsche ich _____ viel Glück.

16. Haben Ihre Kollegen _____ gratuliert?

17. Haben _____ viel Post bekommen?

18. Ich werde _____ vom Flughafen abholen.

19. Am Ausgang werde ich auf _____ warten.

20. Das kann ich _____ nicht glauben.

21. Ich soll _____ von Gisela und Gerd herzlich grüßen.

22. Ich soll _____ von Gisela und Gerd Grüße bestellen.

23. Diese Zeitschrift kann ich _____ leihen.

24. Wer unterstützt _____ während Ihrer Ausbildung?

25. Ich habe _____ neulich nicht auf der Party gesehen.

Lösungen:

1. Ihnen 2. Sie 3. Ihnen 4. Sie 5. Ihnen 6. Ihnen 7. Ihnen
8. Sie 9. Sie 10. Sie 11. Ihnen 12. Ihnen 13. Ihnen
14. Ihnen 15. Ihnen 16. Ihnen 17. Sie 18. Sie 19. Sie
20. Ihnen 21. Sie 22. Ihnen 23. Ihnen 24. Sie 25. Sie

自测 17

Übungen: 请填入合适的反身代词或人称代词：

1. Warum beeilt ihr _____ nicht?

2. Wir müssen _____ beeilen.

3. Gestern habe ich _____ sehr geärgert.

4. Das Wetter hat _____ geändert.

5. Wir interessieren _____ für moderne Musik.

6. Sie können _____ hier an den Tisch setzen.

7. Willst du _____ nicht von deinem Freund verabschieden?

8. Ich möchte _____ jetzt am liebsten ins Bett legen.

9. Die Kollegen unterhalten _____ über ihren letzten Urlaub.

10. Wann können wir _____ wiedersehen?

11. Helga und Fritz sehen _____ jeden Tag in der Schule.

12. Sie kennen _____ gut.

13. Die beiden jungen Leute lieben _____ sehr.

14. Angelika und Horst besuchen _____ oft oder treffen _____ in der Stadt.

15. Irene sucht _____ im Versandhauskatalog eine Bluse aus.

16. Ich kaufe _____ einen Sommermantel.

17. Hast du _____ schon die Zähne geputzt?

18. Herr Baum hat _____ in unserer Nähe ein Zimmer gemietet.

Lösungen:

1. euch 2. uns 3. mich 4. sich 5. uns 6. sich 7. dich

8. mich 9. sich 10. uns 11. sich 12. sich 13. sich

14. sich, sich 15. sich 16. mir 17. dir 18. sich

自测 18

Übungen: 请填入适当的介词和与此相对应的词尾：

A.

1. Lothar hat ... mein____ Brief noch nicht geantwortet.

2. Die alte Frau will das Sozialamt ... Unterstützung bitten.

3. Wer kann schon ... d____ Fortschritt der Menschheit glauben?

4. Wir müssen ständig ... unser____ Rechte kämpfen.

5. Niemand kann ... sein____ Grundrechte verzichten.

6. Wann wird ... d____ Bau der neuen Straße begonnen?

7. Hast du schon ... d____ gestrigen Unfall gehört?

8. Die Firmen werben ständig ... neu____ Kunden.

9. Die jungen Rowdys sind ... ein____ alt____ Mann hergefallen.

10. Ich beneide dich ... dein schön____ neu____ Haus.

11. Darf ich Sie ... Ihr Versprechen erinnern, das Sie mir gegeben haben?

12. ... Taschendieben wird gewarnt.

Lösungen:

1. auf meinen   2. um   3. an den   4. um unsere   5. auf seine

6. mit dem   7. von dem   8. um neue   9. über einen alten

10. um dein schönes neues   11. an   12. Vor

B.

1. Die Kinder liegen immer noch ... Bett.

2. Wie heißen Sie? Ich komme im Augenblick nicht ... Ihr____ Namen.

3. Warum hast du nicht ... mein____ Rat gehört?

4. Wie viele Personen sind bei dem Unglück ... Leben gekommen?

5. Herr Meier ist in seiner Firma inzwischen ... Abteilungsleiter aufgerückt.

6. Der Chef ist nicht ... mein____ Vorschlag eingegangen.

7. Ich falle nicht mehr ... dein____ Versprechungen herein.

8. Eben ist ein Auto ... d____ Ecke gebogen.

9. Die Probleme des Umweltschutzes sind bei den Besprechungen nicht ... Sprache gekommen.

10. Diese Tür geht ... Hof.

11. Der Autofahrer hat seine Fahrlässigkeit ... sein____ Leben bezahlt.

12. Heute Nacht sind mir einige Probleme ... d____ Kopf gegangen.

Lösungen:

1. im   2. auf Ihren   3. auf meinen   4. ums   5. zum   6. auf meinen

7. auf deine   8. um die   9. zur   10. auf den / zum   11. mit seinem

12. durch den

自测 19

Übungen:

1) *Bilden Sie die Plusquamperfektformen!*（采用过去完成时态）

1. essen: Als ich gestern später nach Hause kam, ... meine Eltern schon zu Abend ... .

2. reparieren: Als ich zur Werkstatt kam, ... man meinen Wagen schon ... .

3. aufhören: Als wir gestern wegfahren wollten, ... der Regen ... .

4. anfangen: Als wir ins Theater kamen, ... die Vorstellung schon ... .

5. aufräumen: Als wir nach dem Frühstück auf unser Zimmer gingen, ... das Zimmermädchen das Zimmer bereits ... .

6. abholen: Als ich das Hotel verließ, ... man mein Gepäck schon ... .

2) *Bilden Sie das Plusquamperfekt mit „sein"!*（采用助动词为"sein" 的过去完成时态)

1. abfahren: Als ich zum Bahnhof kam, ... der Zug bereits ... .

2. ausziehen: Als ich Fritz besuchen wollte, ... er aus seiner Wohnung wieder ... .

3. heimgehen: Als ich spät zur Party kam, ... die meisten Gäste schon ... .

4. abfliegen: Als wir endlich zum Flugplatz kamen, ... die Maschine bereits ... .

5. werden: Als wir in Hamburg ankamen, ... das Wetter wieder besser ... .

6. zurückkehren: Als ich nach Hause kam, ... meine Eltern bereits von der Wanderung ... .

3) 请您填上介词，如需要，还须填上与之相关的冠词及词尾：

A.

temporal:

1. Das Flugzeug aus Paris ist pünktlich ... 18.45 Uhr in München-Riem gelandet.

2. Das Museum ist ... nächsten Montag wieder geöffnet.

3. Die Party dauerte ... ... die späte Nacht.

4. ... d____ Pause darf geraucht werden.

5. Wir müssen .... Einbruch der Dunkelheit wieder zu Hause sein.

6. ... Laufe der Jahre haben wir sehr gut Deutsch gelernt.

7. ... Winter wird hier viel Ski gelaufen.

8. ... lang____ zäh____ Verhandlungen ist der Vertrag endlich doch noch zustande gekommen.

9. Wir hatten ... d____ Urlaub immer schönes Wetter.

10. ... d____ Großfeuer wurden ... d____ vergangen____ Nacht mehrere Personen verletzt.

lokal:

11. Wir fühlen uns ... unser____ neu____ Wohnung sehr wohl.

12. Der Zug aus Berlin fährt ... Gleis 3 ein.

13. ... d____ schneeglatt____ Straße kamen einige Autofahrer ins Schleudern.

14. ... wo ... fahren die Schiffe nach Helgoland?

modal:

15. Das Motorboot fuhr ... voll____ Kraft gegen den starken Seegang an.

16. Der Bus kam ... ein____ halb____ Stunde Verspätung hier an.

17. Unser Plan konnte ... all____ Schwierigkeiten realisiert werden.

18. Die Diebe sind ... d____ Fenster ins Haus eingestiegen.

19. Ich lasse das Geld ... d____ Bank an Sie überweisen.

kausal:

20. Ich konnte ... d____ stark____ Nebels auf der Autobahn nur sehr langsam fahren.

21. Der Gast überreichte der Gastgeberin ... Begrüßung einen Strauß Rosen.

22. Das Geschäft ist ... Erkrankung des Inhabers vorübergehend geschlossen.

23. Das Auto geriet ... zu hoh____ Geschwindigkeit in der Kurve von der Straße ab.

24. Die letzte Ernte konnte ... d____ stark____ und anhaltend____ Regenfälle im Sommer erst spät eingebracht werden.

B.

1. Der Pförtner ... Fabriktor lässt keine Unbefugten aufs Fabrikgelände.

2. Diese Insel da ... See ist aber romantisch.

3. Mein Junge hat kein Interesse ... modern____ Musik.

4. Die Grippeepidemie ... unser____ Gegend klingt langsam ab.

5. Die Mannschaft war sich ihres Sieges ... d____ Gegner sehr sicher.

6. Wir haben bald den Glauben ... ein____ besser____ Zukunft verloren.

7. Ist die Entscheidung ... dies____ schwierigen Frage schon gefallen?

8. Der Kursteilnehmer erhielt wegen dauernden Fernbleibens ... Unterricht kein Zeugnis.

9. Wir müssen unser Misstrauen ... politischen Entscheidungen immer wachhalten.

10. Ihr könnt mir eure Zustimmung ... mein____ Vorschlag nicht verweigern.

11. Der Widerstand des Volkes ... d____ Unterdrückung nahm ständig zu.

12. Die Verzögerung des Abflugs der Maschine ... ein____ Motorenschadens betrug zwei Stunden.

13. Die ständige Verschmutzung der Gewässer ... d____ Industrieabwässer muss unterbunden werden.

14. Wir freuen uns auf ein Wiedersehen ... unser____ alt____ Schulfreunden.

15. Nach der Einigung ... d____ noch strittig____ Fragen wurde der Vertrag unterschrieben.

Lösungen:

1) 1. hatten ... gegessen   2. hatte ... repariert   3. hatte ... aufgehört
   4. hatte ... angefangen   5. hatte ... aufgeräumt   6. hatte ... abgeholt

2) 1. war ... abgefahren   2. war ... ausgezogen   3. waren ...
   heimgegangen   4. war ... abgeflogen   5. war ... geworden
   6. waren ... zurückgekehrt

3) A: 1. um   2. ab   3. bis in   4. Während der/In der   5. bis zum

6. Im   7. Im   8. Nach langen zähen   9. während des Urlaubs /
im   10. Bei dem; in der vergangenen   11. in unserer neuen
12. auf   13. Auf der schneeglatten   14. Von wo aus   15. mit
voller   16. mit einer halben   17. trotz aller   18. durch das/
durchs   19. durch die   20. wegen des starken Nebels   21. zur
22. wegen   23. wegen zu hoher   24. wegen der starken und
anhaltenden

B: 1. am   2. im   3. an moderner   4. in unserer   5. über den
6. an eine bessere   7. in dieser   8. vom   9. gegenüber
10. zu meinem   11. gegen die   12. wegen eines   13. durch die
14. mit unseren alten   15. über die / in den noch strittigen Fragen

自测 20

Übungen:

（一）*Ergänzen Sie die Präsensformen?*（请您填上情态助动词的现在时）

1. *können:* . . . du Deutsch?

2. *können:* Ich . . . etwas Deutsch.

3. *dürfen:* . . . Inge mit uns ins Kino?

4. *wollen:* . . . ihr denn jetzt ins Kino?

5. *müssen:* Ich . . . jetzt leider ins Büro.

6. *mögen:* . . . Peter Fisch?

7. *mögen:* Nein, Fisch . . . er nicht.

8. *möcht-:* Wir . . . lieber ein Schnitzel.

9. *sollen:* . . . die Kinder jetzt schon ins Bett?

10. *müssen:* Wir . . . um 10 Uhr abends zu Hause sein.

11. *sollen:* Herr Braun . . . um 9 Uhr zum Chef kommen.

12. *dürfen:* . . . ich jetzt Fußball spielen?

13. *wollen:* Rolf . . . jetzt auf den Sportplatz gehen.

14. *dürfen:* . . . du mit uns kommen?

15. *möcht-:* Ich . . . gern mit euch kommen.

16. *können:* . . . Sie Auto fahren?

17. *wollen:* Nein, aber ich . . . es bald lernen.

18. *dürfen:* ... wir dir helfen?

19. *wollen, können:* Wenn ihr ..., ... ihr mir ein wenig helfen.

（二）*Ergänzen Sie die Präteritumformen?*（请您填上情态助动词的过去时）

1. *sollen, wollen:* Die Kinder ... ins Internat, aber sie ... nicht.

2. *dürfen:* ... ihr ohne Pass über die Grenze?

3. *müssen:* Ich ... dringend nach Hause zurück.

4. *wollen:* Was ... der Mann von dir?

5. *können:* ... du damals schon genug Deutsch?

6. *mögen:* Früher ... ich keine Lyrik, aber jetzt finde ich sie gut.

7. *können:* Gestern ... ich erst um 7 Uhr nach Hause gehen.

8. *müssen:* Wir ... im Betrieb Überstunden machen.

9. *wollen:* ... ihr gestern nicht ins Theater gehen?

10. *mögen:* Ja, aber wir ... dann nicht mehr gehen, weil es schon zu spät war.

11. *sollen:* ... Sie nicht zu Hause anrufen?

12. *dürfen:* Ohne Pass ... wir die Grenze nicht passieren.

（三）*Ergänzen Sie die Perfektformen?*（请您填上情态助动词的完成时）

1. *wollen:* Hugo ... das Unglück nicht ....

2. *können:* ... ihr in der Schule das Gedicht ..., das ihr gelernt hattet?

3. *mögen:* Wir ... das Essen in der Kantine nicht ....

4. *mögen:* Früher ... du Sauerkraut nicht .... Jetzt magst du es auf einmal.

5. *wollen:* Ich ... gestern früher nach Hause ..., weil ich mich krank gefühlt habe.

6. *dürfen:* Heutzutage kommen die Kinder oft spät nach Hause. Wir ... das früher nicht ....

7. *können:* Ich ... gestern nicht zu eurer Party kommen ..., weil ich noch viel zu tun hatte.

8. *müssen:* An der Grenze ... wir über eine Stunde warten ....

9 *dürfen:* Unsere Maschine ... in Nürnberg wegen Nebel nicht starten ....

10. *müssen:* Gestern . . . ich im Bett bleiben . . ., weil ich Fieber hatte.

11. *wollen:* Hubert . . . mit dem Taxi zum Bahnhof fahren . . ., aber ich nehme ihn in meinem Wagen mit.

12. *wollen:* Stimmt es, dass du mich gestern . . . anrufen . . .?

13. *müssen:* Stimmt es, dass dein Bruder sein Motorrad . . . verkaufen . . . ?

14. *müssen:* Stimmt es, dass ihr heute Nacht eure Mutter . . . ins Krankenhaus bringen . . .?

15. *wollen:* Stimmt es, dass Petra gestern mit uns . . . ins Theater gehen . . . ?

（四）*Ergänzen Sie die Futurformen?* （请您填上情态助动词的将来时）

1. *wollen:* Hans . . . nicht länger in München bleiben . . . .

2. *können:* Hier . . . ich keine Arbeit finden . . . .

3. *müssen:* Unsere Gäste . . . morgen nach Hause fahren . . . .

4 *mögen:* Paul . . . dieses fette Fleisch nicht essen . . . .

5. *wollen:* Bei diesem schönen Wetter . . . ihr sicherlich zum Baden fahren . . . .

6. *können:* Weißt du, ob Helga noch heute . . . zurückkommen . . .?

7. *müssen:* Es ist durchaus möglich, dass sie noch einen Tag . . . in Berlin bleiben . . . .

8. *dürfen:* Ich glaube nicht, dass ihr ohne Visum . . . nach Polen reisen . . . .

9. *müssen:* Wer weiß, welche Probleme wir noch . . . lösen . . .?

（五）*Ergänzen Sie die Präsensformen?* （请您填上情态助动词主观用法的现在时）

1. *mögen:* Wie alt war Hilde damals? – Sie . . . etwa 10 Jahre alt gewesen sein.

2. *wollen:* Woher hat Fritz   das Geld eigentlich? – Er . . . es auf der Straße gefunden haben.

3. *können:* Wer hat wohl die Postkarte geschrieben? – Nach der Handschrift zu urteilen, . . . sie Max geschrieben haben.

4. *wollen:* du kannst so schlecht Englisch und . . . zwei Jahre in

Amerika gelebt haben.

5. *müssen:* Der Unfall . . . sehr schwer gewesen sein. Es hat viele Verletzte gegeben.

Lösungen:

（一）：1. Kannst　2. kann　3. Darf　4. Wollt　5. muss　6. Mag
7. mag　8. möchten　9. Sollen　10. müssen　11. soll
12. Darf　13. will　14. Darfst　15. möchte　16. Können
17. will　18. Dürfen　19. wollt, könnt

（二）：1. sollten, wollten　2. Durftet　3. musste　4. wollte
5. Konntest　6. mochte　7. konnte　8. mussten　9. Wolltet
10. mochten　11. Sollten　12. durften

（三）：1. hat . . . gewollt　2. Habt . . . gekonnt　3. haben . . . gemocht
4. hast . . . gemocht　5. habe . . . gewollt　6. haben . . . gedurft
7. habe . . . können　8. haben . . . müssen　9. hat . . . dürfen
10. habe . . . müssen　11. hat . . . wollen　12. hast . . . wollen
13. hat . . . müssen　14. habt . . . müssen　15. hat . . . wollen

（四）：1. wird . . . wollen　2. werde . . . können　3. werden . . . müssen
4. wird . . . mögen　5. werdet . . . wollen　6. wird . . . können
7. wird . . . müssen　8. werdet . . . dürfen　9. werden . . . müssen

（五）：1. mag　2. will　3. kann　4. willst　5. muss

自测 21

Übungen: Wählen Sie das richtige Wort aus und ergänzen Sie!

1. Ein Arzt hat ...

2. Ein Hauswirt hat ...

3. Ein Wirt hat ...

4. Ein Professor hat ...

5. Ein Konzert hat ...

6. Ein Museum hat ...

7. Eine Bibliothek hat ...

8. Ein Verein hat ...

9. Eine Tagung hat ...

10. Eine Zeitung hat ...

11. Eine Industrie hat ...

12. Ein Bus hat ...

13. Ein Haus hat ...

14. Eine Stadt hat ...

a) Abnehmer   e) Bewohner   i) Hörer   m) Teilnehmer

b) Abonnenten   f) Einwohner   j) Mieter   n) Zuhörer

c) Benutzer   g) Fahrgäste   k) Mitglieder

d) Besucher   h) Gäste   l) Patienten

Lösungen:

1. l   2. j   3. h   4. i   5. n

6. d   7. c   8. k   9. m   10. b

11. a   12. g   13. e   14. f

自测 22

Übungen: Welches Wort ist gleich oder ähnlich?

1. **Enge** Straßen sind ...   a) lange
   b) schmale
   c) weite

2. Das Land ist ganz **eben**.   a) flach
   b) gleich
   c) gerade

3. Das ist mir **egal**.   a) möglich
   b) gleich
   c) dasselbe

4. Wer sehr **dick** ist,   a) der ist groß
   b) der ist fett

c) der ist dünn

5. Ein **berühmter** Mann ist ...

a) sehr bekannter

b) sehr bequemer

c) sehr fremder

6. Ich habe **bloß** 5 Euro.

a) einfach

b) nur

c) leider

7. Im Herbst regnet es **häufig**.

a) selten

b) oft

c) manchmal

8. Es ist mir **lieb**, dass Sie gekommen sind.

a) angenehm

b) leid

c) zuviel

9. **Neulich** habe ich ihn auf der Straße getroffen.

a) endlich

b) jährlich

c) kürzlich

10. Ich liebe **natürlich** die Sonne und das Meer.

a) sonst

b) selbstverständlich

c) sogar

Lösung:

1b 2a 3b 4b 5a 6b 7b 8a 9c 10b